Preface

The *Cuaderno de ejercicios y manual de laboratorio* is an integral part of the *Encuentros* program. The first part of the manual contains workbook exercises designed to develop writing skills; the second part is devoted to exercises and activities for improving listening comprehension, which is correlated with the laboratory cassette program.

Cuaderno de ejercicios

The workbook organization parallels the organization of the student textbook. After a student has finished an *encuentro* in the textbook, he/she should complete the corresponding writing exercises in the workbook. The exercises are of many types and reflect the fact that students must develop writing skills in a sequential fashion so as to progress from isolated words to sentences to paragraphs and/or discourse.

The workbook chapters begin with the most basic types of exercises which familiarize students with the spelling and punctuation of new material in the target language. These exercises progress to those that reinforce the vocabulary of the chapter. At this stage students are asked to prepare lists and surveys, fill in charts and graphs, and complete word puzzles. Following the vocabulary practice are exercises that support the functional structures and grammar of the chapter. While generally mechanical in nature, these exercises help students learn to write sentences while practicing new grammatical forms.

The second major type of workbook exercises and activities is designed to help students learn to write for social and business purposes. To that end they are asked to fill in a variety of forms, compose ads and brochures, and write notes and messages as well as personal and business letters.

Attention is also given to writing for academic purposes. Students begin by writing many brief autobiographical paragraphs and progress to lengthier compositions. The student textbook also contains topics for compositions which should be assigned after the workbook exercises for a given chapter have been completed. To aid students in writing, an English–Spanish vocabulary is included at the end of this component.

Each workbook chapter contains an exercise *(Comprensión cultural)* that reviews the cultural information of the chapter. This exercise takes a variety of forms and is designed to develop cross-cultural awareness and understanding.

Following the *Comprensión cultural* is a section entitled *Ampliación* which generally consists of two written activities that combine a variety of elements taught within the chapter. The first written activity is a response to a piece of realia or authentic material. The second activity is entitled *El mundo de los negocios* and is a written exercise that directly pertains to the business world or the world of work.

Each workbook chapter ends with a distinctive, cyclical review section entitled *¿Recuerda Ud.?* In this section a particular grammatical structure is reviewed and compared to other similar structures. For example, the passive *se* construction is reviewed and contrasted with the word *se* used as a reflexive pronoun and indirect object pronoun so students can see differences and similarities of like constructions. The brief review explanations are followed by two or three exercises which apply the grammatical points involved. Following the exercises is a review and self-test listing the major communicative goals of the chapter.

Manual de laboratorio

Encuentros is accompanied by a series of audio tapes for developing the listening skill. The student laboratory manual contains the printed exercises that correspond to the laboratory cassette for each chapter. Since the listening component combines and reinforces the vocabulary, structures, and grammar for the entire chapter, it is best to assign the laboratory manual exercises after the first three *encuentros* of a chapter have been completed.

The laboratory manual chapters begin with listening strategies to help the student become an accomplished listener in the target language. These strategies are followed by exercises in which the student can put into practice the ideas suggested. Exercises on chapter vocabulary, structures, and grammar comprise the main portion of each tape. In these exercises the student is required to respond to audio cues in a variety of ways: by circling a correct answer, by providing a spoken answer or by writing words, phrases, and complete sentences. The tape concludes with the *Sonidos* pronunciation sections of the corresponding textbook chapter so that the student receives native speaker modeling and individualized practice of the various sounds.

Upon request from the publisher, a script of the audio tapes is available to instructors using *Encuentros*.

End materials

An answer key for both the workbook and laboratory manual is provided at the end of the *Cuaderno de ejercicios y manual de laboratorio*. The English–Spanish vocabulary for the *Encuentros* program completes this volume.

E. S.

M. R. - O'L

Cuaderno de ejercicios y manual de laboratorio

Encuentros

THIRD EDITION

EMILY SPINELLI
UNIVERSITY OF MICHIGAN—DEARBORN

MARTA ROSSO-O'LAUGHLIN
TUFTS UNIVERSITY

Holt, Rinehart and Winston
Harcourt Brace College Publishers
Fort Worth   Philadelphia   San Diego   New York   Orlando   Austin   San Antonio
Toronto   Montreal   London   Sydney   Tokyo

ISBN: 0-03-019368-0

Address for Editorial Correspondence: Harcourt Brace College Publishers, 301 Commerce Street, Suite 3700, Fort Worth, TX, 76102

Address for Orders: Harcourt Brace & Company, 6277 Sea Harbor Drive, Orlando, Florida 32887-6777. 1-800-782-4479.

Printed in the United States of America

8 9 0 1 2 3 4 5   066   9 8 7 6 5 4 3

Contents

MANUAL DE LABORATORIO

Cuaderno de ejercicios

Encuentro preliminar
Saludos

A. Saludos. *Write a brief conversation for the following scene.*

CARLOS   _____

PROFESORA SALAS   _____

                             _____

CARLOS   _____

PROFESORA SALAS   _____

B. Roberto y Eduardo. *Roberto and Eduardo are two students at the University of Madrid. Complete a brief conversation they have in the hall between classes.*

ROBERTO   (Greet Eduardo and ask him how things are.)

_____

EDUARDO   Muy bien, gracias. ¿Qué hay?

ROBERTO   (Explain not a lot. Say good-bye.)

_____

C. Un diálogo. *You work as a copy editor for a foreign language publishing firm. Correct the following dialogue by rewriting it and supplying the proper punctuation, capitalization, and accent marks.*

MÓNICA   hola anita   como estas

_____

ANITA   muy bien gracias   y tu

_____

MÓNICA   regular   y la familia

_____

ANITA   ricardo no esta bien

_____

MÓNICA   que lastima   lo siento mucho

_____

ANITA   y como esta tu familia

_____

MÓNICA   muy bien gracias

_____

ANITA   que bueno   hasta luego

_____

D. ¿Cómo respondería Ud.? (How would you reply?) *Write an appropriate reply to the following statements or questions.*

1. Un(-a) compañero(-a):   ¿Cómo te llamas?

_____

2. Un(-a) compañero(-a):   ¿Qué hay de nuevo?

   _____

3. Gloria: ¿Qué tal?

   _____

4. Profesor Salas: Adiós. Hasta mañana.

   _____

5. Tomás: Te presento a Eduardo Martínez.

   _____

6. Un(-a) compañero(-a):   Estoy muy mal.

   _____

7. La Sra. Cárdenas: ¿Cómo está tu familia?

   _____

8. Vicente: Estoy muy bien, gracias.

   _____

E. ¿Qué número es? Write the Spanish numbers.

16 _____   13 _____

14 _____   20 _____

5 _____   17 _____

18 _____   2 _____

1 _____   19 _____

15 _____   7 _____

4 _____   6 _____

12 _____   11 _____

0 _____   3 _____

8 _____   10 _____

F. Una conversación con un(-a) compañero(-a). *It is late afternoon of your first day of classes. As you go back home, you run into a classmate from high school. Complete your conversation with him/her.*

USTED   (Greet your friend. Inquire about his/her health informally.)

_____

COMPAÑERO(-A) No estoy bien.

USTED   (Sympathize.)

_____

COMPAÑERO(-A) Gracias. ¿Qué hay de nuevo?

USTED   (Answer him/her. Take leave.) .

_____

COMPAÑERO(-A) Adiós. Hasta luego.

COMPRENSION CULTURAL

Saludos. In Hispanic culture what gestures would accompany greetings in the following situations?

1. Two female college student friends meet in the library.

_____

2. A male college student meets his family at the airport after a semester abroad.

_____

3. Two businessmen greet each other before a sales meeting.

_____

AMPLIACIÓN

En el mundo de los negociós (In the business world). *Write a brief conversation for the following scene that takes place in an office in Bogotá, Colombia.*

SR. RIVAS _____

SRTA. NÚÑEZ _____

_____

SR. RIVAS _____

SRTA. NÚÑEZ _____

SR. RIVAS _____

SRTA. NÚÑEZ _____

¿RECUERDA UD.?

Review the following situations and tasks that have been presented and practiced in this chapter.

- Greet the following people: a classmate; a professor in a morning/afternoon/evening class.

- Introduce yourself to another person. Respond when someone is introduced to you.

- Inquire about the health of the following people: a close friend/a classmate/your professor/the family of your friend.

- Respond to inquiries about your own health.

- Express the quantities 0–20.

Capítulo uno

En la universidad

PRIMER ENCUENTRO

A. ¿Qué hay en el cuarto? *List the various objects or persons found in the drawing of a typical dorm room.*

1. _____   6. _____

2. _____   7. _____

3. _____   8. _____

4. _____   9. _____

5. _____   10. _____

B. ¿Qué hay en su escritorio? *Describe the items in or on your desk.*

En mi escritorio hay _____

_____

_____

_____

_____

_____

C. ¿Qué hay en mi cuarto? *You will be studying in Ecuador for the semester and want to find out what items are supplied for you in your room. You are going to write a brief letter to the dormitory manager asking if the following will be in your room. Write your list of questions below.*

MODELO   escritorio
        ¿Hay un escritorio en mi cuarto?

1. sillas _____

2. mesa _____

3. lápices _____

4. reloj _____

5. cuadernos _____

6. libros _____

D. En la clase de español. *Describe what is or is not in your Spanish class. Give the items and quantities if possible. You may combine various items within one sentence.*

MODELO   **En la clase de español hay quince alumnos y trece alumnas. Hay un escritorio, una silla y un reloj. No hay una mesa.**

_____

_____

_____

_____

Holt, Rinehart and Winston, Inc.   **Cuaderno de ejercicios**

SEGUNDO ENCUENTRO

A. ¿Qué estudias este semestre? *Complete your schedule card by filling in the appropriate information.*

Curso	Edificio	Número de cuarto	Profesor(-a)

B. ¿Qué te gusta? *Complete the following sentences by explaining what you like or don't like to do.*

MODELO _____ bailar.
  (No) Me gusta bailar.

1. _____ practicar en el laboratorio.

2. Me gusta _____ .

3. _____ estudiar en casa.

4. No me gusta _____ .

5. Me gusta _____ mucho.

C. ¿Dónde estudian? *Using the model as a guide, explain where the following people study.*

MODELO Rebeca / biblioteca
  Rebeca estudia en la biblioteca.

1. Uds. / laboratorio de lenguas

_____

2. Enrique y yo / residencia

_____

3. Mario / edificio de química

_____

4. yo / biblioteca

_____

5. tú / café

_____

6. Claudio y Arturo / oficina

_____

D. Un amigo de Chile. *You have just received a letter from your Chilean pen pal describing his activities. Tell your friend if you and your friends do or do not engage in the same kinds of activities in the United States.*

MODELO   Su amigo: Estudio en la universidad.
              Mis amigos y yo: **Estudiamos en la universidad también.**

1. Miro la televisión mucho.

_____

2. Necesito practicar el inglés.

_____

3. Escucho música rock y bailo en la discoteca.

_____

4. Hablo mucho con los amigos.

_____

5. Camino a las clases.

_____

E. Este semestre. *Write a brief note to a Hispanic friend, Claudio(-a) Vargas. Describe your university life this semester. Explain what and where you study and what other activities you do.*

_____:

_____

_____

_____

_____

_____

_____

_____

TERCER ENCUENTRO

A. Una clase en Colombia. *A friend of yours is going to study in Colombia and asks you to write down some useful classroom expressions so he/she will be able to function in class the first day. Your friend wants to know what to ask or reply in the following situations.*

1. I don't understand what the instructor is asking me.

   _____

2. I want the instructor to repeat the question he/she just asked me.

   _____

3. I want to ask the instructor a question.

   _____

4. The instructor is asking me a question but I don't know the answer.

   _____

5. I want to ask how to say "book" in Spanish.

   _____

B. En la clase de sicología. *In your psychology class you are analyzing emotions. Write down how the following people are feeling today so you can discuss them in class later.*

MODELO   Catalina / cansado
                        Catalina está cansada hoy.

1. el profesor González / enojado

   _____

2. yo / triste

   _____

3. Julio y Mónica / contento

   _____

4. tú / enfermo

   _____

5. mis amigas y yo / aburrido

   _____

6. Ud. / preocupado

C. ¿Cómo estás? *Explain how you feel in these places or situations.*

MODELO   casa
                 Estoy contento(-a) en casa.

1. biblioteca _____

2. laboratorio de lenguas _____

3. hospital _____

4. café estudiantil _____

5. clase de español _____

D. Unas preguntas. *Change the order of the subject and verb to form questions from the following statements.*

MODELO   Los alumnos estudian en la biblioteca.
                 ¿Estudian los alumnos en la biblioteca?

1. Carlos estudia español.

   _____

2. Carlos estudia español en el laboratorio de lenguas.

   _____

3. Tomás practica el inglés.

   _____

4. Tomás practica el inglés con unos compañeros.

   _____

5. Elena compra libros.

   _____

6. Elena compra libros en la librería de la universidad.

   _____

COMPRENSIÓN CULTURAL

Las universidades hispánicas. *Complete the following sentences with information about Hispanic universities and student life.*

1. Las universidades hispánicas son grandes, con muchos _____ y

   _____ .

2. En clase los profesores _____ y los estudiantes _____ .

3. En los cafés cerca de las universidades los estudiantes _____ con sus amigos,

_____ y _____ música.

4. Cuando hay un examen importante muchos estudiantes están _____ o

_____ . A veces _____ a la biblioteca para _____ .

5. Muchos estudiantes hispánicos viven (*live*) en casa con _____ . Otros estudiantes

viven en hoteles o en apartamentos porque no hay _____ .

AMPLIACIÓN

A. Reserva de libros de texto. You are a student in Madrid; the department store, «El Corte Inglés»,will order all your textbooks for you. All you need to do is fill in their form. Many of the words on the form are cognates. SUPPLEMENTAL VOCABULARY: **asignatura = clase; nombre y apellidos = Me llamo _____; editorial** = publisher; **fecha** = date.

NOMBRE Y APELLIDOS DEL ALUMNO/A			
COLEGIO		CURSO	
FECHA DE RECOGIDA	FECHA DE RESERVA	CENTRO	

DATOS PARA SU RESERVA

ASIGNATURA	TÍTULO	AUTOR	EDITORIAL

FECHA DE RECOGIDA DEL PEDIDO

B. En el mundo de los negocios. You work for a multinational firm that is opening up several new offices in Argentina. Because it is your job to furnish the new offices, send a memo to the main office in Argentina telling them what to buy. Using vocabulary that has been presented in the textbook, write up a list of furniture, equipment, and other items that you think belong in the new offices.

_____

_____

_____

_____

_____

_____

_____

_____

_____

_____

_____

¿RECUERDA UD.?

Present tense of regular -ar verbs + estar

hablar *to speak*	estar *to be*
hablo	estoy
hablas	estás
habla	está
hablamos	estamos
habláis	estáis
hablan	están

1. To conjugate a regular -ar verb such as *hablar* in the present tense

   a. form the stem by dropping the infinitive ending: *hablar > habl-*.

   b. add the endings -o, -as, -a, -amos, -áis, -an to the stem.

2. Since *estar* is an irregular -ar verb, its conjugation must be learned individually.

Práctica

A. Unas actividades. *Explain what you and your friends do or do not do.*

MODELO   ¿Practican Uds. en el laboratorio?
                Sí, (No, no) practicamos allí.

1. ¿Qué estudian Uds. en clase?

    _____

2. ¿Dónde están Uds. ahora?

    _____

3. ¿Compran Uds. libros en la librería?

    _____

4. ¿Necesitan Uds. estudiar mucho?

    _____

5. ¿Trabajan Uds. mucho?

    _____

B. ¿Qué hacen estas personas? *(What do these people do?) Form seven logical sentences by using phrases from each column.*

Ricardo y Pablo	(no) hablar	en la oficina
la Sra. Flores	(no) estudiar	libros
yo	(no) estar	practicar el español en casa
Uds.	(no) trabajar	aquí
mi amigo y yo	(no) comprar	en el café
Paquita	(no) necesitar	hoy
tú		

1. _____

2. _____

3. _____

4. _____

5. _____

6. _____

7. _____

Review the following situations and tasks that have been presented and practiced in this chapter.

- Explain what items there are in your bookbag/desk/classroom.

- Discuss some activities you like/don't like/need to do.

- Explain some activities you and your friends do or do not do in a normal day.

- Ask a classmate if he/she engages in various activities.

- Explain what courses you are taking this semester, where they are located, and where you study.

- Explain how you and your classmates feel in certain places or situations around the university.

- Ask another person what courses he/she is taking, where he/she studies, what other activities he/she does in a normal day, and how he/she feels as he/she does the various activities.

Capítulo dos

Amigos y compañeros

PRIMER ENCUENTRO

A. ¿Quién es? *Complete the chart with the name of a person (or persons) who matches the gender, number, and description supplied.*

Descripción	Persona(-s)
alto y guapo	
rubios	
muy simpática	
bonitas	
muy inteligentes	
baja y delgada	
malo y feo	

B. ¿Cómo son? Describe the following people.

MODELO   Rosita / alto
                         Rosita es alta.

1. Andrea y yo / rubio

   _____

2. Federico / viejo y gordo

   _____

3. mis amigas / inteligente y joven

   _____

4. yo / alto y delgado

   _____

5. Pablo y Bárbara / simpático

   _____

6. tú / guapo y bueno

   _____

C. Descripciones. Complete the following sentences describing some people, places, and things with which you are familiar.

MODELO   Mi universidad
                         Mi universidad es grande, buena y vieja.

1. Mi universidad _____.

2. Mi mamá _____.

3. Mi papá _____.

4. Mi novio(-a) _____.

5. Mis amigos _____.

6. Mi cuarto en la universidad _____.

7. Mi coche _____.

8. Mi profesor(-a) de español _____.

D. Un catálogo nuevo. You work for a large mail-order firm that is trying to expand into the Hispanic market. It is your job to write copy for the new Spanish catalog. Begin by expressing the following items in Spanish.

1. blue and yellow pencils _____

2. a pretty, white table _____

3. a large, red chair _____

4. a small, black desk _____

5. some green and white backpacks _____

6. some new books _____

E. Mi mejor amigo(-a) y yo. *Francisco Pérez, an exchange student from Panamá, is coming to live in the International House on campus. You and your best friend are scheduled to meet him at the airport. Since he doesn't know you or your friend, write him a brief note explaining what you both look like so he will recognize the two of you. Also tell him about the university. Use vocabulary you have learned. Do not use a dictionary.*

_____:

_____

_____

_____

_____

_____

_____

_____

_____

_____

_____

                                                    _____

SEGUNDO ENCUENTRO

A. ¿Estás de acuerdo? *Agree or disagree with the following statements by writing an appropriate reply.*

1. Madrid es la capital de México.

    _____

2. El presidente de los EE.UU. es una persona inteligente.

    _____

3. Hay muchos alumnos rusos en mi universidad.

_____

4. Tom Hanks es moreno, inteligente y guapo.

_____

5. La química es muy interesante.

_____

B. Seis personas. *Describe in as much detail as possible six people. The people may be friends, family members, or persons you would like to meet.*

Nombre	¿Quién es?	Nacionalidad	Descripción física	Descripción de carácter

C. Actividades. *Describe the activities of the following people by using the persons mentioned in parentheses as the new subject. Rewrite the entire statement making all necessary changes.*

1. Marta y yo aprendemos italiano. (Ud.)

_____

2. Comes un sandwich. (Vicente y Tomás)

_____

3. Ricardo debe trabajar más. (Carlota y yo)

_____

4. Mis amigos no beben Coca-Cola. (yo)

_____

5. Leo el libro de historia en la biblioteca. (mi profesor)

_____

6. Mi papá vende coches. (tú)

_____

7. Uds. no comprenden la lectura. (Marianela)

_____

D. Un(-a) compañero(-a) nuevo(-a). *Complete the following dialogue by asking and answering the questions according to the directions.*

1. COMPAÑERO(-A)   Tú eres del Perú, ¿verdad?

   USTED   (Disagree. Tell him/her where you are from and add that your roommate is from Perú.)

   _____

   _____

2. COMPAÑERO(-A)   ¿Cómo es tu compañero(-a) de cuarto?

   USTED   (Explain that he/she is tall, brunette, and very nice.)

   _____

3. COMPAÑERO(-A)   ¿Qué aprenden Uds. en la universidad?

   USTED   (Explain that you are learning French, but you don't understand very much. And your roommate is learning German.)

   _____

   _____

4. COMPAÑERO(-A)   ¡Uds. estudian mucho!

   USTED   (Agree and add that you ought to study more.)

   _____

5. COMPAÑERO(-A)   ¿Qué debes aprender hoy?

   USTED   (Explain that you ought to learn the new vocabulary.)

   _____

6. COMPAÑERO(-A)   ¿Comen y beben tú y tu compañero(-a) en el café de la universidad?

    USTED   (Tell him/her that, of course, you eat and drink in the café a lot.)

    _____

    _____

TERCER ENCUENTRO

A. En el café Bogotá. *Using the vocabulary you have learned, describe in as much detail as possible the people in the scene below. Explain what they are doing as well. The numbers refer to the people in the drawing.*

1. Marcos _____

    _____

    _____

2. Ana María _____

    _____

    _____

3. Teresa _____

    _____

    _____

4. El camarero (*waiter*) _____

    _____

    _____

B. ¿Cómo respondería Ud.? *Complete the following exchanges by writing what you would reply as people introduce themselves and others.*

1. Ésta es mi amiga Elvira.

_____

2. Me llamo Nicolás Montalvo.

_____

3. Mucho gusto, señor / señora / señorita.

_____

4. Te presento a mi amigo Gregorio.

_____

5. Permítame que me presente: Carlos Gil. ¿y Ud.?

_____

C. ¿Dónde viven? *Explain where the following people live.*

MODELO   Victoria / en un apartamento
            Victoria vive en un apartamento.

1. tú / lejos de la universidad

_____

2. Martín / en una casa muy grande

_____

3. Héctor y Susana / en Bolivia

_____

4. mi familia y yo / cerca de aquí

_____

5. Uds. / en Caracas

_____

6. yo / en la residencia

_____

D. Unas preguntas. Write questions that would elicit the underlined words as an answer.

MODELO   Carlos está <u>en el café</u>.
                ¿Dónde está Carlos?

1. Ahora hay <u>quince</u> estudiantes en el café.

    _____

2. <u>Unos estudiantes</u> hablan de sus clases.

    _____

3. Carlos estudia porque <u>quiere aprender mucho</u>.

    _____

4. El libro <u>de química</u> está en la mesa.

    _____

5. Carlos es <u>de Venezuela</u>.

    _____

6. Carlos estudia <u>por la mañana</u> y trabaja <u>por la noche</u>.

    _____

E. Por la mañana, por la tarde y por la noche. Using the **-ar, -er,** and **-ir** verbs you have learned, describe at least two activities you do in the morning, afternoon, and evening. If possible, tell where and with whom you do these activities.

MODELO   **Por la mañana estudio español con el profesor Sánchez.**

Por la mañana   _____

                    _____

Por la tarde   _____

                    _____

Por la noche   _____

                    _____

COMPRENSIÓN CULTURAL

Amigos. Place an **H** in front of the statements that reflect Hispanic culture and **EE.UU.** in front of statements that reflect U.S. culture.

1. _____   Siempre estudio con un grupo de tres o cuatro compañeros.

2. _____   Recibo a mis amigos en mi cuarto en casa.

3. _____ Somos formales y conservadores.

4. _____ En la universidad no hay grupos de estudio.

5. _____ Muchas veces invito a 125 amigos a mi casa a celebrar.

6. _____ Las relaciones son más íntimas.

AMPLIACIÓN

A. El traductor (translator). *Decide if the statements about the product in the following advertisement are true or false. Then, provide information in Spanish from the advertisement that confirms your selection. SUPPLEMENTAL VOCABULARY:* **el idioma** = **la lengua; almacenar** = to store; **traducir** = to translate.

Traductor electrónico seiko

TODO UN MUNDO DE PRODUCTOS POR TELÉFONO

**Traductor Electronico
Seiko TR - 2200
Español / Inglés / Español**

Traduce más de 20000 palabras en cada idioma.
Convierte todas las medidas del sistema métrico al tradicional inglés y tipos de cambio de moneda.
Además de ser calculadora, almacena nombres, direcciones y teléfonos.
Medidas: 9.8 cm x 6.3 centímetros.

1. El traductor es muy grande.   CIERTO   FALSO

_____

2. Es un traductor a cinco idiomas.   CIERTO   FALSO

_____

3. El traductor también es una calculadora.   CIERTO   FALSO

_____

4. El traductor almacena números de teléfono y direcciones.　　CIERTO　　FALSO

_____

5. El traductor convierte el sistema métrico al sistema inglés.　　CIERTO　　FALSO

_____

6. El traductor traduce 20.000 libros de inglés al español y viceversa.　　CIERTO　　FALSO

_____

B. En el mundo de los negocios. *The multinational firm where you work is seeking new employees from around the world. Your colleague has been given the task of submitting advertisements for these positions to the major newspapers in the capital cities around the world. However, your colleague cannot do the assignment because he/she does not know the capitals of the countries or the languages they speak. Supply your colleague with the requested information following the model.*

MODELO　　　España
　　　　　　　　En España hablan español. Madrid es la capital.

1. el Japón _____

_____

2. Francia _____

_____

3. el Brasil _____

_____

4. el Canadá _____

_____

5. Colombia _____

_____

6. Alemania _____

_____

7. Italia _____

_____

8. Rusia _____

_____

9. el Ecuador _____

_____

10. Inglaterra _____

_____

¿RECUERDA UD.?

Present tense of regular -ar, -er, and -ir verbs

Except for **ser** and **estar**, the verbs you have used up to this point are all regular verbs conjugated in the present indicative tense. Verbs ending in **-ar** are called first conjugation verbs. Those ending in **-er** are second conjugation verbs, and those ending in **-ir** are third conjugation verbs. Review the endings for each conjugation.

hablar		comer	vivir
yo	habl*o*	com*o*	viv*o*
tú	habl*as*	com*es*	viv*es*
él ella Ud.	habl*a*	com*e*	viv*e*
nosotros	habl*amos*	com*emos*	viv*imos*
vosotros	habl*áis*	com*éis*	viv*ís*
ellos ellas Uds.	habl*an*	com*en*	viv*en*

A. ¿Qué hacen las personas siguientes? Form eight sentences using a phrase from each column to describe the activities of the people below.

el doctor Méndez	(no) bailar	en el café
yo	(no) viajar	mucho
Ricardo y Juana	(no) regresar	a Barcelona
tú	(no) llegar	muchas cartas
ellas	(no) leer	el libro
Uds.	(no) beber	por la mañana
Teresa y yo	(no) comprender	español
	(no) recibir	

1. _____

2. _____

3. _____

4. _____

5. _____

6. _____

7. _____

8. _____

B. Preguntas personales. *Conteste en español.*

1. ¿Con quién habla Ud. español?

   _____

2. ¿Dónde practica y estudia Ud.?

   _____

3. ¿Aprende Ud. mucho en clase?

   _____

4. ¿Debe estudiar más (*more*) Ud.?

   _____

5. ¿Camina Ud. a la universidad?

   _____

6. ¿Lee Ud. muchos libros?

   _____

7. ¿Escribe Ud. muchas cartas?

   _____

Review the following situations and tasks that have been presented and practiced in this chapter.

- Describe the physical characteristics and nationality of a male friend / classmate.
- Describe the physical characteristics and nationality of a female friend / classmate.
- Describe the colors of a telephone / car / room / house.
- Explain the activities you / your friends do in the morning / afternoon / evening of a typical day.
- Request information about the activities of a friend / classmate.
- Introduce yourself / a classmate / a friend to another person.
- Agree and / or disagree with statements that other people make.

Capítulo tres
En familia

PRIMER ENCUENTRO

A. ¿Quiénes son? *Complete con el miembro de la familia que corresponde al número.*

1. Es _____.

2. _____.

3. _____.

4. _____.

5. _____.

6. _____.

7. _____.

8. _____.

B. Mi familia. Fill in the following chart with information about your family. Use at least two adjectives to describe the physical appearance and character traits. Watch adjective agreement.

	¿Cómo se llama?	¿Cuántos años tiene?	Profesión	¿Cómo es?	
				Descripción física	Descripción del carácter
Padre					
Madre					
Hermano(-a)					
Hermano(-a)					
Tío(-a) favorito(-a)					
Abuelo(-a)					
Perro/Gato					

C. ¿Adónde van y qué tienen que hacer? Explain where the following people are going and why.

MODELO   Eduardo / biblioteca / estudiar
Eduardo va a la biblioteca porque tiene que estudiar.

1. el Sr. Rivera / oficina / trabajar

_____

2. tú / laboratorio / aprender el vocabulario

_____

3. Jaime y yo / café / comer

_____

4. Patricia y Eva / biblioteca / leer unos libros

_____

5. yo / edificio de lenguas / hablar con mi profesor(-a)

_____

D. Una familia grande. *You are a reporter for the evening newspaper in Puebla, México. You have just interviewed Josefina Núñez y Mendoza who is from a very large family. Complete your article by writing out the appropriate numbers using the notes below.*

85 años	93 primos	38 tíos
64 sobrinos	23 hermanos–13 hermanos y 10 hermanas	21 hijos
59 nietos	1 esposo	

Josefina Núñez y Mendoza tiene _____ años. Es de una familia muy grande. Tiene

_____ hermanos—_____ hermanos y _____

hermanas y _____ sobrinos. Sus padres también tienen muchos hermanos y por eso tiene

_____ tíos y _____ primos. Tiene _____ hijos y

_____ nietos. Pero tiene solamente *(only)* _____ esposo.

SEGUNDO ENCUENTRO

A. ¿Qué pariente es? *Complete con la palabra adecuada.*

1. El padre de su padre es su _____.

2. La _____ de sus tíos es su prima.

3. El hijo de su hermana es su _____.

4. La _____ de su padre es su tía.

5. La hija de su hija es su _____.

6. El hijo de su tía es su _____.

7. La madre de su esposo(-a) es su _____.

8. Su cuñado es el _____ de su _____.

B. Los planes del bautismo. *Complete the following conversation you have with a nosy neighbor about the baptism of your new niece.*

LAURA ¿Nació el bebé de Hilda y José?

USTED (Answer yes and say that she's very pretty.)

_____

LAURA ¿Y cuándo es el bautismo?

USTED (Tell her that you don't know.)

_____

LAURA	Pero tu suegra está aquí hoy, ¿verdad?
USTED	(Answer yes. Explain that your sister-in-law is also here because you are all going to plan the baptism of your new niece.)

_____

_____

LAURA	¿Quiénes van a ser los padrinos?
USTED	(Tell her that you are going to be the godmother, but you don't know who the godfather is.)

_____

_____

LAURA	¡Ah! ¿Y cómo se va a llamar?
USTED	(Tell her Juana because she was born on St. John's day.)

_____

_____

LAURA	¿Y cómo van a celebrar?
USTED	(Tell her you are going to have a large party because you have many relatives that live nearby.)

_____

_____

C. ¿Quiénes son? _After your boyfriend/girlfriend attends a large gathering of your family for the first time, he/she writes to you trying to figure out who some of the guests were. Explain to him/her who the various people are._

MODELO   ¿Quién es Gloria? hija / Sr. Fuentes
Es la hija del Sr. Fuentes.

1. ¿Quiénes son los chicos morenos? primos / Dr. Vargas

_____

2. ¿Quién es Fernando? sobrino / mi padre

_____

3. ¿Quién es el hombre rubio? esposo / tía Margarita

_____

4. ¿Quiénes son Elvira y Osvaldo? tíos / mi abuela

_____

5. ¿Quién es Claudio? novio / Srta. Cáceres

_____

D. Actividades de familia. *You are having a conversation with your friend about your family's activities. Write down what your friend tells you in response.*

MODELO   Julio va a comer con su padrino hoy. (yo)
                  Voy a comer con mi padrino también.

1. Vas al café con tu familia. (Marianela)

_____

2. Mis hermanos van a comer en la casa de sus abuelos. (yo)

_____

3. Voy a visitar a mis primos mañana. (Gloria y yo)

_____

4. Jorge va a comprar un regalo para sus padres. (tú)

_____

5. Ricardo va a hablar con sus tíos. (Uds.)

_____

E. Mi familia. *Write a brief paragraph about your family using the cues provided.*

1. Mi padre trabaja con un hombre que _____.

2. Tengo un(-a) hermano(-a) que _____.

3. Mis primos que viven en _____ son _____.

4. Mi abuela que _____ es _____.

5. Tengo un(-a) tío(-a) que _____.

TERCER ENCUENTRO

A. ¿Cómo respondería Ud.? *Use a phrase to deny or contradict the statements in the following situations.*

1. Your fifteen-year-old daughter wants to go to an all night party.

_____

2. Your father lets your older brother stay out until 2:00 A.M. but you can't!

_____

3. Your best friend invites you to a party but you have to study.

_____

4. Your teenage son won't go to a family dinner because he would rather be with his friends.

_____

5. Someone accuses you falsely.

_____

B. El horario oficial. Convert the following official times to conversational Spanish.

MODELO   15,30
          Son las tres y media de la tarde.

1. 08,15 _____

2. 03,27 _____

3. 21,45 _____

4. 13,20 _____

5. 12,00 _____

6. 16,50 _____

C. Un día típico. Explain your schedule for a typical weekday. Include at least six activities.

MODELO   **Voy a la clase de español a las diez y media.**

1. _____

2. _____

3. _____

4. _____

5. _____

6. _____

D. La familia de Carmen. *Complete el párrafo con una forma adecuada de* **ser** *o* **estar**.

Carmen (1) _____ una chica mexicana. (2) _____ morena, bonita y muy

inteligente. (3) _____ estudiante pero también trabaja. (4) _____ de Guadalajara

pero ahora (5) _____ en California con sus tíos. Su tío Eduardo (6) _____

profesor de literatura mexicana en la universidad y su tía Rosa (7) _____ secretaria y también

ama de casa. Carmen (8) _____ muy contenta en California porque tiene muchos amigos que

(9) _____ muy simpáticos. Sus tíos viven en una casa que (10) _____

muy moderna y muy bonita. Tienen dos coches. Carmen también va a visitar a otros parientes que

(11) _____ en California. Carmen explica: «Yo no (12) _____ aburrida

aquí con mis tíos. California (13) _____ muy interesante.»

COMPRENSIÓN CULTURAL

La familia hispana. Correct the following false statements about the Hispanic concept of the family.

1. La universidad es la institución básica en el mundo hispano.

   _____

   _____

2. Las actividades populares no incluyen a la familia.

   _____

3. El concepto moderno de la familia hispana es el núcleo familiar—los padres y los hijos. _____

   _____

4. El hijo de Tomás García Leal y Elena Montoya Beltrán se llama Juan García Leal. _____

   _____

5. La fiesta quinceañera es para los hijos de una familia rica.

   _____

AMPLIACIÓN

A. Violines. *Violines es una sala de banquetes* (banquet hall) *en Miami, Florida. Conteste las preguntas usando la información que sigue.*

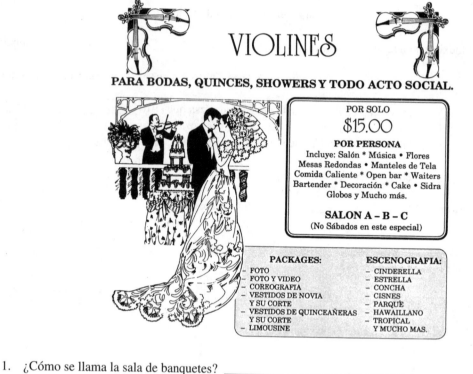

1. ¿Cómo se llama la sala de banquetes? _____

   _____

2. ¿Quiénes son las personas en el dibujo *(drawing)*? _____

   _____

3. ¿Qué van a celebrar las siguientes personas en la sala?

   a. Flor María va a cumplir 15 años en diciembre. _____

   _____

   b. Teresa va a tener un hijo. _____

   c. Antonio y Carmen son novios y van a casarse *(to get married).* _____

   d. Nació Ricardo, el nuevo hijo de Eva y Manuel. _____

   _____

4. Ud. y su novio(-a) van a celebrar su boda en Violines.

   a. ¿Qué servicios van a comprar Uds.? _____

   _____

   b. ¿Qué escenografía prefieren Uds.? _____

   _____

B. El mundo de los negocios. *You have just been employed by a multinational firm in Miami, Florida. Fill in the form below to process your new ID card; use the questions and statements below to help you with the vocabulary normally found on such cards.*

TARJETA DE IDENTIFICACIÓN

Apellido _____ Nombre _____

Dirección[1] _____

    Ciudad[2] _____

    País _____ Distrito postal _____

Teléfono[3] _____ Edad[4] _____

Lugar de nacimiento[5] _____

Estado civil[6] _____

Empleado[7] _____

Profesión _____

En caso de emergencia avise[8] _____

    Dirección _____

---

[1]¿Dónde vive Ud.?
[2]Escriba el nombre de su municipio o centro urbano.
[3]¿Cuál es su número de teléfono?
[4]¿Cuántos años tiene Ud.?

[5]¿Dónde nació Ud.?
[6]¿Está casado(-a) o es soltero(-a)?
[7]¿Dónde trabaja Ud.?
[8]Escriba el nombre de un(-a) pariente.

¿RECUERDA UD.?

Adjective agreement, formation, and position

1. Adjectives must agree in gender and number with the nouns or pronouns they modify.

   a. Regular adjectives ending in *-o* such as *alto* have four forms: *alto, altos, alta, altas.*

   b. Adjectives ending in a vowel other than *-o*, such as *triste*, have two forms: *triste, tristes.*

   c. Adjectives ending in a consonant, such as *azul*, have two forms: *azul, azules.*

   d. Adjectives of nationality ending in a consonant, such as *español*, have four forms: *español, españoles, española, españolas.*

2. Descriptive adjectives generally follow the noun they modify: *un señor alto, una silla azul.*

3. Adjectives expressing a condition may follow a form of *estar*: *Estamos cansadas. Diego está enojado.*

4. Adjectives expressing a trait or characteristic may follow a form of *ser*: *María y su hermana son muy bonitas. Mi cuarto es pequeño.*

Práctica

A. Nacionalidades. *Cambie a la forma adecuada del adjetivo de nacionalidad.*

MODELO   Julio es de Cuba.
                 Julio es cubano.

1. Mi madre es de Alemania. _____.

2. Joaquín es de Colombia. _____.

3. Tus profesoras son de Francia. _____.

4. Mi tía es de Inglaterra. _____.

5. Los alumnos son de Italia. _____.

6. Raúl y Eva son de Puerto Rico. _____

B. Oraciones nuevas. *Haga seis oraciones lógicas usando la forma correcta de una selección de cada columna.*

Enrique	(no) ser	alto y delgado
yo	(no) estar	triste
mi amiga		mexicano
tú		guapo
Marta y yo		contento
los hermanos		inteligente

1. _____
2. _____
3. _____
4. _____
5. _____
6. _____

C. Descripciones. *Complete las oraciones con la forma adecuada de los adjetivos entre paréntesis.*

MODELO   ¿Dónde está la silla _____? (rojo)
                 ¿Dónde está la silla roja?

1. Los doctores _____ trabajan en la oficina _____. (español / amarillo)

2. Mi abuela _____ es muy _____. (viejo / simpático)

3. Margarita no está _____ con su coche _____. (contento / nuevo)

4. Vivo en una residencia _____ y _____. (alto / gris)

5. Los novios son _____ y _____. (joven / guapo)

Review the following situations and tasks that have been presented and practiced in this chapter.

- Describe your family / individual members of your family. Include physical and emotional characteristics, ages, nationalities, and so forth. Discuss their possessions.

- Explain what you / you and your friends / you and your family are going to do this weekend.

- Explain what you have to do this weekend.

- Count from 0–100; provide telephone numbers; give ages.

- Give the time of day. Explain at what time you do various activities.

- Deny and contradict the ideas and suggestions that other people give you.

- Describe conditions and characteristics of people; provide location of persons and things; tell time; indicate origin, nationality, and ownership.

Capítulo cuatro
El tiempo pasa

PRIMER ENCUENTRO

A. En la agencia de viajes. *You work in a travel agency. While you were out, several clients called to find out what the weather is like in the following places in the season mentioned. Write your clients a brief note answering their questions.*

MODELO   Miami / verano
Hace mucho calor en Miami en el verano.

1. Chicago / primavera

   _____

2. Acapulco / verano

   _____

3. Rusia / invierno

   _____

4. Puerto Rico / siempre

   _____

5. Londres / primavera

   _____

6. San Francisco / otoño

   _____

B. Actividades. *Conteste estas preguntas según los dibujos. ¿Qué hacen las personas en el dibujo? ¿Qué tiempo hace? ¿En qué estación están?*

1.

_____

_____

_____

2.

_____

_____

_____

C. Rafael, el chico perfecto. *In order to inspire you, your mother frequently tells you about your neighbor Rafael who always does the right thing. Explain whether you do or do not do what Rafael does.*

MODELO   Rafael siempre hace la tarea.
      Yo siempre hago la tarea también.
      Yo no hago la tarea siempre. Nunca hago la tarea.

1.   Rafael siempre trae regalos a las fiestas.

_____

2. Hace ejercicio por la mañana.

_____

3. Siempre dice la verdad.

_____

4. Sabe esquiar muy bien.

_____

5. No pone la televisión cuando hace la tarea.

_____

6. Ve mucho a sus abuelos.

_____

7. Siempre sale a tiempo.

_____

D. Las actividades de verano. *Explain what you are going to do or not going to do this summer. Include a personal **a** when necessary.*

MODELO   visitar / mis tíos en julio
               (No) Voy a visitar a mis tíos en julio.

1. visitar / México

_____

2. ver / mis abuelos todos los días

_____

3. buscar / trabajo

_____

4. mirar / la televisión por la mañana

_____

5. escuchar / mis padres siempre

_____

6. llamar mucho / mi novio(-a)

_____

7. invitar / unos amigos a una fiesta

_____

SEGUNDO ENCUENTRO

A. Adivinanza. *Fill in the horizontal spaces with the names of days of the week or months of the year that correspond to the clues. What word do the letters in the vertical box spell?*

1. _____ _____ | _____ | _____ _____ _____ _____
2. _____ | _____ | _____ _____ _____
3. _____ | _____ _____ _____
4. _____ _____ _____ _____ | _____ | _____ _____ _____
5. _____ | _____ | _____ _____ _____
6. _____ | _____ | _____ _____ _____ _____ _____
7. _____ | _____ | _____ _____ _____
8. _____ _____ | _____ | _____ _____
9. _____ _____ _____ | _____ | _____ _____ _____
10. _____ _____ _____ _____ | _____ | _____ _____ _____

1. El mes de Navidad (*Christmas*)
2. Un día del fin de semana
3. El primer día de la semana en un calendario español
4. El mes después de octubre
5. El primer mes del año
6. El día para descansar
7. Un mes de primavera cuando hace mucho viento
8. El segundo día de la semana
9. El mes cuando muchos estudiantes regresan a las clases
10. El día después del martes

B. Una invitación. *Write a brief note to a friend inviting him/her to your birthday party. Provide information on the date, time, and place of the party.*

_____ :

_____

_____

_____

_____

_____

_____

_____

C. El (la) jefe(-a) del departamento. *You are the department head in a large firm; it is annual review time. Write a report for the division manager explaining who deserves a raise and who doesn't.*

MODELO   ¿la secretaria?
La secretaria (no) merece más dinero.

1. ¿el Sr. Apaza?

   _____

2. ¿yo?

   _____

3. ¿la Srta. Hernández?

   _____

4. ¿mis amigos y yo?

   _____

5. ¿los Mendoza?

   _____

6. ¿Es Ud. justo(-a)?

   _____

D. Una carta de su tía. *You have just received a letter from your aunt who frequently gives you advice on how to succeed in the university and in life. However, the letter got wet and the ends of many sentences are not readable. Fill in the missing parts of the sentences with advice that your aunt might give you.*

1. Es importante _____ todos los días.

2. En mi opinión, es necesario _____.

3. Siempre es mejor _____.

4. Es bueno _____ con sus amigos.

5. Es ridículo _____.

6. Los fines de semana es malo _____.

7. ¿? _____.

E. ¿Cuánto cuesta? *You work in a used car dealership in Miami. Write a brief note to your Hispanic clients who called the sales office to ask the price of various cars.*

MODELO   el coche rojo / $5846
El coche rojo cuesta cinco mil ochocientos cuarenta y seis dólares.

1. el coche grande / $9990

   _____

2. el coche azul / $4527

_____

3. el coche pequeño / $3749

_____

4. el coche viejo / $875

_____

5. el coche negro / $2350

_____

6. el coche verde / $1665

_____

TERCER ENCUENTRO

A. En Sevilla. *Read the tourist information on the following page about Sevilla. In parentheses are the suggested minimum amounts of time to allow for a visit to the various sites. After reading the information, complete the sentences. Use the reading strategies you have learned about guessing and predicting content and recognizing cognates to help you with comprehension. SUPPLEMENTAL VOCABULARY:* **abierto** = open; **cerrado** = closed; **ciudad** = city.

1. El Archivo General de Indias está cerrado los _____ y los _____.

2. En agosto la catedral está abierta de _____ a _____ de la tarde.

3. El Museo Arqueológico está cerrado _____ y _____ todo el día.

4. En mayo las ruinas de Itálica están abiertas de _____ a _____.

5. En enero el Alcázar está abierto de _____ a _____ de la tarde.

6. En setiembre la Casa de Pilatos está abierta de _____ a _____ de la mañana y de las 15,00 a las 19,00 _____.

7. El Museo Provincial de Bellas Artes está abierto los _____, los _____, los _____, los _____ y los _____ todo el día.

8. La Iglesia del Salvador está abierta de _____ a _____ y de _____ a _____.

OFICINA DE TURISMO

Ciudad de Sevilla, España

1. **Alcázar**   *Palacio árabe del siglo XIV. (1½ horas)*

VERANO	de	09,00	a	12,45
	de	16,00	a	18,30
INVIERNO	de	09,00	a	12,45
	de	15,00	a	17,30

2. **Archivo General de Indias**   *Museo de documentos de descubrimiento, conquista y colonización de América. (2 horas)*

Días laborales de 10,00 a 13,00

3. **Casa de Pilatos**   *Palacio de los Duques de Medinaceli. (½ hora)*

VERANO	de	09,00	a	13,00
	de	15,00	a	19,00
INVIERNO	de	09,00	a	13,00
	de	15,00	a	18,00

4. **Catedral**   *Estilo gótico del siglo XV (1 hora)*

VERANO	de	10,30	a	13,00
	de	16,00	a	18,30
INVIERNO	de	10,30	a	13,00
	de	15,30	a	17,30

5. **Iglesia del Salvador**   *Construida en el siglo XVII (½ hora)*

	de	08,00	a	10,00
	de	17,00	a	19,00

6. **Museo Provincial de Bellas Artes**   *(2 horas)*

de 10,00 a 14,00 excepto los domingos por la tarde y los lunes y días festivos todo el día

7. **Museo Arqueológico**   *En el Parque de María Luisa (1 hora)*

	de	10,00	a	14,00
	de	16,00	a	18,00

Cerrado los domingos por la tarde; los lunes y los días festivos todo el día

8. **Santiponce**   *A cinco kms. de Sevilla. Ruinas de Itálica, ciudad romana. (2½ horas)*

octubre a febrero	de	09,00	a	17,30
restantes meses	de	09,00	a	19,30

B. Mi itinerario. *You are going on a ten-day tour of Spain. Using the tourist information for Sevilla, plan a two-day itinerary leaving time for meals and shopping. In Spain the main meal is generally eaten between 2:00 and 4:00 in the afternoon; most offices, shops and stores close during this time.*

Itinerario para el día 1

Itinerario para el día 2

_____

_____

_____

_____

_____

_____

_____

_____

_____

_____

_____

_____

C. Los sábados. *Explain what Teresa does on Saturdays by completing the sentences with **por** or **para** according to the context.*

Los sábados estudio (1) _____ la mañana. Hago la tarea (2) _____

mis clases y preparo (3) _____ los exámenes. Trabajo (4) _____ la tarde.

¿(5) _____ qué trabajo? (6) _____ recibir dinero (7) _____

mis clases. Salgo (8) _____ la oficina a las doce y media. En la oficina escribo muchas

cartas y hablo mucho (9) _____ teléfono con los clientes. (10) _____

la noche salgo con mi novio. Generalmente vamos al apartamento de un amigo (11) _____

hablar, bailar o escuchar música.

COMPRENSION CULTURAL

A. Las fiestas. *Match the holiday with its date or description.*

_____ 1. El Año Nuevo

_____ 2. El Día de la Raza

_____ 3. El día del santo

_____ 4. La Feria de Pamplona

_____ 5. La Navidad

_____ 6. La Noche Vieja

_____ 7. La Nochebuena

_____ 8. La Semana Santa

a. el 25 de diciembre

b. los 7 días antes de la Pascua

c. el primer día del año

d. el 31 de diciembre

e. el 7–14 de julio

f. la noche antes de la Navidad

g. el 12 de octubre

h. el cumpleaños de un santo y las personas con el nombre del santo

B. Unas fiestas de dos culturas. *Circle the numbers of the holidays listed in exercise* **A** *that are celebrated in the United States as well as in Hispanic culture.*

    1   2   3   4   5   6   7   8

AMPLIACIÓN

A. Una invitación. *A friend is throwing a bridal shower for you/your fiancée. Help your friend fill in the invitations.*

Invitación a una Despedida de Soltera

En honor de _____

Novio _____

Clase _____

Fecha _____

Hora _____

Lugar _____

_____

Ofrecida por _____

Teléfono _____

B. El mundo de los negocios. *You work in the financial services section of a large multinational firm. It is your job to write in the amounts for checks for your Hispanic clients.*

MODELO $4.337,00
             Cuatro mil trescientos treinta y siete DÓLARES

1. $3.986,00

_____ DÓLARES

2. $6.147,00

_____ DÓLARES

3. $29.854,00

_____ DÓLARES

4. $5.292,00

_____ DÓLARES

5. $38.479,00

_____ DÓLARES

6. $10.315,00

_____ DÓLARES

¿RECUERDA UD.?

Numbers

Numbers are the basic vocabulary for a number of important situations and functions such as counting, telling time, discussing dates, expressing addresses and phone numbers, and requesting and giving prices.

Práctica

A. ¿Qué hora es? *Exprese las horas en español.*

1. 10:20 A.M. _____

2. 4:15 P.M. _____

3. 1:03 A.M. _____

4. 7:45 P.M. _____

5. 12:30 A.M. _____

B. Direcciones y números de teléfono. *A friend who doesn't speak Spanish very well is going to travel to Mexico. Prepare a list of addresses and phone numbers of some friends in Mexico for your friend. Write out all numbers so that your friend will know how to say the numbers in Spanish.*

MODELO   Vicente Álvarez: Calle del Carmen 93; 68–49–12
Vicente Álvarez: **Calle del Carmen, noventa y tres; sesenta y ocho–cuarenta y nueve–doce**

1. Alberto Casona: Calle Asturias 133; 46–91–17

   Alberto Casona: _____

   _____

2. Teresa Gómez: Avenida Juárez 75; 38–85–53

   Teresa Gómez: _____

   _____

3. Amalia Ruiz: Avenida Acapulco 44; 52–05–74

   Amalia Ruiz: _____

   _____

4. Claudio Tormes: Avenida Bolívar 12; 27–83–35

   Claudio Tormes: _____

   _____

C. Fechas importantes. *Complete las siguientes oraciones con la fecha del acontecimiento* (event).

1. Los EE.UU. ganó su independencia en _____

   _____

2. Cristóbal Colón descubrió las Américas en _____

   _____

3. Mi padre nació en _____

   _____

4. Mi madre nació en _____

   _____

5. Yo nací en _____

   _____

Review the following situations and tasks that have been presented and practiced in this chapter.

- Express the date and year of events.
- Discuss important dates and events in your life and the life of your family. Explain what you do to celebrate.
- Discuss the weather.
- Explain what activities you engage in during the various seasons.
- Invite someone to a party or to do something with you. Accept or decline an invitation made by another person.
- Distinguish **saber** and **conocer** so you can explain what you know how to do and discuss people and places you are acquainted with.
- Use numbers above 100 so you can count, express years, and indicate large quantities.
- Distinguish **por** and **para** so you can express destination, purpose, and duration of actions.

Capítulo cinco

¡A comer y a beber!

PRIMER ENCUENTRO

A. Asociaciones. *Escriba la palabra que no pertenece (doesn't belong). Después, escriba la categoría de la comida o la bebida de las otras palabras.*

1. el jamón el helado el pescado el pollo

   _____

2. el almuerzo la carne la cena el desayuno

   _____

3. el pastel la fruta el jamón el helado

   _____

4. el agua el pan la leche el té

   _____

B. Definiciones. *Complete cada oración con una palabra del nuevo vocabulario.*

1. _____ es la primera comida del día.

2. Un sandwich consiste en _____ y _____.

3. Generalmente los niños beben mucha _____ .

4. Para celebrar un cumpleaños hacemos o compramos un _____ .

5. El sandwich más típico de los EE.UU. es la _____ .

C. ¿Qué comes y bebes? *Su amigo(-a) de Venezuela viene a visitarlo(la) a Ud. este verano. Para prepararlo(la) para la vida en los EE.UU., escríbale explicando lo que Ud. come y bebe generalmente.*

Para el desayuno _____

_____

_____

Para el almuerzo _____

_____

_____

Para la comida _____

_____

_____

D. Las preferencias. *Explique lo que las siguientes personas prefieren comer o beber a la hora del almuerzo.*

MODELO   Javier / un sandwich
Javier prefiere comer un sandwich.

1. los Mendoza / un bistec

_____

2. tú / el vino

_____

3. Roberto y yo / un refresco

_____

4. la Srta. Fuentes / algo ligero

_____

5. yo / la sopa

_____

6. Uds. / el pollo

_____

E. El mercado internacional. *Ud. es un(-a) guía* (guide) *para el mercado internacional de su ciudad. Conteste las preguntas de un grupo de turistas venezolanos acerca del mercado y sus productos.*

1. ¿Es viejo este mercado?
   (Tell them that this market is very large and very old.)

   _____

2. ¿De dónde es esa fruta?
   (Tell them that fruit is from Chile and these vegetables are from Guatemala.)

   _____

   _____

3. Aquella carne es muy buena, ¿no?
   (Say yes and then explain that those hams over there are from Spain and that fish over there is from Mexico.)

   _____

   _____

4. ¿Y ese café?
   (Tell them that this coffee is from Colombia.)

   _____

5. ¿Venden postres aquí?
   (Answer yes and explain that you love that Italian ice cream over there. Add that those French pastries are also very good.)

   _____

   _____

SEGUNDO ENCUENTRO

A. La comida americana. *Un(-a) amigo(-a) hispano lee novelas de los EE.UU. y no comprende bien varios alimentos* (food items) *y le escribe a Ud. pidiéndole explicaciones. Escríbale a su amigo(-a) explicando o describiendo los alimentos. VOCABULARIO SUPLEMENTARIO:* bacon = **el tocino,** mayonnaise = **la mayonesa,** celery = **el apio.**

MODELO   *sundae*
          Es un postre con helado y una salsa de chocolate o de fruta.

1. *Big Mac* _____

   _____

2. *chicken salad* _____

   _____

3. *banana split* _____

_____

4. *BLT* _____

_____

5. *pie* _____

_____

B. Preferencias. *Complete el gráfico* (chart) *con el nombre de un alimento* (food item) *según su gusto* (taste).

	Me encanta(-n)	Me gusta(-n)	No me gusta(-n)	No me gusta(-n) nada
Frutas				
Carne				
Vegetales				
Postres				
Bebidas				

C. ¿Qué no pueden comer? *Ud. ayuda* (are helping) *a un(-a) amigo(-a) a planear una fiesta. Escríbale un mensaje* (message) *a su amigo(-a) explicando lo que varias personas no pueden comer porque están a dieta.*

MODELO   Jorge / carne
              Jorge no puede comer carne.

1. Diego y Hugo / azúcar

_____

2. Patricia y yo / chocolate

_____

3. tú / sal

_____

4. Delia / papas

_____

5. yo / queso

_____

6. sus primos / pasteles

_____

D. Entrevista. *Un(-a) estudiante de intercambio (exchange) quiere aprender más de las costumbres de comer de los EE.UU. Conteste sus preguntas acerca de lo que hacen Ud. y sus amigos.*

MODELO   ¿Vuelven Uds. a clase después del almuerzo?
                Sí, (No, no) volvemos a clase después del almuerzo.

1. ¿Almuerzan Uds. en casa?

_____

2. ¿Duermen Uds. después del almuerzo?

_____

3. ¿Piden Uds. postre siempre?

_____

4. ¿Sirven Uds. vino con la comida?

_____

5. ¿Prueban Uds. platos nuevos?

_____

E. ¿Qué pides o preguntas? *Complete con la forma adecuada de* **pedir, preguntar** *o* **preguntar por.**

1. Quiero visitar a mi amigo Vicente. Necesito _____ dónde vive.

2. En mi restaurante favorito siempre _____ un bistec.

3. No sé dónde está mi compañera. Voy a _____ ella en la biblioteca.

4. Tengo mucha sed. Voy a _____ un vaso de agua fría.

5. Mis padres salen para México mañana. Debo _____ cuándo vuelven.

TERCER ENCUENTRO

A. Un restaurante malo. *Ud. y un grupo de amigos deciden comer en un restaurante barato (inexpensive). El camarero es muy desorganizado y muchas cosas faltan (are missing) de la mesa. Pídale al camarero los utensilios necesarios.*

MODELO   para comer papas fritas
Camarero, tráigame (*bring me*) un tenedor, por favor.

1. para comer la sopa _____

2. para cortar (*to cut*) y comer la carne _____

    _____

3. para beber el café _____

4. para cortar el pan _____

5. para limpiarse _____

6. para comer el helado _____

B. Una comida importante. *Ud. trabaja en la casa de una mujer muy rica y exigente (demanding). Hoy ella da una fiesta importante y quiere saber que todo está listo. Explíquele que las siguientes cosas están listas para comer.*

MODELO   sopa _____
           Lista.

1. vino tinto _____   4. jamón _____

2. ensalada _____   5. pasteles _____

3. vegetales _____   6. fruta _____

C. Un restaurante elegante. *Ud. es un(-a) empleado(-a) en un restaurante elegante. Ud. tiene que escribirles mensajes (messages) a los otros empleados explicándoles lo que quieren los clientes. Escriba de nuevo (Rewrite) las oraciones siguientes añadiendo las palabras entre paréntesis delante de la palabra subrayada (underlined); haga todos los cambios (changes) necesarios.*

MODELO   El Sr. Soto no quiere <u>aceite</u> en la ensalada. (mucho)
           El Sr. Soto no quiere mucho aceite en la ensalada.

1. El Sr. Salazar necesita un <u>tenedor</u>. (otro)

    _____

2. La Srta. Ruiz quiere <u>vegetales</u> con la carne. (alguno)

    _____

3. La profesora Álvarez no quiere comer su <u>ensalada</u>. (todo)

    _____

4. El doctor Gómez no quiere <u>sal</u> en el pollo. (mucho)

    _____

5. Los Obregón no tienen <u>servilletas</u>. (bastante)

    _____

D. Oraciones nuevas. *Haga cinco oraciones nuevas y lógicas usando una frase de cada columna.*

mi madre y yo	(no) construir	dinero
los estudiantes	(no) oír	una casa nueva
tú	(no) destruir	la ropa vieja
Margarita	(no) contribuir con	la música
yo		

1. _____

2. _____

3. _____

4. _____

5. _____

E. Un(-a) estudiante venezolano(-a). *An exchange student from Venezuela is coming to live with your family for the year. Since you are the only member of your family that speaks and writes Spanish, it is your job to write to the student and explain about life in the United States. Explain the eating habits of your family such as when and where you eat and what a typical meal consists of. Help the student prepare for the visit by comparing the meal systems of both cultures.*

_____ :

_____

_____

_____

_____

_____

_____

_____

_____

_____

_____

_____

_____

_____

                                                    _____

COMPRENSIÓN CULTURAL

Para explicar las costumbres de comer en el mundo hispano, complete el gráfico con las horas y los alimentos.

La comida	Las horas	La comida y la bebida
El desayuno		
La comida (principal)		el primer plato: el segundo plato:
La cena	España: Latinoamérica:	

AMPLIACIÓN

A. Una encuesta (survey). *You work for a Hispanic advertising agency in Miami, Florida. You must do the research to find out if a new breakfast product called Wake-Ups will sell in the area. Prepare a list of five questions for Hispanic clients to find out about their eating habits. Ask what they normally eat and drink for breakfast and for snacks. You must also ask them about the product and what they like or don't like about it.*

1. _____

2. _____

3. _____

4. _____

5. _____

B. Opiniones. *Usando las preguntas que Ud. acaba de preparar en Práctica A, pregúnteselas a un(-a) amigo(-a) o compañero(-a) de clase. Escriba sus opiniones abajo.*

1. _____

2. _____

3. _____

4. _____

5. _____

C. El mundo de los negocios. *You work for a multinational firm and you are in charge of a group of employees that will open a new branch office in Madrid. You must prepare your employees for the experience by explaining meal times and food customs. A friend helps you out by sharing a letter she received from her son who is studying in Spain. Read the following letter and prepare a summary for your employees.*

Querida mamá:

    ¿Cómo estás? Yo estoy muy bien. ¡España me encanta! Mi compañero de cuarto se llama Julián. Es de San José, California. Juntos vimos° muchos lugares interesantes. Yo estoy muy contento con mis clases de español y ya comprendo la lengua muy bien. Nuestro problema más grande es acostumbrarnos° al horario español.   *we saw / to become accustomed*

    A las dos de la tarde cierran las oficinas y las tiendas y todos vuelven a su casa para la comida y descansan un par° de horas antes de volver a su trabajo. Esta comida es muy importante y muy grande para los españoles. Primero° comen la sopa, luego la carne con vegetales o ensalada y luego el postre. Casi siempre hay vino en la mesa para la comida y la cena.   *pair / First*

    Otro problema es el desayuno. Hay pocos lugares que sirven un buen desayuno. Los españoles sólo toman café con leche y comen un poco de pan para el desayuno. ¿Dónde está la proteína? Pues no hay nada de° proteína a esa hora. Por eso existen las meriendas. Por la mañana a eso de las once y por la tarde alrededor de° las cinco comen algo. Para la merienda los niños llevan un sandwich de jamón o queso a la escuela y los mayores comen algo rápido, como unos bocadillos° y un vaso de vino o un refresco.   *there is no / around / sandwiches*

    La cena es otro problema. Julián y yo estamos listos para cenar entre las seis y las siete. Pero, ¿qué pasa?° ¡Aquí comen a las diez o las once de la noche! A veces es imposible esperar hasta esa hora y comemos antes en nuestro cuarto. La cena de ellos es más ligera que la nuestra. Pero no te preocupes por nosotros. Estos problemas son fáciles de solucionar.   *what happens?*

    Como siempre, te quiero mucho.

Fernando

Complete las oraciones con la información de la carta.

1. Las oficinas y los negocios cierran a las _____
_____.

2. Después los españoles vuelven a su casa para _____
_____.

3. Los españoles regresan a su trabajo a _____
_____.

4. Para la comida los españoles comen _____
_____.

   Generalmente beben _____.

5. Para el desayuno los españoles _____
_____.

6. Las meriendas son a las _____

   y a las _____.

   Los niños comen _____ y los

   mayores comen _____.

7. Los españoles cenan a las _____.

   La cena es una comida _____.

¿RECUERDA UD.?

Some irregular verbs

You have learned the conjugation of various irregular verb categories and individual verbs. Since these verbs occur very frequently in conversation, it is important to learn them well.

INFINITIVE	CONJUGATION					
*dar	doy	das	da	damos	dais	dan
decir	digo	dices	dice	decimos	decís	dicen
estar	estoy	estás	está	estamos	estáis	están
*hacer	hago	haces	hace	hacemos	hacéis	hacen
ir	voy	vas	va	vamos	vais	van
oír	oigo	oyes	oye	oímos	oís	oyen
*poner	pongo	pones	pone	ponemos	ponéis	ponen
*saber	sé	sabes	sabe	sabemos	sabéis	saben
*salir	salgo	sales	sale	salimos	salís	salen
ser	soy	eres	es	somos	sois	son
tener	tengo	tienes	tiene	tenemos	tenéis	tienen
*traer	traigo	traes	trae	traemos	traéis	traen
venir	vengo	vienes	viene	venimos	venís	vienen
*ver	veo	ves	ve	vemos	veis	ven

*These verbs are irregular only in the first person singular form.

INFINITIVE		CONJUGATION	
*Verbs ending in -cer	conocer merecer ofrecer	conozco conoces conoce	conocemos conocéis conocen
*Verbs ending in -cir	conducir traducir	conduzco conduces conduce	conducimos conducís conducen
Verbs ending in -uir	construir contribuir destruir	construyo construyes construye	construimos construís construyen

*These verbs are irregular only in the first person singular form.

Práctica

A. Carmen Gallego. *Carmen Gallego is a typical Hispanic female student. Explain if you do or do not do what Carmen does.*

MODELO   Carmen siempre hace la tarea.
              (Yo) siempre hago la tarea también.
              No hago la tarea siempre.

1. Carmen sale con sus amigos a menudo.

   _____

2. Siempre dice la verdad.

   _____

3. Ve mucho a su familia.

   _____

4. Hace mucho ejercicio en el verano.

   _____

5. Está nerviosa antes de los exámenes.

   _____

6. Da muchas fiestas.

   _____

7. Pone la radio cuando conduce.

   _____

8. Va mucho al cine.

B. Sus actividades. *Explain what you and your friends do and what you are like by answering the following questions.*

MODELO   ¿Traen Uds. regalos a las fiestas?
Sí, (No, no) traemos regalos a las fiestas.

1. ¿Saben Uds. esquiar?

   _____

2. ¿Oyen Uds. música clásica?

   _____

3. ¿Contribuyen Uds. dinero a la universidad?

   _____

4. ¿Son Uds. buenos estudiantes?

   _____

5. ¿Tienen Uds. mucho tiempo libre (*free*)?

   _____

6. ¿Conocen Uds. a todos sus profesores?

   _____

Review the following situations and tasks that have been presented and practiced in this chapter.

- Explain when and what is eaten at meals in Hispanic and North American culture.

- Explain your food and drink likes and dislikes.

- Point out people, objects, and items.

- Distinguish **pedir** from **preguntar (por)** so you can order and request food and drink, ask for information, and inquire about people.

- Discuss preferences, recommendations, and wishes; talk about having lunch and trying new foods.

- Indicate the quantity of various items.

Capítulo seis
Vamos de compras

PRIMER ENCUENTRO

A. ¿Cierto o falso? *Después de leer cada oración, escriba* **cierto** *o* **falso**. *Si la oración es falsa,* corríjala (correct it).

1. En un centro comercial a veces hay restaurantes y cines.

   _____

2. En los almacenes es posible regatear.

   _____

3. Los precios en un mercado son más altos que en el supermercado.

   _____

4. En un mercado los precios son fijos.

   _____

5. Un dependiente trabaja en la caja.

   _____

6. En un supermercado los dependientes escogen los productos para nosotros.

_____

7. Hacemos cola para entrar en un mercado.

_____

8. En los EE.UU. es normal ir de compras a los mercados.

_____

B. ¿Qué hay en un supermercado? *Haga una lista de las cosas y personas que hay en un supermercado.*

_____

_____

_____

_____

_____

_____

_____

_____

_____

_____

C. De compras. *Explique dónde las siguientes personas compraron varias cosas ayer.*

MODELO   Arturo / almuerzo / café
          Ayer Arturo compró el almuerzo en un café.

1. la Srta. Morillo / vestido / almacenes

_____

2. tú / flores / mercado

_____

3. Ignacio y Gustavo / cerveza y vino / supermercado

_____

4. yo / libros para mis clases / librería

_____

5. los Acevedo / ropa nueva / centro comercial

_____

6. Lourdes y yo / joyas / tienda de regalos

_____

D. Actividades pasadas. *Forme seis oraciones nuevas para explicar lo que Ud. hizo en el pasado. Use una frase de cada columna.*

MODELO   el mes pasado (no) trabajar en una tienda
             El mes pasado no trabajé en una tienda.

la semana pasada   (no) buscar un regalo para un amigo
anteayer   (no) almorzar en un café
el año pasado   (no) ganar mucho dinero
ayer   (no) visitar a mis amigos
la Navidad pasada   (no) sacar muchas fotos
anoche   (no) pagar mucho por ropa nueva

1. _____

2. _____

3. _____

4. _____

5. _____

6. _____

SEGUNDO ENCUENTRO

A. Ropa nueva. *You are in Madrid and have 20.000 pesetas to spend on some clothes. Decide which items in the drawing you will buy. You may buy more than one of an item. Then write a shopping list including the article, quantity, and price. Explain why you are buying the items.*

MODELO　　　　dos pares de calcetines　　900 Ptas.
Es un buen precio.

dos pares de calcetines　　900 Ptas.　　Es un buen precio. _____

_____

_____

_____

_____

_____

Now mention six items that you won't buy and explain why.

MODELO　　　　**No voy a comprar el vestido porque no lo necesito / es grande / no me gusta / no soy mujer.**

_____

_____

_____

_____

_____

B. Quisiera devolverlo. *La semana pasada Ud. compró las siguientes prendas* (articles of clothing) *de un catálogo pero hay varios problemas con ellas. Escríbale una carta breve a la compañía explicándoles lo que Ud. quiere hacer con las prendas.*

1.　You discover the pants are torn. You want to return them and get your money back.

_____

_____

2.　The skirt is too short. You want a longer one.

_____

_____

3. The red dress is dirty. You want to exchange it for another.

_____

_____

4. The boots are too big. You want another pair.

_____

_____

5. The socks are too small. You want to return them and get your money back.

_____

_____

C. ¿Qué hicieron ayer? *Forme oraciones para explicar lo que las siguientes personas hicieron ayer.*

MODELO   Rosita / escribir cartas
                 Rosita escribió cartas ayer.

1. tú / devolver un vestido a la boutique

_____

2. el Dr. Fonseca / salir de la oficina a las 3 pero volver a las 4

_____

3. los Ruiz / asistir a un concierto

_____

4. yo / comer en un restaurante en el centro

_____

5. José y yo / discutir nuestros problemas

_____

D. Comparaciones. *Conteste usando la forma comparativa.*

MODELO   Entre un pueblo y una ciudad, ¿cuál es más grande?
                 Una ciudad es más grande que un pueblo.

1. Entre una boutique y un mercado, ¿cuál es más pequeño?

_____

2. Entre un mercado y un supermercado, ¿cuál tiene los mejores precios?

_____

3. Entre el dinero y la familia, ¿cuál es más importante?

_____

4. Entre un hijo y un padre, ¿cuál es mayor?

_____

5. Entre un traje y los jeans, ¿cuál es más elegante?

_____

E. ¿Cómo soy? Complete las oraciones de una manera lógica.

1. Soy más _____ que mis amigos.

2. Soy menos _____ que _____.

3. Voy de compras más que _____.

4. Mis padres tienen más _____ que yo.

5. Tengo menos _____ que _____.

TERCER ENCUENTRO

A. En la tienda de regalos. Complete la siguiente conversación con un dependiente en la tienda de regalos.

1. DEPENDIENTE   ¿En qué puedo servirle?

   USTED   (Explain that you are looking for a birthday gift for your mother.)

   _____

   _____

2. DEPENDIENTE   ¿Desea Ud. algo en particular?

   USTED   (Explain that you don't know, but you would like to see the cotton sweater in the display window.)

   _____

   _____

3. DEPENDIENTE   Sí, cómo no. Es muy elegante. ¿Qué talla necesita su madre?

   USTED   (Answer that you think she uses a 40.)

   _____

4. DEPENDIENTE   Muy bien. Aquí lo tiene Ud.

     USTED   (Ask what it costs.)

    _____

5. DEPENDIENTE   Treinta y cinco mil pesos.

     USTED   (Say that it is a little expensive, but you will take it. Ask to have it wrapped.)

    _____

    _____

6. USTED   (Explain that you will pay now but come back for it later.)

    _____

     DEPENDIENTE   Muy bien. Hasta pronto.

B. Letreros bilingües (Bilingual signs). *Ud. es el (la) dueño(-a) de una tienda de letreros en San Antonio, Texas. Sus clientes necesitan letreros en inglés y también en español. Escriba el equivalente en las dos lenguas para los siguientes letreros.*

1. For sale   _____

2. _____   Se alquilan

3. Spanish spoken here   _____

4. Waitress needed   _____

5. _____   Se ruega no tocar

6. No smoking   _____

7. Shoes and boots repaired   _____

C. El cumpleaños de Guillermo. *Hoy es el cumpleaños de Guillermo. Para explicar lo que Anita hizo para su novio escriba de nuevo estas frases usando el pretérito. Ponga las oraciones en orden cronológico.*

    escoger un suéter de lana   envolver el regalo
    ir a una tienda de regalos   regresar a casa
    hacer cola para pagar   buscar algo especial

_____

_____

_____

_____

_____

D. En el centro comercial. *Escríbale una carta a un(-a) amigo(-a) explicando lo que Ud. hizo en un centro comercial recientemente. Explique con quién Ud. fue, lo que compró y comió, cuánto gastó, cómo pagó, qué otras cosas hizo, cómo volvió a casa y a qué hora.*

_____:

_____

_____

_____

_____

_____

_____

_____

_____

_____

_____

COMPRENSIÓN CULTURAL

Complete las siguientes oraciones.

1. _____ es una tienda donde se puede comprar artículos típicos que representan las

    costumbres del país.

2. _____ venden sus productos en las calles de las ciudades.

3. Para muchas personas _____ es una actividad social.

4. En los _____ se puede regatear pero en los supermercados y los _____

    los precios son _____.

5. En los mercados al aire libre se venden _____ y _____.

6. En las ciudades grandes se vende ropa en los _____ y _____.

AMPLIACIÓN

A. Los Almacenes Gran Vía. *You work in a large department store in Madrid. It is your job to inform the customers about sales, bargains, and newly arrived merchandise by making announcements on the public address system. Inform the customers that new clothing for men and women has just arrived. Using the* **se** *construction, explain what articles are being sold, where they are found, when the store closes, and so on. Compare the quality and characteristics of the various items of clothing with those found in other stores. Use the advertisement on the following page to help you with your announcement.*

Holt, Rinehart and Winston, Inc. **Cuaderno de ejercicios**

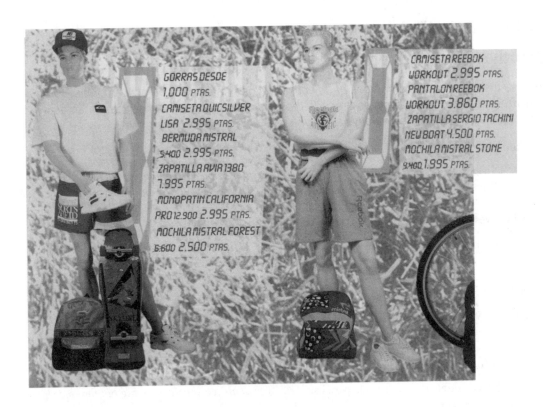

GORRAS DESDE
1.000 PTAS.
CAMISETA QUICSILVER
LISA 2.995 PTAS.
BERMUDA MISTRAL
5.400 2.995 PTAS.
ZAPATILLA AVIA 1380
7.995 PTAS.
MONOPATIN CALIFORNIA
PRO 12.900 2.995 PTAS.
MOCHILA MISTRAL FOREST
6.600 2.500 PTAS.

CAMISETA REEBOK
WORKOUT 2.995 PTAS.
PANTALON REEBOK
WORKOUT 3.860 PTAS.
ZAPATILLA SERGIO TACHINI
NEW BOAT 4.500 PTAS.
MOCHILA MISTRAL STONE
9.400 1.995 PTAS.

B. En el mundo de los negocios. *You work for an advertising agency in Los Angeles. You are writing an ad about the local shopping mall for the Hispanic edition of the Yellow Pages. Explain what types of stores and services are found there, when they open and close, and the types of things to do while at the mall.*

_____

_____

_____

_____

_____

_____

_____

_____

_____

_____

_____

_____

_____

_____

_____

_____

¿RECUERDA UD.?

Adjectives that precede the noun

You have learned to use many types of adjectives. While descriptive adjectives generally follow the nouns they modify, other adjectives precede the noun. Study the following types of adjectives that must precede the nouns they modify.

1. Numbers

   La casa tiene ocho cuartos.   *The house has eight rooms.*
   Hay dos mil estudiantes en la escuela.   *There are 2000 students in the school.*

2. Adjectives of Quantity: *alguno, bastante, cada, mucho, otro, poco, todo*

   No hay bastantes dependientes.   *There aren't enough clerks.*
   ¿Dónde están todos mis calcetines?   *Where are all my socks?*

3. Possessive Adjectives: *mi, tu, su, nuestro, vuestro*

   Tu vestido es muy lindo.   *Your dress is very pretty.*
   Nuestros zapatos están muy sucios.   *Our shoes are very dirty.*

4. Demonstrative Adjectives: *este, ese, aquel*

   Esta camiseta es muy grande pero esa   *This tee shirt is very big but that tee shirt is small.*
   camiseta es pequeña.

Práctica

A. ¿Qué quieren comprar? *Explique lo que las siguientes personas quieren comprar. Forme oraciones nuevas usando los sustantivos dados.*

1. Tomás quiere comprar este *traje.*
   corbata / pantalones / camisas

   _____

   _____

   _____

2. Rosita quiere comprar esa *falda.*
   jeans / vestido / medias

   _____

   _____

   _____

3. Raúl quiere comprar aquel *coche.*
   casa / almacenes / joyas

   _____

   _____

   _____

B. Posesiones. *Complete según el modelo.*

MODELO   Es el coche de Felipe.
                Es su coche. Es el coche de él.

1. Es la ropa de mi hermano.

   _____

2. Trabajo en la oficina de los Sres. López.

   _____

3. Busco a las hijas de la profesora Gallegos.

   _____

4. Son los zapatos de Luisa.

   _____

5. Quiero comprar el coche de Rafael.

   _____

C. Unos regalos. *Ponga las palabras entre paréntesis delante de las palabras subrayadas (underlined). Haga todos los cambios necesarios.*

1. Necesito comprar <u>regalos</u> para la Navidad. (mucho)

   _____

2. Tengo el <u>dinero</u>. (bastante)

   _____

3. Hay <u>regalos</u> buenos y baratos. (poco)

   _____

4. Voy a buscar los regalos en las <u>tiendas</u>. (todo)

   _____

5. Voy a una <u>boutique</u> elegante hoy. (otro)

   _____

Review the following situations and tasks that have been presented and practiced in this chapter.

- List activities you did in the past.

- Compare people and things that are different.

- Make a routine purchase.

- Give information such as explaining where items are sold or when stores open and close.

- Complain effectively about a faulty product you purchased.

- Explain where you purchase various items in the Hispanic world.

Capítulo siete

¿A qué restaurante vamos?

PRIMER ENCUENTRO

A. Adivinanza. *Complete los espacios horizontales con el nombre de la comida o bebida que corresponde a la definición. ¿Cuál es la palabra de los espacios verticales?*

1. ___ ___ | ___ | ___ ___ ___
2.   ___ | ___ | ___ ___ ___
3. ___ ___ | ___ | ___
4. | ___ | ___ ___ ___ ___ ___
5.   ___ | ___ | ___ ___
6. ___ ___ ___ | ___ | ___ ___
7. | ___ | ___ ___ ___ ___

1. un plato con muchos vegetales como lechuga, tomates y un condimento de aceite y vinagre

2. una cacerola española con arroz, pescado, pollo y vegetales

3. el típico postre hispano

4. una sopa fría típica de Andalucía

5. una bebida alcohólica muy popular

6. un típico plato de España de huevos, patatas y cebollas

7. el cereal típico de la comida china y japonesa

B. Las diferencias culturales. *Conteste con una oración completa.*

1. En España el queso es un postre. ¿Y en los EE.UU.?

   _____

2. En España toman el café con el postre. ¿Y en los EE.UU.?

   _____

3. En España ponen el pan en la mesa. ¿Y en los EE.UU.?

   _____

4. En España el flan es un postre muy típico. ¿Y en los EE.UU.?

   _____

5. En España beben agua mineral. ¿Y en los EE.UU.?

   _____

6. Los españoles toman vino con la entrada. ¿Y los norteamericanos?

   _____

C. Una encuesta. *Una compañía que produce comida quiere saber lo que le gusta comer. Dígales cuáles de las siguientes comidas Ud. come a menudo, a veces o nunca.*

MODELO   el pan
   Lo como a menudo. / Lo como a veces. / No lo como nunca.

1. el bistec _____

2. la sopa _____

3. las ensaladas _____

4. el helado _____

5. la fruta _____

6. las hamburguesas _____

7. el pescado _____

8. los huevos _____

D. Una fiesta española. *Explique lo que las siguientes personas trajeron a la fiesta española.*

MODELO   Luis / queso manchego
   Luis trajo el queso manchego.

1. los Hurtado / paella

   _____

2. yo / sangría

_____

3. Benjamín / jamón serrano

_____

4. tú / flan

_____

5. mi madre y yo / gazpacho andaluz

_____

E. Una boda familiar. *Your friend's sister is getting married soon. As she tells you about the wedding, explain that the same things happened in your family when your sister got married last year.*

MODELO   Mi hermana compra un vestido muy lindo.
              Mi hermana compró un vestido muy lindo también.

1. Toda la familia quiere asistir a la boda.

_____

2. Mis abuelos vienen de lejos para la boda.

_____

3. Mi hermana tiene que planear la ceremonia.

_____

4. Por eso está muy nerviosa.

_____

5. No puede dormir bien.

_____

6. Por la noche pone la radio y escucha música.

_____

SEGUNDO ENCUENTRO

A. El Restaurante Chapultepec. Ud. trabaja en un nuevo restaurante mexicano y Ud. debe preparar el menú. Complete el siguiente menú que alguien (someone) empezó antes.

Menú
El Restaurante Chapultepec

Antojitos

Botana

_____

_____ Nachos

Entradas

Pollo en mole

_____ _____

_____ Huevos rancheros

_____

Helados variados _____

_____ Pasteles

_____

Agua mineral _____

_____

_____ Café

B. En un restaurante mexicano. Ud. y un(-a) amigo(-a) entran en el Restaurante Chapultepec. Usando el menú que Ud. preparó en Práctica A, *complete el siguiente diálogo con el camarero.*

1. CAMARERO   ¿Una mesa para cuántos?

   USTED   (Tell him there are two of you.)

   _____

2. CAMARERO   Pasen por aquí, por favor.

   USTED   (Ask to see a menu.)

   _____

3. CAMARERO   Aquí tiene Ud. el menú. ¿Qué se va a servir?

   USTED   (Tell him you want a small *botana*. Then order a main course and a drink.)

   _____

   _____

   SU AMIGO(-A)   (Tell him what you want for a first course, main course and drink.)

   _____

   _____

4. CAMARERO   ¿Y de postre?

   USTED   (Tell him what you want.)

   _____

   SU AMIGO(-A)   (Tell him you don't want anything.)

   _____

   Más tarde.

5. USTED   (Call the waiter.)

   _____

   CAMARERO   ¿Algo más?

   USTED   (Say no and ask for the check.)

   _____

C. Un restaurante nuevo. Forme seis oraciones lógicas con el pretérito para describir las actividades en el restaurante nuevo. Use una frase de cada columna.

el camarero	(no) construir	el menú
tú	(no) decir	al restaurante nuevo
los clientes	(no) leer	el restaurante nuevo
yo	(no) oír	la comida del mercado
mi amigo(-a) y yo	(no) conducir	las nuevas ideas del cocinero
Uds.	(no) traer	que la comida es muy buena

1. _____

2. _____

3. _____

4. _____

5. _____

6. _____

D. Los invitados. Su madre quiere saber a quiénes Ud. va a invitar a su fiesta en el Restaurante Valencia. Usando el modelo, escríbale una nota a su madre contestando sus preguntas.

MODEL   ¿Ana Guzmán?
Sí, voy a invitarla.

1. ¿Andrea López? Sí, _____

2. ¿el doctor Márquez? No, _____

3. ¿Julio y Luis? Sí, _____

4. ¿tus primas? No, _____

5. ¿Rita y Víctor? No, _____

E. El menú. Ud. es el (la) dueño(-a) de un nuevo restaurante. Decida qué tipo de comida Ud. va a servir. Después, déle un nombre a su restaurante y cree (create) un menú.

_____

_____

_____

_____

_____

_____

_____

_____

_____

_____

_____

_____

TERCER ENCUENTRO

A. La comida estudiantil. *Explique sus opiniones sobre la comida en su residencia o un café estudiantil usando los adjetivos indicados.*

MODELO   bueno
                 Las papas fritas son muy buenas.

Picante	
Dulce	
Pesado	
Malísimo	
Seco	
Riquísimo	
Sabroso	
Bueno	
Horrible	

B. ¿Cuándo lo hizo? *Explique hace cuánto tiempo Ud. hizo las siguientes actividades.*

MODELO   estar en un restaurante de lujo
                 Hace cuatro meses estuve en un restaurante de lujo.

1. ir a un restaurante mexicano

_____

2. tener que preparar una comida

_____

3. poner la mesa

_____

4. traer comida a casa

_____

5. leer un artículo sobre la comida

_____

6. conducir a un café

_____

C. ¿Qué hizo Ud.? *Complete las oraciones siguientes explicando lo que Ud. hizo.*

1. Hoy a las siete de la mañana _____.

2. Ayer por la tarde _____.

3. Anteayer _____.

4. Después de comer anoche _____.

5. El martes pasado _____.

6. La primavera pasada _____.

D. Los usos del pretérito. *Explique el uso del pretérito en estas oraciones.*

1. Ayer mi hermana y yo preparamos tacos.

_____

2. El mesero dijo que el cocinero no preparó bastante sopa esta tarde. _____

_____

3. Los conquistadores españoles trajeron la banana y el tomate de las Américas a Europa. _____

_____

4. Jorge llegó al restaurante a las tres y media. _____

_____

5. Anita y sus amigos entraron en un restaurante, leyeron el menú, pidieron enchiladas de queso y se las comieron.

_____

_____

6. Comenzaron a comer. _____

_____

E. Mi restaurante favorito. *Describe your favorite restaurant. Explain what it looks like, what the waiters or waitresses are like, what kinds of foods and drinks are served, the restaurant's specialties, and what you ordered the last time you ate there.*

_____

_____

_____

_____

_____

_____

_____

_____

_____

_____

_____

COMPRENSIÓN CULTURAL

Conecte la comida, la bebida o un lugar para tomar algo con el país de su origen.

_____ 1. una paella   _____ 6. un bar de tapas   A. la Argentina

_____ 2. un taco   _____ 7. una enchilada   B. España

_____ 3. una confitería   _____ 8. el flan   C. México

_____ 4. el gazpacho   _____ 9. el guacamole   D. todo el mundo hispano

_____ 5. una ensalada   _____ 10. el vino

AMPLIACIÓN

A. Comentarios. *Complete la siguiente encuesta* (survey) *sobre la comida y el servicio en McDonald's.* VOCABULARIO SUPLEMENTARIO: **acierto en el pedido** = correctness of the order; **limpieza** = cleanliness; **comedor** = dining room; **aseos** = restrooms.

Gracias por su visita. En McDonald's™ nos esforzamos en ofrecerle los mejores productos con el mejor servicio. Nuestro mayor deseo es verle de nuevo en nuestro restaurante satisfecho y convencido de nuestra calidad.

Ayúdenos a conseguirlo con su opinión.

	Buena	Aceptable	Mala
• Calidad			
Comida	☐	☐	☐
Relación calidad-precio	☐	☐	☐
• Servicio			
Rapidez	☐	☐	☐
Amabilidad	☐	☐	☐
Acierto en el pedido	☐	☐	☐
• Limpieza			
Comedor	☐	☐	☐
Aseos	☐	☐	☐
Personal	☐	☐	☐

• Sus comentarios - sugerencias: _____

_____

_____

Fecha: _____ Hora: _____ Nº de personas: _____

Si desea que nos pongamos en contacto con usted:

Nombre: _____

Dirección: _____

Teléfono: _____

Muchísimas gracias por su colaboración.
Deposite la tarjeta en el buzón de respuestas ó
entréguela a cualquier miembro del personal.

B. En el mundo de los negocios. In the **Segundo encuentro,** Práctica E *you created a restaurant and its menu. Now you must create an advertisement for that restaurant for your Spanish-speaking clients. The ad will run in the Yellow Pages and in newspapers.*

_____

_____

_____

_____

_____

_____

_____

¿RECUERDA UD.?

Stem-Changing Verbs

PRESENT TENSE OF STEM-CHANGING VERBS		
E → IE **querer**	O → UE **volver**	E → I **pedir**
quiero	vuelvo	pido
quieres	vuelves	pides
quiere	vuelve	pide
queremos	volvemos	pedimos
queréis	volvéis	pedís
quieren	vuelven	piden

a. Some common **e → ie** stem-changing verbs include *cerrar, comenzar, empezar, pensar, preferir, querer,* and *recomendar.*

b. Some common **o → ue** stem-changing verbs include *almorzar, costar, devolver, dormir, envolver, poder, probar,* and *volver.*

c. Some common **e → i** stem-changing verbs include *conseguir, pedir, repetir,* and *servir.*

d. Stem-changing verbs whose infinitives end in *-ar* or *-er* do not stem-change in the preterite tense.

A. ¿Qué prueban? *Explique la comida que las siguientes personas prueban cuando están en México.*

MODELO   Luisa / el flan
Luisa prueba el flan.

1. tú / el guacamole _____

2. Berta y yo / las tortillas _____

3. mis padres / las enchiladas de queso _____

   _____

4. yo / los tacos de carne _____

5. Guillermo / los frijoles _____

6. Uds. / el pollo en mole _____

B. Una visita a España. *Ud. y su familia acaban de volver de sus vacaciones en España. Conteste las preguntas de su vecino(-a) acerca de su viaje (trip).*

1. ¿Entienden Uds. el acento español?

   _____

2. ¿Prefieren Uds. la comida española o norteamericana?

   _____

3. ¿Recomiendan Uds. la comida española?

   _____

4. ¿Quieren Uds. regresar a España?

   _____

5. ¿Cuándo piensan regresar?

   _____

C. Carlos el Cocinero. *Carlos el Cocinero siempre hace las mismas actividades cada día. Usando el modelo, explique lo que Carlos hizo ayer.*

MODELO   Carlos empieza a cocinar a las siete de la mañana.
                Ayer empezó a cocinar a las siete de la mañana también.

1. Comienza a preparar los postres a las ocho.

   _____

2. Generalmente no almuerza porque no tiene tiempo.

   _____

3. Siempre prueba sus platos.

   _____

4. Cierra el restaurante a medianoche.

   _____

5. Vuelve a casa a las doce y media.

   _____

Review the following situations and tasks that have been presented and practiced in this chapter.

- Read a Spanish and Mexican menu.

- Order in a restaurant.

- Discuss how food tastes.

- Explain how long ago you did something.

- Talk about a variety of past activities.

- Avoid the repetition of someone or something already mentioned.

Capítulo ocho
La vida diaria

PRIMER ENCUENTRO

A. La rutina de Claudia. Usando los números 1–8 ponga las siguientes actividades de Claudia en orden cronológico.

_____ a. Se ducha y se lava el pelo.

_____ b. Se peina.

_____ c. Desayuna.

_____ d. Se despierta a las siete.

_____ e. Sale para la universidad.

_____ f. Se maquilla.

_____ g. Se seca.

_____ h. Se levanta.

B. La rutina. Complete el siguiente gráfico (chart) *explicando con qué frecuencia Ud. hace las siguientes actividades.*

MODELO   lavarse el pelo
            Me lavo el pelo todos los días.

arreglarse   levantarse a las 5 de la mañana
bailar en una discoteca   llamar a amigos por teléfono
comprar ropa nueva   probar platos nuevos
ir al cine

Nunca	
A veces	
A menudo	
Todos los días	
Siempre	
Una vez a la semana	
Una vez al mes	

C. ¿Cuándo se levantan? *Explique cuándo se levantan las siguientes personas.*

MODELO   Pablo / 7:00
Pablo se levanta a las siete.

1. mis padres / 6:30

   _____

2. tú / 7:45

   _____

3. Julia / 7:30

   _____

4. mi hermana y yo / 8:00

   _____

5. Uds. / 6:10

   _____

6. yo / 8:00

   _____

D. Descripciones. *Usando adverbios como los de la siguiente lista, explique cómo Ud. hace varias actividades.*

      pacientemente / rápidamente / inmediatamente /
      puntualmente / completamente / perfectamente /
      fácilmente / tristemente / directamente

MODELO   despertarse
Me despierto puntualmente.

1. levantarse _____

2. peinarse _____

3. arreglarse _____

4. limpiar su cuarto _____

5. trabajar _____

6. aprender español _____

E. Su rutina de la mañana. *Escriba un párrafo explicando lo que Ud. hace por la mañana antes de salir de casa. Ponga sus actividades en orden usando estas palabras:* **primero / luego / después / más tarde / finalmente / por último.**

_____

_____

_____

_____

_____

_____

_____

_____

_____

_____

_____

_____

SEGUNDO ENCUENTRO

A. El (la) sospechoso(-a). *Ud. es el (la) sospechoso(-a) de un robo que tuvo lugar* (took place) *anoche en una tienda de computadoras a la una de la mañana. La policía les hace preguntas a todos los estudiantes que estuvieron en una fiesta en un bar al lado de la tienda. Complete el cuestionario de la policía para establecer* (to establish) *una coartada* (alibi).

1. ¿Fue Ud. a una fiesta en el Bar París?

_____

2. ¿Se divirtió Ud.?

_____

3. ¿A qué hora se fue de la fiesta?

_____

4. ¿A qué hora se acostó?

_____

5. ¿Se durmió inmediatamente?

_____

6. Ud. se dedica a las computadoras, ¿verdad?

_____

7. Muchos dicen que Ud. se queja de su computadora vieja y que Ud. quiere otra. ¿Es verdad?

_____

_____

B. La fiesta de Ricardo. *Explique si las siguientes personas se divirtieron en la fiesta de Ricardo.*

MODELO   Eduardo / no
                     Eduardo no se divirtió en la fiesta de Ricardo.

1. Alfredo y Susana / sí

_____

2. yo / sí

_____

3. mi novio(-a) y yo / sí

_____

4. Joaquín / no

_____

5. tú / no

_____

C. La rutina de Sergio. *Ayer Sergio cambió su rutina; no hizo lo que hace generalmente. Explique eso según el modelo.*

MODELO   Sergio se duerme fácilmente.
                     Ayer no se durmió fácilmente.

1. Después del trabajo Sergio se quita el traje y se viste de nuevo.

_____

2. Se pone los jeans y una camiseta.

_____

3. Se va a su café favorito.

_____

4. Pide un bistec con papas fritas.

_____

5. Se divierte mucho.

_____

6. Se acuesta a las once.

_____

D. Mi familia. *Complete con la forma adecuada del artículo indefinido. Ponga una X en el espacio si el artículo no es necesario.*

1. Mi abuelo es _____ español y mi abuela es _____ portuguesa.

2. Mi padre es _____ abogado muy famoso. Es _____ católico.

3. Mi madre es _____ profesora. También es _____ ama de casa.

4. Soy _____ estudiante pero quiero hacerme _____ dentista muy rico(-a).

5. Vivimos en _____ casa pequeña. Queremos comprar _____ otra casa.

E. Una persona famosa. *Ud. es una persona famosa y cada noche Ud. escribe en su diario para publicarlo en el futuro. Escoja* (Choose) *a la persona famosa que Ud. quiere ser y escriba lo que Ud. hizo hoy.*

_____

_____

_____

_____

_____

_____

_____

_____

_____

_____

_____

TERCER ENCUENTRO

A. En Buenos Aires. *Es julio y Ud. acaba de llegar a Buenos Aires para dos semanas de vacaciones. Pero desgraciadamente* (unfortunately) *Ud. se olvidó que en los países al sur del ecuador julio es un mes del invierno y Ud. no trajo la ropa adecuada* (appropriate). *Escriba una lista de las prendas* (articles) *de ropa que Ud. necesita comprar para el invierno.*

_____

_____

_____

_____

_____

_____

B. De compras. *Ud. va a un almacén para comprar ropa nueva. Complete el siguiente diálogo con el dependiente.*

1. DEPENDIENTE   Buenas tardes, señor. ¿En qué puedo servirle?

    USTED   (Tell him you want to see some winter coats.)

    _____

2. DEPENDIENTE   Muy bien. Por aquí. ¿Qué talla necesita?

    USTED   (Tell him your size.)

    _____

3. DEPENDIENTE   ¿Y qué color prefiere?

    USTED   (Give him two possibilities.)

    _____

4. DEPENDIENTE   Aquí está uno en su color preferido.

    USTED   (Say that you want to try it on.)

    _____

5. DEPENDIENTE   Bien. A ver. ¿Cómo le va?

    USTED   (Tell him you think it's big on you.)

    _____

6. DEPENDIENTE   No. Le queda perfectamente bien.

    USTED   (Say O.K., you will take it, but you want a scarf and gloves, too.)

    _____

    _____

    DEPENDIENTE   Muy bien. Ud. puede pagar en la caja. Adiós.

C. Para mantener la salud. *Ud. es un(-a) doctor(-a) universitario(-a). Usando las frases de la siguiente lista, prepare una lista de consejos* (advice) *para los estudiantes diciéndoles lo que deben hacer para evitar* (avoid) *el estrés y mantener la salud. Utilice el mandato formal singular.*

no fumar
hacer ejercicio todos los días
salir con amigos
no preocuparse mucho

comer bien
no conducir rápidamente
dormir ocho horas cada noche
acostarse antes de medianoche

_____

_____

_____

_____

_____

_____

_____

_____

D. Sus hermanos menores. *Cada día su madre sale temprano para la oficina y como resultado Ud. tiene que arreglar a sus hermanos menores para ir a la escuela. Escríbales una lista a sus hermanos para evitar* (avoid) *la repetición de sus mandatos cada mañana.*

MODELO   despertarse temprano
             Despiértense temprano.

1. levantarse inmediatamente después de despertarse

_____

2. quitarse el pijama y las pantuflas

_____

3. ducharse y lavarse el pelo

_____

4. secarse bien y peinarse

_____

5. vestirse con cuidado

_____

6. ponerse los jeans y un suéter

_____

E. Opiniones. *Complete las oraciones siguientes de una manera lógica.*

1. Nunca _____.

2. No tengo ningún(-a) _____.

3. No me gusta(-n) ni _____ ni _____.

4. No voy a hacer nada _____.

5. En mi opinión, nadie _____.

F. Mi rutina diaria. *Escriba un apunte* (entry) *en su diario para ayer. En orden cronológico explique lo que Ud. hizo; incluya su rutina diaria.*

_____

_____

_____

_____

_____

_____

_____

_____

_____

_____

COMPRENSIÓN CULTURAL

Complete las oraciones de Práctica A y B *usando las palabras de la siguiente lista.*

lentamente	diplomáticas e indirectas
escaparates	un café al aire libre
la dignidad	espíritu
ser descortés	charlar y coquetear
los sábados	los domingos
títulos	salir de paseo

A. El paseo.

1. A los hispanos les encanta _____ por la plaza central y las calles a su alrededor.

2. Muchos salen de paseo todos los días pero _____ y _____ es

cuando todos aparecen en la calle principal.

3. Los padres caminan _____ y miran los _____.

4. Los jóvenes salen con un grupo de amigos para _____.

B. La dignidad.

1. _____ es la convicción de que cada persona tiene valor como ser humano.

2. La dignidad es un concepto básico del _____ hispano.

3. En el lenguaje los hispanos usan _____ como *don*, *doña* o *profesor(-a)*.

4. Existe la tendencia a usar expresiones _____ para no ofender.

5. _____ con alguien es una ofensa contra su dignidad.

AMPLIACIÓN

A. Unos anuncios. Lea los siguientes anuncios y conteste las preguntas.

*P*ara barbas sensibles

La firma **Klorane** presenta su nueva línea de afeitado, elaborada especialmente para hombres de piel sensible, elaborada con extracto de raíz de roble, de acción calmante y anti-irritante. La espuma de afeitar sale por unas 1.185 ptas., la crema de afeitar con brocha: 1.000 ptas., el bálsamo por 1.340 ptas., y la loción por 1.340 ptas. Se completa con un desodorante fitoactivo de larga duración, 1.100 ptas. De venta en farmacias.

¿Para qué se usa este producto? _____

¿Es un producto para hombres o para mujeres? _____

¿Dónde se puede comprarlo? _____

Regenera tu cabello

Wella lanza al mercado del cuidado capilar el nuevo "Wella Balsam Liquid Hair/Cabello Líquido. Se trata del primer producto que ofrece la posibilidad de recuperar íntegramente las partes perdidas de tu cabello. De esta forma, la melena recupera su volumen natural y elasticidad original. Se aplica sobre el cabello húmedo, dando un suave masaje y peinando para extender bien el producto. Su precio es de 1.200 ptas.

¿Para qué se usa este producto? _____

¿Cuál es un sinónimo para el cabello? _____

¿Cómo se usa el producto? _____

_____

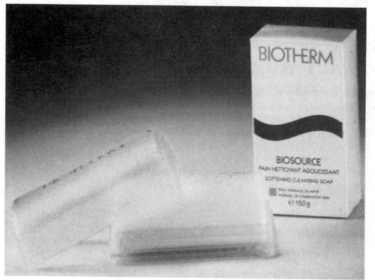

Rostros más limpios

"Biosource", de **Biotherm** incorpora a su línea de higiene facial el "Pain Nettoyant Adoucissant". Posee una base lavante natural, asociada a tensioactivos suaves. Está enriquecido con aceite vegetal que permite obtener una espuma muy untuosa sobre la piel. Deja la piel limpia y fresca, siendo ideal para la higiene diaria del rostro. Cuesta 2.000 ptas., en perfumerías.

¿Para qué se usa este producto? _____

¿Cuál es un sinónimo para el rostro? _____

¿Se puede usar el producto diariamente? _____

B. En el mundo de los negocios. *You are the manager of the San José, Costa Rica, branch of an American fast food restaurant that insists on a neat and clean appearance for all employees. Write out a list of twelve rules for your employees concerning daily routine and hygiene, dress code, appearance, and behavior.*

_____

_____

_____

_____

_____

_____

_____

_____

_____

_____

_____

_____

_____

¿RECUERDA UD.?

Present tense versus formal commands

Present tense

1. The stem for the present tense of regular verbs is formed by removing the *-ar, -er,* or *-ir* ending from the infinitive.

2. The vowel used in most present tense endings corresponds to the infinitive ending: *-ar* verbs use *-a; -er* and *-ir* verbs use *-e.*

   -AR endings *-o, -as, -a, -amos, -áis, -an*
   -ER endings: *-o, -es, -e, -emos, -éis, -en*
   -IR endings: *-o, -es, -e, -imos, -ís, -en*

Formal commands

1. The stem of all verbs, except *dar, estar, ir, saber* and *ser,* is formed by dropping the *-o* from the first person singular of the present tense. *DAR = dé; ESTAR = esté; IR = vaya; SABER = sepa; SER = sea.*

2. The vowel used in the endings of formal commands is opposite that of the infinitive ending: *-ar* verbs use *-e; -er* and *-ir* verbs use *-a.*

   -AR verbs: *hable / hablen*
   -ER verbs: *coma / coman*
   -IR verbs: *escriba / escriban*

Práctica

A. Mandatos formales. *Escriba el mandato formal singular y plural para los siguientes verbos del tiempo presente.*

MODELO   habla
              hable / hablen

1. escribe _____

2. estudia _____

3. aprende _____

4. sale _____

5. hace _____

6. va _____

7. da _____

B. ¿Qué deben hacer? *Las siguientes personas no hacen lo que deben hacer. Escriba un mandato diciéndoles lo que necesitan hacer.*

MODELO   La Srta. García no habla en español.
           Srta. García, hable en español.

1. El Sr. Salazar nunca llega a tiempo.

   _____

2. Los alumnos no ponen sus libros en el pupitre.

   _____

3. La Srta. Romero no va a sus clases.

   _____

4. Elvira y Carmen no salen a tiempo por la mañana.

   _____

5. La Sra. Flores no hace ejercicio todos los días.

_____

6. Los Sres. Pérez no trabajan en la oficina.

_____

7. Carlos y Anita no visitan a sus abuelos.

_____

Review the following situations and tasks that have been presented and practiced in this chapter.

- Discuss and describe daily routine in the present and past.
- Give commands to one person you address with a title + last name or two or more persons you address with a first name or title + last name.
- Deny and contradict something someone has said.
- Discuss how clothing fits or looks on you.
- Express the sequence of actions and events.

Capítulo nueve
La vida estudiantil

PRIMER ENCUENTRO

A. Sopa de letras. *Busque las palabras escondidas* (hidden) *en el rompecabezas* (puzzle) *y ponga un círculo alrededor de ellas. Las palabras están escritas* (written) *en forma horizontal o vertical y de la derecha a la izquierda o de la izquierda a la derecha. No hay ninguna palabra en forma diagonal.*

anatomía	educación	letras	bellas artes	escuela
medicina	ciencias	nota	farmacia	clase
filosofía	periodismo	curso	sicología	física
derecho	ingeniería			

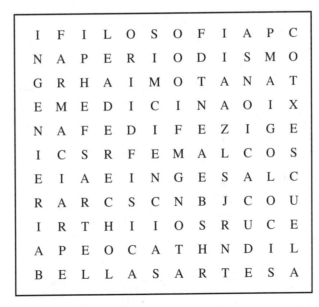

```
I  F  I  L  O  S  O  F  I  A  P  C
N  A  P  E  R  I  O  D  I  S  M  O
G  R  H  A  I  M  O  T  A  N  A  T
E  M  E  D  I  C  I  N  A  O  I  X
N  A  F  E  D  I  F  E  Z  I  G  E
I  C  S  R  F  E  M  A  L  C  O  S
E  I  A  E  I  N  G  E  S  A  L  C
R  A  R  C  S  C  N  B  J  C  O  U
I  R  T  H  I  I  O  S  R  U  C  E
A  P  E  O  C  A  T  H  N  D  I  L
B  E  L  L  A  S  A  R  T  E  S  A
```

B. ¿Qué cursos tomaba Ud.? *Explique qué cursos tomaba en la escuela secundaria y si le gustaban o no.*

MODELO   Tomaba sicología pero no me gustaba mucho.

_____

_____

_____

_____

_____

_____

_____

C. El semestre pasado. *Las siguientes personas siempre hacen las mismas actividades. Compare sus actividades este semestre con sus actividades del semestre pasado. Utilice los pronombres de complemento directo cuando sea posible.*

MODELO   Tomás lleva el suéter azul todos los días.
              El semestre pasado lo llevaba todos los días también.

1. Antonio almuerza a las once y media.

_____

2. Caminas a clase a las ocho.

_____

3. Eduardo y Carlos nunca limpian su cuarto.

_____

4. Descanso por la tarde.

_____

5. Nos levantamos a las siete y media.

_____

6. Me despierto muy temprano.

_____

7. Uds. se acuestan tarde.

_____

D. El año pasado. *Complete las siguientes oraciones explicando cómo era su vida el año pasado.*

1. Todos los lunes _____.

2. Generalmente _____.

3. Siempre _____.

4. A menudo _____.

5. Los sábados _____.

6. Todas las semanas _____.

7. Por la noche _____.

E. La rutina del semestre pasado. *El semestre pasado Ud. estaba muy ocupado(-a)* (busy) *y nunca les escribió a sus abuelos acerca de sus actividades. Ahora escríbales a sus abuelos y describa un día típico del semestre pasado. Utilice los siguientes verbos en su carta.*

acostarse	dedicarse	levantarse
almorzar	despertarse	peinarse
arreglarse	ducharse/bañarse	preocuparse
charlar	estudiar	quejarse

_____ :

_____

_____

_____

_____

_____

_____

_____

_____

_____

_____

                                              _____

SEGUNDO ENCUENTRO

A. ¿Cómo responde Ud.? *Ud. acaba de oír unas malas noticias de sus amigos y su familia.*
Escríbales una tarjeta breve para expresar su conmiseración y darles ánimo.

1. Murió el perro de su mejor amigo(-a).

   _____

2. Suspendieron a su primo favorito en un examen de química y ahora no quiere estudiar más.

   _____

3. Su hermana iba a visitar a su novio en otra universidad pero tiene que trabajar todo el fin de semana y no
   puede ir.

   _____

4. Un buen amigo perdió sus apuntes de historia dos días antes del examen final.

   _____

5. Una buena amiga no aprobó el examen de ingreso a su universidad preferida.

   _____

B. Durante el verano. *¿Qué hacían estas personas todos los días durante el verano?*

MODELO   Mario / tener una fiesta
   Mario tenía una fiesta todos los días el verano pasado.

1. Emilio y Marcos / ir al cine

   _____

2. yo / ver a mis tíos

   _____

3. Juanita y Ana / correr por el parque

   _____

4. Pilar / venir a nuestra casa

   _____

5. tú / dormirse a la una

   _____

6. Paco y yo / divertirse en el centro comercial

   _____

Holt, Rinehart and Winston, Inc. **Cuaderno de ejercicios**

7. Guillermo / vestirse de camiseta y pantalones

_____

C. En la escuela secundaria. *Conteste las preguntas con una oración completa.*

1. ¿En qué ciudad vivía cuando estaba en la escuela secundaria?

_____

2. ¿Conducía a la escuela secundaria?

_____

3. ¿Veía a sus amigos todos los días?

_____

4. ¿Era miembro de algún grupo o club? ¿Cuál?

_____

5. ¿Qué le gustaba hacer después de sus clases?

_____

6. ¿Adónde y con quién(-es) salía los fines de semana?

_____

7. ¿A qué hora volvía a casa por la noche?

_____

D. Cuando Ud. tenía cinco años. *Describa su vida en el pasado explicando dónde vivía, cómo era, lo que hacía por la mañana y por la tarde, lo que comía y bebía, a qué escuela asistía y con quién jugaba cuando Ud. tenía cinco años.*

_____

_____

_____

_____

_____

_____

_____

_____

TERCER ENCUENTRO

A. El Club Latino. *Complete el diálogo entre los miembros del Club Latino en una reunión reciente.*

1. PRESIDENTE   Bueno, a ver si empezamos con esta reunión.

   FELIPE   (Say that you think the most important thing is to decide on the date for the Latin American party.)

   _____

   _____

2. PRESIDENTE   Estoy de acuerdo. Gloria...

   GLORIA   (Propose that you have it during International Week in April.)

   _____

3. ROBERTO   Me parece que no es una buena idea porque hay muchas actividades esa semana.

   GLORIA   (Say that he is right, but on the other hand there aren't any parties in the evening.)

   _____

4. ROBERTO   Te equivocas. Hay una fiesta del Club Francés y también la fiesta italiana.

   MARCOS   (Interrupt and say you want to return to the topic of the date for the party.)

   _____

5. PRESIDENTE   Muy bien, Marcos.

   MARCOS   (Ask how they like May 17, the last day of class.)

   _____

   PRESIDENTE   ¡Es una idea magnífica! Propongo que votemos.

B. ¿Qué dice Ud.? *Durante una reunión o discusión, ¿qué diría Ud.* (would you say) *en las siguientes situaciones?*

1. You wish to interrupt a long-winded friend.

   _____

2. You have a different idea than one just proposed.

   _____

3. You are in a hurry and want to move the meeting along.

   _____

Holt, Rinehart and Winston, Inc.   **Cuaderno de ejercicios**

4. You want to propose a new idea during a meeting.

_____

5. The meeting is off course, and you want to return to the original discussion topic.

_____

6. You would like to add something to the discussion.

_____

C. El fin del año. *Es el fin del año escolar* (school) *y un(-a) amigo(-a) no sabe qué hacer con muchos artículos que ya no* (no longer) *quiere. Dígale a su amigo(-a) a quién debe darle los artículos.*

MODELO   las camisetas / a unos vecinos
            Dales las camisetas a unos vecinos.

1. los libros viejos / a Ricardo

_____

2. la mochila / a mí

_____

3. el cuaderno de física / a Rosa

_____

4. los discos de música latina / a Eduardo y a Tomás

_____

5. los videocasetes / a Ramón y a mí

_____

6. los bolígrafos / a Mariana y a Carmen

_____

D. Unos miembros de la familia. *Dé el diminutivo de los nombres de los miembros de la familia Ramírez.*

MODELO   Pedro
            Pedrito

1. Eva _____   4. Susana _____

2. Juan _____   5. Lola _____

3. Manolo _____   6. Miguel _____

E. La universidad. A friend of yours is considering transferring to your university and you think that it is a good idea. Write your friend a letter explaining what a typical day was like for you during the beginning of this term. Emphasize the attractive side of student life on your campus so your friend will want to transfer.

_____:

_____

_____

_____

_____

_____

_____

_____

_____

_____

_____

_____

                                              _____

COMPRENSIÓN CULTURAL

Indique si la descripción es típica del sistema educativo en (A) los EE.UU., (B) el mundo hispano o (C) las dos culturas.

1. _____ Los estudiantes estudian solos y reciben ayuda (_help_) de los profesores.

2. _____ Los estudiantes estudian en grupos y se ayudan unos a otros (_help each other_).

3. _____ Hay tres niveles de enseñanza: el primario, el secundario y el universitario.

4. _____ Los estudiantes son muy conscientes de los problemas sociales y económicos de su país.

5. _____ Generalmente la relación entre profesores y estudiantes es bastante formal.

6. _____ Hay cursos electivos en el nivel secundario y universitario.

7. _____ Todos los alumnos universitarios deben seguir los mismos cursos de acuerdo al plan de estudios de la facultad.

8. _____ Los estudiantes usan huelgas (_strikes_) para protestar y publicar sus demandas.

AMPLIACIÓN

A. Lectura: El sistema educativo. *Lea la siguiente lectura y después complete el ejercicio.*

El sistema educativo

Cuando hablamos del sistema de educación en los países hispanohablantes podemos señalar° ciertas generalidades, pero también hay que recordar que cada país es distinto en cuanto a los problemas que presenta su población.°

Entre las generalidades podemos mencionar que hay tres niveles° de enseñanza: el primario, el secundario y el universitario. El plan de estudios° a nivel primario y secundario generalmente es establecido por el ministerio de educación y es el mismo para toda la nación. Las universidades tienen cierta autonomía para decidir el plan de estudios dentro de sus facultades.

A nivel secundario y universitario no existen cursos «electivos» como en los Estados Unidos. Todos los estudiantes de primer año del secundario estudian exactamente las mismas materias. Lo mismo pasa con los estudiantes de segundo o tercer año de ingeniería. Todos deben seguir los mismos cursos de acuerdo al plan de estudios para ingeniería.

En la universidad los estudiantes no tienen la opción de un título de Artes Liberales como en los Estados Unidos. Cada facultad prepara a los estudiantes para una profesión.

Estas generalidades varían un poco de acuerdo a las circunstancias especiales de los diversos países. En una entrevista, Antonia Torres nos habla de la educación en España:

—Yo empecé con el jardín de la infancia° a los tres años. Luego a los seis, ingresé° a la escuela primaria donde recibí mi Educación General Básica durante siete años. A los 14 años entré en la escuela secundaria con orientación académica por dos años y luego hice un año más del curso de orientación universitaria. Al final de este curso tuve que tomar el examen de ingreso para entrar en la universidad. Este examen era muy difícil y quedé suspendida.

Silvia Pérez fue maestra en Bolivia y ahora vive en los EE.UU.:

—Allá yo tenía muchos problemas para enseñar,° pues muchos de los estudiantes sólo hablaban quechua° o aymará.° Yo sólo hablaba español y era difícil comunicarnos.

Por último la colombiana Teresa Silva nos dijo:

—En Colombia muchos campesinos° viven aislados° sin poder asistir a las escuelas públicas. Por eso el gobierno tiene un programa de alfabetización° en el que se les dan las lecciones por radio.

Como se ve, cada país tiene que ofrecer algo diferente para las necesidades de su población.

Column glosses:
point out
population
levels
curriculum

kindergarten
entered

teaching
Indian languages

rural people / isolated
literacy

Complete las oraciones con la información de la lectura.

1. El sistema educativo hispano tiene _____ niveles de enseñanza.

2. Al nivel terciario los estudiantes se preparan para _____.

3. El plan de estudios _____ es nacional.

4. En la universidad los estudiantes no tienen _____
_____.

5. En España la Educación General Básica es a nivel _____.

6. En España antes de entrar en la universidad hay que completar _____.

7. En Bolivia muchos estudiantes no pueden aprender a leer y escribir porque _____

_____.

B. En el mundo de los negocios. *You are the director for the international division of a large corporation. You would like to send several members of your sales force to school in Spain to improve their Spanish language skills. You have just received the following brochure.* **Lea el folleto (brochure) y conteste las preguntas acerca de la escuela y sus programas.** *VOCABULARIO SUPLEMENTARIO:* **el alojamiento** = lodging; **el nivel** = level; **la pensión** = board, food; **los deportes** = sports; **la piscina** = swimming pool.

ENTIDAD ORGANIZADORA

UNIVERSIDAD DE CANTABRIA
(Departamento de Filología).

PROFESORES

El profesorado está formado por Licenciados y Doctores en **Filología Hispánica**, con una dilatada experiencia en la enseñanza del español como lengua extranjera.

RECEPCION Y COMIENZO DE LAS CLASES

Las clases se impartirán en las aulas del Colegio Nacional "José Antonio", situado en C/ José Antonio, s/n.

Durante la mañana del primer día los alumnos realizarán una prueba, oral y escrita, con el fin de clasificarlos en el nivel y grupo correspondiente. Los grupos estarán compuestos por un máximo de 10 a 15 personas, para asegurar la atención personal y la máxima participación.

ALOJAMIENTO

El Curso de Español para Extranjeros dispone para sus alumnos de la Residencia "Virgen de Fátima", C/ Santa Catalina, 19. Apdo. 76. 39770 LAREDO. Telf.: 60 54 87.

El alojamiento es en régimen de pensión completa (desayuno, almuerzo-comida, cena) en habitación compartida (doble o triple).

La Residencia cuenta con salones de recreo, jardín, pistas de baloncesto, voleibol, canchas de tenis y mesas de ping-pong.

La estancia cubre desde la noche anterior al comienzo del curso hasta el desayuno del sábado siguiente al último día del curso. **Plazas Limitadas.**

FECHAS DE LOS CICLOS

CICLO I   Del 1 al 12 de Julio.
CICLO II Del 15 al 26 de Julio.
CICLO III Del 29 de Julio al 9 de Agosto.
CICLO IV Del 12 al 23 de Agosto.

Se ofrece un bloque de cuatro horas diarias de clase en diferentes niveles de aprendizaje.

Cada ciclo (dos semanas) cubre un nivel. Se puede realizar la inscripción para uno, dos, tres o los cuatro ciclos.

ESTRUCTURACION DE LAS CLASES

Nivel Elemental

Gramática Española	(De 9,30 a 10,30)
Actividades y ejercicios prácticos	(De 10,30 a 11,30)
Cultura y civilización española	(De 12 a 13)
Conversación	(De 13 a 14)

Nivel Intermedio

Gramática Española	(De 9,30 a 10,30)
Actividades y ejercicios prácticos	(De 10,30 a 11,30)
Técnicas de lenguaje escrito	(De 12 a 13)
Conversación	(De 13 a 14)

Nivel Avanzado I

Gramática Española	(De 9,30 a 10,30)
Actividades y ejercicios prácticos	(De 10,30 a 11,30)
Análisis de textos	(De 12 a 13)
Español Coloquial	(De 13 a 14)

Nivel Avanzado II

Gramática Española	(De 9,30 a 10,30)
Actividades y ejercicios prácticos	(De 10,30 a 11,30)
Textos de autores españoles e hispanoamericanos	(De 12 a 13)
Español Coloquial	(De 13 a 14)

ACTIVIDADES CULTURALES Y RECREATIVAS

Todas las tardes el Programa, con la colaboración del Ayuntamiento de Laredo y del Club Náutico, ofrece una amplia gama de actividades, tales como:

Deportes:
— Cursos gratuitos de Vela y Windsurfing.
— Acceso al Polideportivo de Laredo para la práctica de otros deportes.
— Utilización de la Piscina Municipal (cuya inauguración está prevista para esas fechas).

Música:
— Conciertos de Música Clásica y Moderna.
— Acceso libre a la Fonoteca en la Casa Municipal de la Cultura.
— Clases de Guitarra (del 8 al 20 de Julio).

Arte:
— Exposiciones de Arte.
— Visitas dirigidas a lugares de especial interés en la ciudad.
— Excursiones a lugares famosos de la provincia de Cantabria: Santillana del Mar, San Vicente de la Barquera, Comillas, Castro Urdiales, Cuevas de Puente Viesgo y Parque Natural de Cabárceno.

Ciclo de Cine Español.

Conferencias sobre diversos temas de actualidad.

FIN DE CURSO Y ENTREGA DE DIPLOMAS

Al finalizar cada ciclo se concederá un CERTIFICADO DE SUFICIENCIA, expedido por el Excmo. Sr. Rector de la Universidad de Cantabria, a aquellos alumnos que resulten evaluados positivamente en el examen correspondiente a su nivel.

1. ¿Quiénes y cómo son los profesores del programa? _____

   _____

2. ¿Dónde viven los estudiantes? _____

   _____

3. ¿Cómo es el alojamiento? _____

   _____

4. ¿Cuántas comidas reciben al día? _____

5. ¿Cuántos niveles de español hay? ¿Cuáles son? _____

   _____

6. ¿Qué tipos de actividades recreativas hay? _____

   _____

7. ¿Cuándo y dónde pueden participar en las actividades recreativas los estudiantes? _____

   _____

Escríbales un memorándum breve a sus empleados (employees) *describiendo el programa y explicando por qué deben asistir a las clases.*

_____

_____

_____

_____

_____

_____

_____

_____

_____

_____

_____

_____

_____

¿RECUERDA UD.?

Preterite forms

1.	Regular *-ar* verbs	hablé	hablamos
		hablaste	hablasteis
		habló	hablaron
2.	Regular *-er, -ir* verbs	viví	vivimos
		viviste	vivisteis
		vivió	vivieron

3. Stem-changing verbs

e → i: pedir

	pedí	pedimos
	pediste	pedisteis
	*pid*ió	*pid*ieron

o → u: dormir

	dormí	dormimos
	dormiste	dormisteis
	*dur*mió	*dur*mieron

4. *-u-* Stem

estar	estuv-		
poder	pud-	tuve	tuvimos
poner	pus-	tuviste	tuvisteis
saber	sup-	tuvo	tuvieron
tener	tuv-		

5. *-i-* Stem

querer	quis-	vine	vinimos
venir	vin-	viniste	vinisteis
		vino	vinieron

6. *-j-* Stem

decir	dij-	dije	dijimos
traer	traj-	dijiste	dijisteis
		dijo	dijeron

-cir Verbs

traducir	traduj-

7. *-y-* Stem

-eer:	leer	oí	oímos
-uir:	construir	oíste	oísteis
	oír	oyó	oyeron

8. Other irregular verbs

DAR	IR, SER	HACER
di	fui	hice
diste	fuiste	hiciste
dio	fue	hizo
dimos	fuimos	hicimos
disteis	fuisteis	hicisteis
dieron	fueron	hicieron

Práctica

A. La madre de su compañero(-a). *La madre de su compañero(-a) de cuarto llama frecuentemente para averiguar* (to find out) *cómo está su hijo(-a). Como su compañero(-a) no está(-a) en este momento, dígale a su madre que ayer su compañero(-a) hizo todo lo que debe hacer. Utilice los pronombres de complemento directo cuando sea posible.*

MODELO   Madre: Necesitaba ver al dentista.
            Usted: **Bueno, lo vio ayer.**

1. Necesitaba limpiar su cuarto.

   _____

2. Necesitaba ir a la biblioteca.

   _____

3. Necesitaba comer bien.

   _____

4. Necesitaba conducir al centro.

   _____

5. Necesitaba hacer su tarea.

   _____

6. Necesitaba leer la novela nueva.

   _____

7. Necesitaba dormirse temprano.

   _____

B. Preguntas personales. *Conteste con una oración completa.*

1. ¿Cuándo vino Ud. a clase hoy?

   _____

2. ¿Cómo se divirtió el fin de semana pasado?

   _____

3. ¿Estuvo en clase ayer?

   _____

4. ¿Qué trajo a clase hoy?

   _____

5. ¿Adónde fue el domingo pasado?

_____

6. ¿Leyó el periódico anoche? ¿Cuál?

_____

C. Sus actividades. *Explique cinco cosas que Ud. hizo ayer.*

_____

_____

_____

_____

_____

Review the following situations and tasks that have been presented and practiced in this chapter.

• Talk about university life on your campus as well as in the Hispanic world.

• Describe life in the past.

• Talk about how life used to be.

• Discuss past routine.

• Express sympathy and give encouragement.

• Change directions in a conversation.

• Indicate to whom and for whom actions are done.

• Express endearment, smallness, or cuteness when referring to people or things.

Capítulo diez

En la agencia de empleos

PRIMER ENCUENTRO

A. Unas profesiones. *¿Qué estudiaron, dónde trabajan y qué hacen las personas siguientes? Conteste con todos los detalles posibles.*

MODELO   médico(-a)
                 Un(-a) médico(-a) estudió medicina y ciencias como la química, la anatomía y la biología.
                 Ahora trabaja en una clínica o en un hospital.
                 Ayuda a las personas enfermas.

1. enfermero(-a) _____

    _____

    _____

2. asistente social _____

    _____

    _____

3. arquitecto(-a) _____

    _____

    _____

4. ingeniero(-a) _____

_____

_____

5. hombre (mujer) de negocios _____

_____

_____

6. programador(-a) de computadoras _____

_____

_____

B. ¿Qué quería ser? *Explique lo que Ud. quería (o quiere) ser a varias edades y por qué quería (o quiere) serlo.*

1. De niño(-a) _____

_____

_____

2. En la escuela secundaria _____

_____

_____

3. Ahora _____

_____

_____

¿Qué estudia o hace Ud. para prepararse para este trabajo? _____

_____

_____

C. El año pasado. *Forme seis oraciones usando una frase de cada columna y empezando con el año pasado. Use el pretérito de los verbos.*

la Srta. Iglesias	(no) poder	a nadie	en la fiesta
yo	(no) saber	que era	carpintero(-a)
Ud.	(no) querer	a esta chica	programador(-a) de computadoras
los jóvenes	(no) conocer	hacerse	en esa compañía
tú		trabajar	
Manolo y yo			

Holt, Rinehart and Winston, Inc. **Cuaderno de ejercicios**

1. _____

2. _____

3. _____

4. _____

5. _____

6. _____

D. Compañeros de trabajo. *Lea el párrafo siguiente. Luego subraye (underline) el pretérito o el imperfecto según el caso.*

Juan y Roberto *eran / fueron* compañeros de trabajo. Generalmente *iban / fueron* a un restaurante inmediatamente después del trabajo pero anoche *salían / salieron* de la oficina a las siete para ir al cine. *Tomaban / Tomaron* el autobús al centro y luego *caminaban / caminaron* al cine. Les *gustaba / gustó* mucho la película. Como *hacía / hizo* buen tiempo, *se sentaban / se sentaron* en un café para comer y mirar a la gente. Luego *volvían / volvieron* a casa. *Se acostaban / Se acostaron* muy tarde.

SEGUNDO ENCUENTRO

A. En la agencia de empleos. *Complete esta conversación con el agente de empleos.*

1. AGENTE   ¿Cuál es su nombre?

   USTED   (Answer him.)

   _____

2. AGENTE   ¿Ud. solicita el puesto de obrero(-a) de fábrica?

   USTED   (Tell him no. Then tell him what kind of job you would like.)

   _____

3. AGENTE   ¿Tiene experiencia?

   USTED   (Answer him with details.)

   _____

4. AGENTE   ¿Cuánto quiere ganar? ¿Y cuál es el sueldo más bajo que puede aceptar?

   USTED   (Answer him.)

   _____

5. AGENTE   ¿Cuándo puede Ud. empezar?

   USTED   (Answer him providing a date.)

   _____

B. Curriculum vitae. En el mundo hispano la frase latina **curriculum vitae** = resume y se usa para solicitar un puesto dentro de una empresa o compañía. Complete el siguiente curriculum vitae utilizando las instrucciones entre paréntesis.

CURRICULUM VITAE

INFORMACIÓN
PERSONAL

(Nombre, apellido, dirección, teléfono, estado civil, número de hijos, fecha de nacimiento.)

_____

_____

_____

_____

EDUCACIÓN

(Nombres y direcciones de escuelas/universidades, títulos, fechas de graduación, especializaciones.)

_____

_____

_____

_____

EXPERIENCIA

(Haga una lista en orden cronológico de los nombres y direcciones de los lugares donde trabajó/trabaja; explique lo que hizo/hace.)

_____

_____

_____

HABILIDADES

(Explique lo que Ud. sabe hacer. Incluya solamente las cosas que tienen relación con el trabajo.)

_____

_____

_____

_____

Holt, Rinehart and Winston, Inc.

Cuaderno de ejercicios

OTROS
INTERESES
(Explique otras cosas interesantes o importantes que Ud. hace cuando tiene tiempo.)

_____

_____

REFERENCIAS
(Nombre, apellido, dirección y teléfono de dos o tres personas que lo (la) conocen bien a Ud. y que van a escribirle una buena carta de referencia.)

_____

_____

_____

_____

C. El cumpleaños del Sr. Guevara. *Complete el párrafo siguiente poniendo los verbos en el pretérito o el imperfecto según el caso.*

_____ el sábado y la Sra. de Guevara _____ ir de compras. La semana
    (Ser)   **(querer)**

pasada _____ a muchos amigos a comer en su casa para celebrar el cumpleaños de su marido,
         (invitar)

el jefe de la Compañía Guevara. _____ comprar muchas cosas. Así que _____
                     (Necesitar)   **(levantarse)**

temprano, _____ rápidamente y _____ de casa. _____
          (vestirse)   **(salir)**   **(Conducir)**

al mercado donde _____ la comida. _____ a casa y _____
               (comprar)   **(Volver)**   **(empezar)**

a hacer las preparaciones para la fiesta. _____ muy contenta.
                           (Estar)

D. En la Compañía Navarro. *Conteste las preguntas que un(-a) compañero(-a) de su compañía le hace a Ud.*

MODELO   Compañero(-a): ¿Necesitas esta solicitud?
              Usted: **No, no necesito ésa; necesito la otra.**

1. ¿Trabajas en esta oficina?

_____

2. ¿Necesitas este contrato?

_____

3. ¿Comes con estos empleados?

_____

4. ¿Leíste estas evaluaciones?

_____

5. ¿Conoces a esta obrera?

_____

E. Una carta a la agencia de empleos. *You have just seen an ad for a job that seems perfectly suited to your qualifications. Write a letter to the employment agency advertising the job explaining your past education and experience. Tell them why you are well qualified for the job. Note that business letters begin and end differently than personal letters.*

Muy señores míos:

_____

_____

_____

_____

_____

_____

_____

_____

Atentamente,

_____

TERCER ENCUENTRO

A. Adivinanza. *Complete los espacios horizontales con la palabra que corresponde a la definición en la página siguiente. ¿Cuál es la palabra de los espacios verticales?*

1. __ __ __ __ __ __
2. __ __ __ __ __ __ __ __ __ __ __
3. __ __ __ __ __ __ __ __
4. __ __ __ __
5. __ __ __ __ __ __ __ __
6. __ __ __ __ __ __ __

1. lo que una compañía les paga a sus profesionales

2. las cosas adicionales que una compañía les da a sus trabajadores

3. una compañía

4. el gerente o el líder de una compañía

5. un grupo de empleados

6. lo que pedimos cuando queremos más dinero

B. ¡Esto es el colmo! *¿Cómo reacciona Ud. en estas situaciones? Varíe sus respuestas.*

Ud. es el (la) jefe(-a):

1. Su secretaria llega tarde todos los días. ¡Esta mañana llegó dos horas más tarde! _____

_____

2. El nuevo secretario hace muchos errores en las cartas que escribe. _____

_____

Ud. es el (la) empleado(-a):

3. El gerente general despidió a 200 obreros de la empresa. _____

4. Su jefe no quiere darle un aumento de sueldo. _____

_____

C. El equipo (equipment) **de la oficina.** *Un colega en su empresa le escribe a Ud. por correo electrónico para aprender lo que la empresa hace con el equipo viejo. Escríbale a su colega explicándole a quiénes les dieron varios artículos.*

MODELO   ¿Las papeleras? (a otro departamento)
         Se las dieron a otro departamento.

1. ¿Los relojes? (a una escuela secundaria)

_____

2. ¿El escritorio? (a mí)

_____

3. ¿La vieja computadora? (al hijo del jefe)

_____

4. ¿Las sillas? (al departamento de ventas)

_____

5. ¿La mesa grande? (a los contadores)

_____

D. Su nuevo trabajo. *Ud. acaba de recibir un nuevo puesto y sus padres / su esposo(-a) le dieron / dio mucha ropa nueva para llevar en la oficina. Complete la siguiente conversación con un(-a) amigo(-a) que quiere verlo todo.*

MODELO   Usted: Tengo un nuevo abrigo.
                  Amigo(-a): Muéstramelo. ¿Dónde lo conseguiste?
                  Usted: **Mi esposo(-a) / mis padres me lo dio / dieron.**

1. USTED   Tengo mucha ropa nueva.

    AMIGO(-A) _____

    USTED   _____

2. USTED   Tengo unas nuevas camisas / blusas.

    AMIGO(-A) _____

    USTED   _____

3. USTED   Tengo un nuevo traje.

    AMIGO(-A) _____

    USTED   _____

4. USTED   Tengo unos nuevos zapatos.

    AMIGO(-A) _____

    USTED   _____

COMPRENSIÓN CULTURAL

Decida si las siguientes oraciones son ciertas o falsas. Corrija las oraciones falsas.

1. Las mujeres en el mundo hispano sólo ocupan puestos tradicionales. _____

_____

2. En los países más industrializados las mujeres tienen un papel activo en la política, la educación y la industria.

_____

_____

3. Los estudiantes hispanos del pasado trabajaban mucho.

_____

_____

4. Muchos estudiantes contemporáneos combinan el trabajo y el estudio. _____

_____

5. Unos famosos políticos hispanos son Federico Peña y Carolina Herrera. _____

_____

6. Nancy López, Celia Cruz y Gloria Estefan son atletas hispanas. _____

_____

7. Antonio Banderas, Ricardo Montalbán y Edward James Olmos son famosos actores hispanos.

_____

_____

AMPLIACIÓN

A. En la oficina. *Nombre las cosas que corresponden a los números.*

1. _____   6. _____

2. _____   7. _____

3. _____   8. _____

4. _____   9. _____

5. _____   10. _____

Nombre unos empleados que pueden trabajar en esta oficina.

_____

_____

_____

B. En el mundo de los negocios. *Ud. es el (la) jefe(-a) de personal en una empresa en Miami, Florida. Lea la carta de la Srta. Ángeles Rivas y conteste las preguntas que siguen.*

Estimados señores:

De mi mayor consideración° me dirijo a Uds. a fin de solicitar el puesto de ingeniera eléctrica que Uds. anunciaron en el periódico del jueves.

Entiendo que el puesto es para trabajar en una de sus fábricas en Venezuela y que se necesita perfecto dominio del español y el inglés. El español es mi lengua materna° e hice mis estudios en inglés en universidades estadounidenses. Por lo tanto soy completamente bilingüe. Además tengo un conocimiento directo de la cultura venezolana, pues viví allí un año cuando estaba en la escuela secundaria.

Aunque me acabo de graduar de la universidad, tengo experiencia en este campo° porque trabajé en dos fábricas mientras hacía mis estudios universitarios. Mis jefes les van a mandar cartas de recomendación que reflejan mis evaluaciones en los dos trabajos.

Estoy dispuesta a asistir a una entrevista cuando sea conveniente para Uds.

Muchas gracias por su atención.

Los saluda respetuosamente,

Srta. Ángeles Rivas
124 Franklin St.
Santa Cruz, CA 95060

Respectfully

native language

field

1. ¿Qué puesto solicita Ángeles? _____

_____

2. ¿Dónde está el puesto que solicita? _____

_____

3. ¿Qué se necesita para el puesto? _____

_____

4. ¿Qué lenguas habla Ángeles? _____

_____

5. ¿Qué experiencia tiene en este campo? _____

_____

6. ¿Quiénes les van a escribir cartas de recomendación? _____

C. Una entrevista. *Escríbale una carta a la Srta. Ángeles Rivas explicándole que tiene buenas cualificaciones y que su compañía quiere darle una entrevista. Incluya información sobre la fecha y la hora de la entrevista.*

Estimada Srta. Rivas:

_____

_____

_____

_____

_____

_____

_____

_____

_____

_____

Atentamente,

_____

¿RECUERDA UD.?

Uses of *se*

The word **se** *has several different uses:*

1. *Se* in Impersonal and Passive Constructions
   Se can be translated as an impersonal *you, they, one,* or a passive voice in English.

Se venden computadoras allá.	*Computers are sold there.*
Se dice que es un contador buenísimo.	*They say he's a very good accountant.*

2. *Se* as a Reflexive Pronoun

   Se accompanies a reflexive verb and refers back to a third person singular or plural subject. *Se* can sometimes be translated as *-self / -selves,* or can add emphasis to verbs of motion or action.

Cada día Arturo *se levanta* temprano, *se viste* rápidamente y *se va* al gimnasio.	*Every day Arturo gets up early, gets dressed quickly, and goes (away) to the gym.*

3. *Se* as an Indirect Object Pronoun

   When both the direct object and indirect object pronouns are in the third person, the indirect object pronouns *le* and *les* become *se.*

—¿Le das este regalo a Anita?	*Are you giving this gift to Anita?*
—No, *se* lo doy a mi madre.	*No, I'm giving it to my mother.*

Práctica

A. ¿Dónde se venden? *Explique dónde se venden los siguientes artículos.*

MODELO   ropa
Se vende la ropa en el almacén.

1. zapatos de tenis

   _____

2. revistas

   _____

3. ropa deportiva

   _____

4. discos

   _____

5. carne

   _____

6. bananas

   _____

B. Antes del trabajo. *Explique lo que los obreros hicieron ayer antes de las diez de la mañana.*

MODELO   despertarse a las cinco
Los obreros se despertaron a las cinco.

1. levantarse pronto

   _____

2. ducharse y secarse rápidamente

   _____

3. ponerse la ropa y los zapatos

   _____

4. despedirse de la familia

   _____

5. irse a la fábrica

   _____

6. dedicarse al trabajo

   _____

C. Regalos de Navidad. *Explique a quién(-es) le(-s) va a dar Ud. los siguientes regalos de Navidad.*

MODELO   el libro de fútbol / mi hermano
                Se lo doy a mi hermano.

1. el disco / una amiga _____

2. la corbata / mi padre _____

3. las fotos / mis primos _____

4. los suéteres / mis hermanas _____

5. el vestido / mi madre _____

6. el cinturón / mi novio(-a) _____

Review the following situations and tasks that have been presented and practiced in this chapter.

- Discuss your career choices and goals.
- Talk about Hispanic jobs and work-related issues.
- Describe past events.
- Narrate in the past.
- Point out people and things.
- Give compliments.
- Express anger.
- Avoid repetition of previously mentioned people and things.

Capítulo once
La vida en casa

PRIMER ENCUENTRO

A. Una casa de dos pisos. *Usando el dibujo, explique qué cuartos hay en la casa.*

Primer piso

1. _____ 3. _____

2. _____ 4. _____

Segundo piso

5. _____   7. _____

6. _____   8. _____

B. Los cuartos. *¿Dónde hacen las siguientes cosas los miembros de su familia? ¿En qué cuarto o parte de la casa...*

1. preparan la comida? _____

2. miran la televisión? _____

3. comen? _____

4. duermen? _____

5. charlan con amigos? _____

6. tienen una fiesta? _____

7. escuchan música? _____

C. ¿Es bueno o malo? *Nicolás es un estudiante en la escuela secundaria; tiene quince años. Explique qué actividades son buenas y cuáles son malas para Nicolás.*

MODELO   mirar la televisión mucho
               Es malo que Nicolás mire la televisión mucho.

1. estudiar español

_____

2. preparar la tarea

_____

3. llegar tarde a clase

_____

4. manejar rápido

_____

5. tocar el piano

_____

6. regresar a las tres de la mañana

_____

7. tomar mucha cerveza

_____

D. Opiniones. *Su compañero(-a) de cuarto le habla de algunas personas que él / ella conoce bien. Usando expresiones como **es necesario / ridículo / posible / bueno,** exprese su opinión acerca de las actividades de estas personas.*

MODELO   Mi padre trabaja mucho.
Es necesario que tu padre trabaje mucho.

1. Mis abuelos escuchan música rock y bailan en una discoteca.

_____

2. Mi hermana llama a nuestros padres todos los días.

_____

3. Todos los veranos mis tíos viajan a Europa.

_____

4. Mis vecinos miran la televisión en el garaje.

_____

5. Mi madre prepara la tarea para mi hermano menor.

_____

6. A veces llego a casa a las dos de la mañana.

_____

SEGUNDO ENCUENTRO

A. Los muebles. *Use el dibujo en la página 131 para explicar qué muebles hay en la casa.*

1. En el comedor hay _____

_____

2. En la sala hay _____

_____

3. En la sala de estar hay _____

_____

4. En la cocina hay _____

_____

5. En los dormitorios hay _____

_____

B. ¿Dónde están? *Usando el dibujo en la página 131, explique dónde están los cuartos o las cosas siguientes en relación con otros cuartos o cosas.*

MODELO   la sala
                La sala está al lado del comedor.

1. la sala de estar

_____

2. el refrigerador

_____

3. el comedor

_____

4. el piano

_____

5. el cuarto de baño

_____

6. el televisor

_____

7. el garaje

_____

C. Un examen de español. *Mañana hay un examen en la clase de español. ¿Qué necesitan hacer los estudiantes?*

MODELO   escribir los verbos
                Es necesario que los estudiantes escriban los verbos.

1. hacer los ejercicios

_____

2. aprender el vocabulario

_____

3. leer la lección

_____

4. ir al laboratorio para practicar

_____

5. escribir en el cuaderno

_____

6. saber hablar bien

_____

D. Una fiesta en casa. *Ud. va a dar una fiesta. Exprese sus opiniones sobre lo que debe pasar.*

MODELO   todos / empezar a bailar
                 Ojalá que todos empiecen a bailar.

1. tú / divertirse

_____

2. nadie / dormirse

_____

3. mis amigos y yo / despedirse tarde

_____

4. todos / poder venir

_____

5. yo / servir la comida a tiempo

_____

6. mis amigos / probar toda la comida

_____

E. Decorador(-a) de interiores. *Ud. es un(-a) decorador(-a) de interiores y va a la casa de una cliente para ayudarla a decorar su nueva casa. Como ella trabaja y no está en casa, déjele una nota con sus ideas y sugerencias* (suggestions).

MODELO   **Es necesario que Ud. venga a mi oficina para hablar.**

es mejor	comprar una alfombra nueva para la sala
es bueno	devolver el sofá nuevo
es necesario	poner la mesa francesa en el comedor
es ridículo	buscar unas sillas modernas
es malo	sacar las lámparas rojas
	empezar a planear
	venir a mi oficina para discutir las sugerencias

_____

_____

_____

_____

_____

_____

_____

_____

TERCER ENCUENTRO

A. Los quehaceres domésticos. _Usando el dibujo en la página 131, explique qué miembro de la familia hace los varios quehaceres y en qué cuarto está._ (The numbers refer to the people numbered in the drawing.)

1. _____

_____

2. _____

_____

3. _____

_____

4. _____

_____

5. _____

_____

B. Una fiesta de graduación. _Ud. planea una fiesta de graduación para su hijo. Consiga (Obtain) la ayuda de su familia para hacer las preparaciones y arreglar la casa. Haga una lista de los quehaceres explicándoles a todos lo que deben hacer._

_____

_____

_____

_____

_____

_____

Holt, Rinehart and Winston, Inc. **Cuaderno de ejercicios**

_____

_____

_____

C. ¿Quién es mejor? *Forme seis oraciones usando una frase de cada columna.*

Ricardo	(no) limpiar	tan tarde	como tú
tú	(no) trabajar	tan bien	como Rafael
Alicia y yo	(no) arreglar	tan rápidamente	como los vecinos
Uds.	(no) estar	tan enfermo	como yo
los dueños	(no) ganar	tanto	como Paquita
yo	(no) ayudar	tan fácilmente	como mis compañeros

1. _____

2. _____

3. _____

4. _____

5. _____

6. _____

D. Comparaciones. *Compárese* (Compare yourself) *a un miembro de su familia o a un(-a) amigo(-a) usando las siguientes ideas.*

MODELO   dormir / horas
(No) Duermo tantas horas como mi amigo Jorge.

1. sacudir / muebles

   _____

2. tener / casas

   _____

3. lavar / ropa

   _____

4. comprar / discos

   _____

5. comer / hamburguesas

   _____

6. ganar / dinero

E. Comparaciones de casas. *Compare su casa o apartamento con el / la de un(-a) amigo(-a) o un miembro de su familia. Compare el número y tipo de cuartos, los muebles, el estilo, la vecindad (neighborhood), etc.*

_____

_____

_____

_____

_____

_____

_____

_____

COMPRENSIÓN CULTURAL

¿Cierto o Falso? *Decida si estas oraciones son ciertas o falsas. Corrija las falsas.*

1. En una típica casa española el patio está detrás en el jardín. _____

   _____

2. En los patios generalmente hay flores y plantas; a veces hay fuentes y árboles. _____

   _____

3. En las ciudades hispanas muchas personas de la clase media viven en el centro en casas enormes.

   _____

   _____

4. Una casa colonial hispana tiene dos pisos, columnas y muchas chimeneas. _____

   _____

5. La casa en las afueras con un jardín delante y detrás y garaje para dos coches es típica de los países hispanos.

   _____

   _____

6. El hispano pasa más tiempo fuera de casa que el norteamericano. _____

   _____

AMPLIACIÓN

A. Un apartamento nuevo. *Nombre los cuartos y los muebles en cada cuarto del apartamento del dibujo. (Los números corresponden a los cuartos.)*

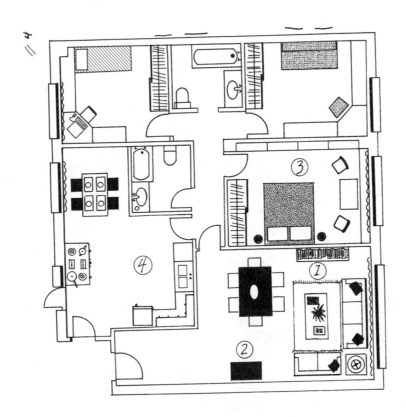

1. El cuarto _____

   Los muebles _____

   _____

2. El cuarto _____

   Los muebles _____

   _____

3. El cuarto _____

   Los muebles _____

   _____

4. El cuarto _____

   Los muebles _____

   _____

5. ¿Qué otros cuartos hay en el apartamento? _____

   _____

B. En el mundo de los negocios. *El año próximo Ud. va a trabajar para una compañía multinacional en España. Ud. busca un apartamento para Ud., su esposo(-a) y su hijo de tres años. Describa el apartamento que Ud. desea; incluya el número y tipo de cuartos, la localidad (location), las comodidades (conveniences) y los servicios que necesitan.*

_____

_____

_____

_____

_____

_____

_____

_____

¿RECUERDA UD.?

Familiar and formal commands

	COMMAND FORM	
	Affirmative	**Negative**
Tú FAMILIAR	third person singular present indicative *mira*	second person singular present subjunctive *no mires*
Usted FORMAL SINGULAR	third person singular present subjunctive *mire*	third person singular present subjunctive *no mire*
Ustedes FORMAL PLURAL	third person plural present subjunctive *miren*	third person plural present subjunctive *no miren*

1. With the exception of the affirmative familiar form, commands are subjunctive verb forms and have the same patterns and irregularities as the present subjunctive.

2. Object pronouns must be attached to the end of affirmative commands and a written accent mark is then placed over the stressed vowel of the command. Object pronouns precede negative commands.

Cómpramelo.   *Buy it for me.*
No me lo compres.   *Don't buy it for me.*

Práctica

A. Un amigo indeciso. *Su amigo indeciso le escribe a Ud. explicando lo que quiere hacer. Escríbale a su amigo diciéndole que lo haga.*

MODELO   Quiero ir al cine.
                 Bueno, ve al cine.

1. Quiero hacer compras después de mis exámenes.

   _____

2. Quiero bailar este fin de semana.

   _____

3. Quiero viajar a México este verano.

   _____

4. Quiero vender mi coche y comprar otro.

   _____

5. Quiero almorzar con unos amigos en un buen restaurante.

   _____

6. Quiero salir todas las noches después de trabajar.

   _____

B. Su hermanito. *Ud. y su hermana no pueden llegar a un acuerdo* (come to an agreement) *acerca de las actividades de su hermanito. Su hermana contradice* (contradicts) *lo que Ud. dice. Utilice pronombres de complemento directo cuando sea posible.*

MODELO   Escucha esta música.
                 No, no la escuches.

1. Pon la televisión. _____

2. Toma la leche. _____

3. Come tu sandwich. _____

4. Toca el piano. _____

5. Sal con tus amigos. _____

6. Ven acá. _____

C. Un(-a) consejero(-a) (counselor). *Ud. es un(-a) consejero(-a) en una escuela primaria. Escríbales a los siguientes estudiantes diciéndoles lo que deben hacer. Utilice pronombres de complemento directo cuando sea posible.*

MODELO   Elvira y Pablo no escriben la composición.
Elvira y Pablo, escríbanla.

1. Ramón y Beatriz no dicen la verdad.

    _____

2. Raúl y Ana no hacen la tarea.

    _____

3. Berta y Diego no repiten los verbos.

    _____

4. Manolo y Pedro no practican mucho.

    _____

5. Tomás y Pepe no traen libros a clase.

    _____

6. Olga y Blanca no llegan a tiempo.

    _____

Review the following situations and tasks that have been presented and practiced in this chapter.

• Describe a house or apartment and its contents.

• Explain where household items are located.

• Express hope, need, and opinions about actions.

• Enlist the help of others to do household chores.

• Compare people and things with equal qualities.

Capítulo doce

¿Qué tal el partido?

PRIMER ENCUENTRO

A. ¿Qué deportes practicas? *Complete la tabla con el nombre de un deporte que corresponda a las descripciones.*

Deporte(-s) preferido(-s)	Deporte(-s) que practico	Deporte(-s) que miro	Deporte(-s) que ni practico ni miro

Según la información de la tabla, ¿es Ud. deportista? _____

B. ¿A qué juegan? *Explique a qué deportes juegan las siguientes personas actualmente (presently) y también a qué deportes jugaba hace muchos años.*

MODELO   Uds. / béisbol / hockey
                 Actualmente Uds. juegan al béisbol pero hace muchos años jugaba al hockey.

1. Rodolfo / tenis / básquetbol

   _____

2. yo / golf / tenis

   _____

3. Norma y Cristina / vólibol / béisbol

   _____

4. tú / fútbol / hockey

   _____

5. Víctor y yo / golf / fútbol norteamericano

   _____

C. El entrenador de fútbol. *Explique lo que el entrenador de fútbol quiere que hagan sus jugadores.*

MODELO   practicar mucho
                 El entrenador quiere que sus jugadores practiquen mucho.

1. jugar bien

   _____

2. salir campeones

   _____

3. hacer mucho ejercicio

   _____

4. correr rápidamente

   _____

5. estar en buena condición física

   _____

6. no preocuparse mucho

   _____

D. ¿Qué quiere Ud. que hagan los otros? *Complete las oraciones de una manera lógica.*

1. Quiero que mis padres _____

   _____

2. Espero que mi equipo favorito _____

_____

3. No deseo que mi mejor amigo(-a) _____

_____

4. Espero que mis amigos y yo _____

_____

5. Quiero que mi profesor(-a) de español _____

_____

E. Un equipo de básquetbol. *Usando la forma superlativa de los adjetivos, describa a las jugadoras de un equipo de básquetbol de México.*

MODELO   Estela Guevara / alto
              Estela Guevara es la más alta del equipo.

1. Lupe Echeverría / bueno

_____

2. Anita Pereda / grande

_____

3. Consuelo Ramos / fuerte

_____

4. Paula Flores / rápido

_____

5. Rosita Águilar / joven

_____

SEGUNDO ENCUENTRO

A. El (la) reportero(-a) deportivo(-a). *Ud. necesita la información para un artículo deportivo que escribe. Complete la siguiente entrevista con un aficionado acerca de un partido de básquetbol.*

1. REPORTERO(-A)   Hola, Salvador. No oí el resultado. ¿Qué tal el partido de anoche?

   AFICIONADO   (Explain that the game was great. We beat them 98–73.)

_____

_____

2. REPORTERO(-A) ¿Cómo salió Hernández?

AFICIONADO (Say that he did well.)

_____

3. REPORTERO(-A) ¿Y cómo salieron los otros?

AFICIONADO (Say that they played well and that they were very lucky.)

_____

_____

4. REPORTERO(-A) ¡Fantástico!

AFICIONADO (Say that the truth is that Los Basqueteros is a very good basketball team. Add that one of these times they will be champions.)

_____

_____

5. REPORTERO(-A) Estoy de acuerdo. Tengo mucha confianza en el nuevo entrenador.

AFICIONADO (Say that you do also. Explain that with the points from yesterday's game we classified for the national championship.)

_____

_____

6. REPORTERO(-A) ¡Qué bien! Muchas gracias, Salvador. Hasta luego.

AFICIONADO (Say good-bye.)

_____

B. El artículo deportivo. Ud. es el (la) reportero(-a) de Práctica A. Escriba un artículo breve sobre el partido de básquetbol usando la información de la entrevista de Práctica A y su imaginación. Explique lo que el equipo hizo para preparar para el partido, y cuándo y dónde tuvo lugar (took place). Termine el artículo explicando por qué ganó el equipo y lo que Ud. espera que pase en el futuro.

_____

_____

_____

_____

_____

_____

C. Un(-a) jugador(-a) bueno(-a). *Un(-a) amigo(-a) quiere jugar en uno de los equipos de la universidad. Dígale a su amigo(-a) lo que debe o no debe hacer para ser un(-a) jugador(-a) bueno(-a).*

MODELO   Debe practicar mucho.
Practica mucho.

1. Debe asistir a todos los partidos.

   _____

2. No debe comer demasiado.

   _____

3. Debe hacer ejercicio.

   _____

4. Debe jugar bien.

   _____

5. No debe acostarse tarde.

   _____

6. Debe tener disciplina.

   _____

7. No debe fumar.

   _____

8. Debe dormir ocho horas cada noche.

   _____

D. Un(-a) compañero(-a) cansado(-a). *Su compañero(-a) de cuarto tiene mucho estrés en su vida y está muy cansado(-a). Como Ud. no va a pasar el fin de semana en la universidad, Ud. le escribe una nota a su compañero(-a) explicándole lo que debe hacer este fin de semana para mejorarse* (to get better). *Utilice por lo menos seis mandatos afirmativos en su nota.*

_____ :

_____

_____

_____

_____

_____

_____

_____

TERCER ENCUENTRO

A. Una prueba deportiva. Examine lo que Ud. sabe de los deportes profesionales. Complete el siguiente gráfico con la información pedida.

Equipo	Deporte	Ciudad	Jugador famoso	Colores
Leones				
Celtas				
Pingüinos				
Yanquis				
Canadienses				
Atléticos				
Ángeles				
Santos				
Toros				
Broncos				

Puntos: Un punto por cada respuesta correcta (véase la clave de respuestas al final del Manual de laboratorio).

31–40   ¡Ud. es un genio deportivo!

21–30   Ud. sabe mucho de los deportes.

11–20   Parece que no le gustan mucho los deportes profesionales.

0–10   Probablemente Ud. es un genio de otra categoría.

B. El club de esquí. *Complete las oraciones con la forma adecuada del artículo definido. Ponga X en el espacio si el artículo no es necesario.*

_____ Dr. Marín vivía en _____ Colombia, en _____ Perú y

en _____ España. Ahora enseña _____ educación física en la Universidad de

California y ayuda mucho con _____ club de esquí. Hay una reunión del club

_____ lunes. _____ reuniones son muy importantes para

_____ estudiantes porque tienen que planear _____ actividades.

C. Lo mejor. *Complete las oraciones de una manera lógica.*

1. Lo mejor de mi vida _____.

2. Lo más interesante de la universidad _____.

3. Lo peor del año pasado _____.

4. Lo bueno de mis clases _____.

5. Lo malo de la vida estudiantil _____.

D. Lo mejor de la universidad. *Escriba un folleto (brochure) breve para su universidad. Describa a los estudiantes y profesores, las facultades y/o los departamentos, y las actividades. Describa lo mejor y lo más interesante de su universidad. Incluya información sobre los deportes.*

_____

_____

_____

_____

_____

_____

_____

_____

_____

COMPRENSIÓN CULTURAL

Conecte el deporte con todos los lugares hispanos donde se practica o donde es típico y popular.

_____ 1. el básquetbol

_____ 2. el béisbol

_____ 3. el ciclismo

_____ 4. la corrida de toros

_____ 5. el fútbol

_____ 6. el jai alai

a. Colombia

b. Cuba

c. España

d. la Florida

e. las islas del Caribe

f. México

g. el Perú

h. todo el mundo hispano

i. Venezuela

AMPLIACIÓN

A. Tiempo de deporte. Ud. acaba de recibir el anuncio de un club deportivo cerca de Ud. Lea el anuncio en la página siguiente y explique los servicios que tienen para las siguientes personas. VOCABULARIO SUPLEMENTARIO: **piscina** = swimming pool; **pesas** = weights; **guardería** = lugar para los niños; **remo** = rowing.

1. Un hombre que quiere nadar antes de ir al trabajo a las ocho de la mañana. _____

   _____

2. Una mujer que quiere hacer ejercicio sin sus dos hijos pequeños. _____

3. Una chica de 20 años que quiere bajar de peso. _____

4. Un chico al que se le olvidó (*forgot*) de traer su ropa para hacer ejercicio. _____

5. Una persona que quiere comer después de hacer ejercicio. _____

6. Una persona que necesita lecciones para aprender a hacer ejercicio. _____

7. Un hombre que quiere jugar a squash. _____

8. Unos amigos que quieren charlar y mirar el campeonato de fútbol. _____

   _____

elche squash club

Tiempo de deporte Tiempo de vida

Ud. podrá disponer en nuestras instalaciones de una extensa y variada gama de servicios todos ellos atendidos por personal especializado.

SERVICIOS

- 6 pistas squash
- Piscina interior climatizada
- Gimnasio dotado de:
  - Bicicletas
  - Espalderas
  - Vibradores
  - Juego de pesas
  - Banco de pesas con soporte
  - Polea doble
  - Tablas abdominales
  - Remo hidráulico
  - Máquina multipuestos (9 puestos gimnasia)
  - Máquina electrónica de footing
- Preparador físico
- Profesora de aerobic
- Monitor de squash
- Monitora de natación
- Servicio médico
- Masajista masculino
- Masajista femenino
- Gabinete de belleza
- Estethicienne
- Terraza-Solarium
- Cafetería
- Restaurante
- Salón social con video y T.V.
- Antena parabólica (17 canales)
- Boutique de deportes
- Lavandería de ropa
- Guardería
- Servicio lavado automático
- Servicio gasolinera
- 2 saunas finlandesas·
- 2 baños turcos
- 2 solarium rayos U.V.A.
- 4 hidromasajes
- Salas de relax (en dependencias de vestuarios de sra. y caballero)

El club está dotado de:
- Aire acondicionado
- Taquillas personales
- Guardarropa
- Hilo Musical
- Calefacción radial en suelos
- Renovación de aire constante en todo el pabellón

En el Elche Squash Club, Ud. no necesita llevar nada, ni bolsa, ni equipo, ni toalla, ni accesorios de aseo como gel, champú, crema corporal, espuma de afeitar... etc. Solamente ganas de DISFRUTAR y de convertir su TIEMPO DE DEPORTE EN TIEMPO DE VIDA.

Horario: Todos los días de 7 hs. de la mañana a 12 hs. de la noche.

B. En el mundo de los negocios. You live in San Diego and have decided to open a health and sports club for the Hispanic community. You must now write an advertising brochure for your club. Provide a name for your club, list the sports that can be played there, describe the facilities for sports, and give the hours of operation. SUPPLEMENTAL VOCABULARY: swimming pool = **la piscina;** sports field, track, court = **la cancha;** gym = **el gimnasio;** member = **el (la) miembro;** administrative offices = **la adminstración.**

_____

_____

_____

_____

_____

_____

_____

_____

_____

_____

_____

¿RECUERDA UD.?

Pronouns

Subject	Reflexive	Direct Object	Indirect Object	Object of Preposition
yo	me	me	me	mí
tú	te	te	te	ti
él ella Ud.	se	lo la	le	él ella Ud.
nosotros(-as)	nos	nos	nos	nosotros(-as)
vosotros(-as)	os	os	os	vosotros(-as)
ellos ellas Uds.	se	los las	les	ellos ellas Uds.

1. Subject pronouns precede the verb in a statement and generally follow the verb in a question.

   Uds. vienen mañana.   *You are coming tomorrow.*
   ¿Vienen _Uds._ mañana?   *Are you coming tomorrow?*

2. Reflexive pronouns accompany reflexive verbs and refer to the subject of the sentence.

   Ricardo _se_ divirtió en la fiesta.   *Ricardo had a good time at the party.*

3. Direct object pronouns replace direct object nouns that refer to things or people.

   —¿Conoces a Roberto?   *Do you know Robert?*
   —No, no _lo_ conozco.   *No, I don't know him.*

4. Indirect object pronouns express to whom or for whom something is done.

   —¿Qué _le_ das a Paquita?   *What are you giving Paquita?*
   —_Le_ doy una bata nueva.   *I'm giving her a new robe.*

Holt, Rinehart and Winston, Inc. **Cuaderno de ejercicios**

5. Prepositional pronouns follow prepositions such as *a, de, con,* and *sin. REMINDER:* the first and second person pronouns combine with the preposition *con* to form *conmigo, contigo.*

    —¿Sales *conmigo* el sábado?   *Are you going out with me on Saturday?*
    —No, no salgo *contigo.* Salgo *con él.*   *No, I'm not going out with you. I'm going out with him.*

6. Reflexive, direct object, and indirect object pronouns precede conjugated verbs and negative commands.

    Siempre *nos* quejamos de la tarea.   *We always complain about the homework.*
    No *lo* ponga allá.   *Don't put it there.*

They are attached to the end of affirmative commands.

    Cómprelo mañana.   *Buy it tomorrow.*

They can precede the conjugated verb or be attached to the end of an infinitive when both are present.

    Va a acostar*se* pronto.   *He's going to bed soon.*
    Se va a acostar pronto.

Práctica

A. Las actividades de Mariana. *Usando los pronombres de complemento directo, describa lo que Mariana hace frecuentemente.*

MODELO   ¿Mira Mariana la televisión a menudo? (no)
                 No, no la mira a menudo.

1. ¿Arregla su cuarto todas la mañanas?

     No, _____

2. ¿Prepara tacos y enchiladas para su familia?

     Sí, _____

3. ¿Lee novelas románticas?

     Sí, _____

4. ¿Escucha música clásica?

     No, _____

5. ¿Lava su coche a menudo?

     No, _____

B. Regalos de Navidad. *Es la Navidad y Consuelo compra sus regalos. Explique a quién(-es) le(-s) va a dar sus regalos.*

MODELO   a María
                 Consuelo le da un regalo a María.

1. a sus hermanas

     _____

2. a su mamá

     _____

3. a mí

_____

4. a nosotros

_____

5. a ti

_____

C. Unos regalos. _Conteste las preguntas de su hermana acerca de quiénes van a recibir los regalos._

MODELO   ¿Es el libro para Felipe?
                 Sí, es para él.

1. ¿Es el vestido para Carolina?

    _____

2. ¿Son los libros para Uds.?

    _____

3. ¿Es la corbata para el Sr. Ochoa?

    _____

4. ¿Son los discos para Paco y Margarita?

    _____

D. La rutina diaria. _Explique a qué hora las siguientes personas se levantan y se visten._

MODELO   Emilio / 7:00
                 Emilio se levanta y se viste a las siete.

1. tú / 8:00

    _____

2. mi familia y yo / 7:30

    _____

3. Héctor y Paco / 9:00

    _____

4. yo / 6:00

    _____

5. Mónica / 7:15

    _____

Review the following situations and tasks that have been presented and practiced in this chapter.

- Express what you hope and wish that other people will do.

- Discuss sports events in your culture and in the Hispanic world.

- Express your opinions about people and things.

- Give commands to one person you address with a first name.

- Compare someone or something to others in the same category.

Capítulo trece

Intereses y diversiones

PRIMER ENCUENTRO

A. Intereses. *Utilizando frases como **(no) me gusta(-n), me encanta(-n), (no) me interesa(-n)** o **me fascina(-n)**, exprese su opinión sobre las siguientes actividades. Incluya otros detalles cuando sea posible.*

MODELO   nadar
              Me encanta nadar especialmente cuando hace mucho calor.

1. el ciclismo _____
   _____

2. tocar el piano / la guitarra / los tambores / la flauta _____
   _____

3. ir de pesca _____
   _____

4. montar a caballo _____
   _____

5. las novelas policíacas _____

_____

6. patinar sobre hielo _____

_____

7. navegar _____

_____

8. esquiar _____

_____

B. Un centro de turismo. *Ud. es el (la) dueño(-a) de un complejo turístico (resort hotel) situado en un lago (lake) pequeño en las montañas. Escriba un folleto (brochure) con una lista de las actividades para el verano y el invierno. Incluya actividades interiores y actividades para la gente inactiva.*

HOTEL LOS ANDES

Deportes y actividades de verano   **Deportes y actividades de invierno**

_____   _____

_____   _____

_____   _____

_____   _____

_____   _____

Actividades interiores

_____

_____

_____

_____

C. ¿Qué les interesa? *Haga seis oraciones usando una frase de cada columna explicando lo que les interesa a las personas siguientes.*

MODELO   a Carlota   (no) interesar   mucho el dinero
           A Carlota no le interesa mucho el dinero.

a Uds.	no importar	tocar el piano
a mí	(no) gustar	la pesca
a mis amigos	encantar	los caballos
a ti	(no) interesar	patinar sobre hielo
a mi padre y a mí		los cuentos policíacos
a mi novio(-a)		montar en bicicleta

1. _____
2. _____
3. _____
4. _____
5. _____
6. _____

D. Actividades. *Como el (la) director(-a) de una colonia veraniega* (summer camp) *Ud. tiene que escribirles a los padres explicándoles lo que hacen los niños cada día de la semana.*

MODELO   1° / nadar en el lago
          El primer día nadan en el lago.

1. 2° / montar a caballo

_____

2. 3° / ir de pesca

_____

3. 4° / caminar por las montañas

_____

4. 5° / montar en bicicleta

_____

5. 6° / navegar

_____

6. 7° / hacer esquí acuático

_____

E. ¿Qué le gusta más? *Haga una lista de las cosas que le gustan hacer. Luego, escriba delante de cada una un número que refleje el orden de importancia que estas cosas tienen en su vida.*

_____   _____

_____   _____

_____   _____

_____   _____

SEGUNDO ENCUENTRO

A. Programación TV. *Lea la guía de programación de la televisión española. Después conteste las preguntas que siguen.* (In your answers convert the hours from the 24-hour system to the 12-hour system.)

TVE-1 (Del 20 al 26 de julio)

DOMINGO 23

- 07.20 LOS CHICOS DE LA BAHIA.
- 07.45 LA ISLA DEL PRINCIPE.
- 08.30 ESTAMOS DE VACACIONES.
- 10.30 EL GRAN CIRCO DE TVE.
- 12.00 BUGS BUNNY Y SUS AMIGOS.
- 12.30 LLEVATELO CALENTITO.
- 14.00 CARTELERA TVE.
- 14.30 CORAZON, CORAZON.
- 15.00 TELEDIARIO 1.
- 15.35 CICLISMO. TOUR DE FRANCIA 1995.
- 17.35 CINE DE ORO: «Lili».
- 19.00 MONTATELO.
- 19.55 FUTBOL. COPA AMERICA. Final.
- 22.00 PELICULA DE LA SEMANA : «Dulce veneno».
- 24.00 CINE DE VERANO: «La ley de la mafia».
- 01.30 TELEDIARIO 3.
- 01.35 LOS UNOS Y LOS OTROS .
- 03.00 NIDO VACIO.
- 03.25 DESPEDIDA Y CIERRE.

LUNES 24

- 07.00 GIMNASIA INFANTIL.
- 07.20 LOS CHICOS DE LA BAHIA.
- 07.45 ESTAMOS DE VACACIONES.
- 10.00 CLUB DISNEY VERANO.
- 11.00 LA FAMILIA TORKELSON.
- 11.25 EL INCREIBLE HULK.
- 12.15 NOTICIAS.
- 12.20 PASA LA VIDA.
- 14.00 INFORMATIVO TERRITORIAL.
- 14.30 BLOSSOM.
- 15.00 TELEDIARIO 1.
- 15.40 AGUJETAS DE COLOR DE ROSA.
- 16.45 YEDRA.
- 17.35 SE HA ESCRITO UN CRIMEN.
- 18.30 AQUI JUGAMOS TODOS.
- 19.00 CURRO JIMENEZ.
- 20.05 LOS ROMPECORAZONES.
- 21.00 TELEDIARIO 2.
- 21.35 CUANDO CALIENTA EL SOL.
- 23.30 CINE DE VERANO: « La rebelión de los simios».
- 01.15 TELEDIARIO 3.
- 01.45 CINE DE MADRUGADA: «Gangsters en Nueva York».
- 04.05 ¿COMO LO VEIS?
- 05.00 TELEDIARIO 4.
- 05.30 DESPEDIDA Y CIERRE.

2-TVE

DOMINGO 23

- 07.30 EURONEWS.
- 08.45 TIEMPO DE CREER.
- 09.00 LOS CONCIERTOS DE LA 2.
- 10.30 PUEBLO DE DIOS.
- 11.00 EL DIA DEL SEÑOR.
- 12.00 DEPORTES.
- 15.00 CIFRAS Y LETRAS.
- 15.30 EL MUNDO DE AUDUBON.
- 16.30 UNO MAS EN LA FAMILIA.
- 17.00 LA PELICULA DE LA TARDE: «Volver al amor».
- 19.00 QUERIDOS COMICOS.
- 20.00 DOCUMENTAL.
- 20.30 BRICOMANIA.
- 21.00 LINGO.
- 21.30 ¿DE PARTE DE QUIEN?
- 22.00 LA TRANSICION.
- 23.00 NAZCA.
- 24.00 FESTIVAL DE JAZZ DE VITORIA.
- 01.30 CINE-CLUB. CLASICOS DEL CINE: «Verboten».
- 03.05 CINE-CLUB: «El malvado Zaroff».
- 04.05 DESPEDIDA Y CIERRE.

LUNES 24

- 06.30 EURONEWS.
- 07.00 LA 2. NOTICIAS.
- 09.10 LOS DESAYUNOS DE RADIO 1.
- 10.00 OTROS PUEBLOS.
- 11.00 VACACIONES DE CINE: «La reina de Nueva York».
- 12.30 CARMEN SANDIEGO.
- 13.00 PINNIC.
- 15.00 CIFRAS Y LETRAS.
- 15.30 GRANDES DOCUMENTALES.
- 16.30 LOS PUEBLOS.
- 17.00 CINE DE BARRIO: «La Lola se va a los puertos».
- 19.00 AQUI HAY NEGOCIO.
- 19.30 QUIEN ES EL JEFE.
- 20.00 NORTHWOOD.
- 20.30 JUGUEMOS AL TRIVIAL.
- 21.00 LINGO.
- 21.40 LA 2. NOTICIAS.
- 22.00 ¡QUE GRANDE ES EL CINE!: «Mientras Nueva York duerme».
- 01.40 CINE-CLUB. COLECCION KILLIAMS. CINE MUDO: «El ladrón de Bagdad».
- 04.00 DESPEDIDA Y CIERRE.

1. ¿A qué hora empiezan los programas en la primera cadena? ¿y en la segunda?

_____

_____

2. ¿A qué hora empieza el último programa en la primera cadena? ¿y en la segunda?

_____

_____

3. Dé el nombre de un programa de noticias. ¿En qué cadena aparece y cuándo empieza?

_____

_____

4. Dé el nombre de dos programas para niños. ¿En qué cadena aparecen y cuándo empiezan?

_____

_____

5. Dé el nombre de un programa religioso. ¿En qué cadena aparece y cuándo empieza?

_____

_____

6. Dé el nombre de dos programas deportivos.

   _____

   _____

7. Dé el nombre de un programa educativo. ¿En qué cadena aparece y cuándo empieza?

   _____

   _____

8. Dé el nombre de unos programas de los EE.UU.

   _____

   _____

B. ¿Qué va a mirar Ud.? *Usando la programación TV de Práctica A, haga una lista de los programas que quiere mirar.*

Cadena	Hora	Título

C. Decisiones. *Escriba sus preguntas o respuestas para las situaciones siguientes.*

1. Suggest that you and a friend go to see an adventure film.

   _____

   _____

2. You and some friends can't decide what to do. Finally you ask about going to a café to chat.

   _____

   _____

3. A friend suggests that you go to a rock concert, but you are not sure if you want to go; you want to think about it.

_____

_____

4. A group of friends wants to go out to eat and you would love to go.

_____

_____

5. A classmate suggests that you get together to plan a Spanish party. You think it's a great idea.

_____

_____

6. Someone invites you to an all-night party, but you don't feel like going.

_____

_____

D. ¿Qué aconsejan los otros? *Complete las oraciones de una manera lógica.*

1. Mis padres no me permiten que _____.

2. Los profesores nos dicen que _____.

3. Mi compañero(-a) de cuarto me pide que _____

_____.

4. Los doctores nos aconsejan que _____.

5. Mis amigos insisten en que yo _____.

6. Mi hermano(-a) me manda que _____.

E. ¿Qué hace Ud.? *Explique lo que Ud. hace en estas situaciones.*

1. Después de levantarme _____.

2. Antes de acostarme _____.

3. Hoy tengo ganas de _____

pero no tengo ganas de _____.

4. Al regresar a casa por la noche _____.

5. Prefiero _____ en vez de _____.

TERCER ENCUENTRO

A. De picnic en la playa. *Mañana Ud. y unos amigos van a la playa. Escriba una lista de cosas que necesitan para pasarlo bien en la playa.*

_____

_____

_____

_____

_____

_____

B. Es increíble. *Lea las oraciones siguientes y luego exprese su incredulidad.*

1. Su profesor(-a) tiene una casa en Acapulco.

    _____

2. Todos los otros estudiantes en su clase de español van a hacer esquí acuático hoy.

    _____

3. El presidente de los EE.UU. se pasa la vida tomando el sol.

    _____

4. Un estudiante de su clase de español vive en una lancha.

    _____

5. Muchos doctores recomiendan que comamos un poco de arena todos los días.

    _____

C. Pares famosos. *Complete con la forma adecuada de* **y.**

1. Fernando _____ Isabel

2. geografía _____ historia

3. padres _____ hijos

4. Francia _____ Inglaterra

5. hablar _____ escribir

D. Dudas. *Forme oraciones para expresar dudas acerca de las acciones de otras personas.*

1. mi mejor amigo(-a) / dudar que / yo / bañarse en el mar

   _____

2. yo / no creer que / mis primos / divertirse mucho

   _____

3. mis padres / no pensar que / mi hermano(-a) / hacer esquí acuático

   _____

4. mi compañero(-a) de cuarto / negar que / nosotros(-as) / tomar el sol

   _____

5. yo / dudar que / tú / tener una piscina en casa

   _____

6. tú / no creer que / mis amigos / tener una lancha grandísima

   _____

COMPRENSIÓN CULTURAL

Describa a las siguientes personas y cosas de la cultura hispana con una o dos oraciones breves en español.

1. *Guérnica* _____

   _____

   _____

2. Pedro Almodóvar _____

   _____

   _____

3. Salvador Dalí _____

   _____

   _____

4. Ballet Folklórico _____

   _____

5. Pablo Picasso _____

_____

_____

6. Luis Buñuel _____

_____

_____

AMPLIACIÓN

A. Tivoli. *Ud. acaba de recibir el siguiente anuncio para Tivoli, un parque de atracciones (amusement park).* Lea el anuncio y corrija las oraciones usando información del anuncio. *VOCABULARIO SUPLEMENTARIO:* **atracciones mecánicas** = rides; **payasos** = clowns.

TIVOLI es uno de los parques de atracciones y espectáculos más bonitos y cuidados de España. En su interior se encuentran frondosos jardines, dieciocho fuentes, más de cuarenta bares y restaurantes repartidos por calles y plazas, un teatro de gran capacidad donde actúan los artistas de mayor demanda social en cada momento, más de 30 atracciones mecánicas, variados espectáculos diarios repartidos en diferentes puntos del Parque: musicales, entre los que se incluye orquesta para bailar, flamenco, clásico español, payasos y otros muchos que actúan en improvisadas celebraciones multitudinarias. Un conjunto de entretenimiento y diversión para mayores y niños.

SI DESEA INFORMACION PARA:
- BODAS.
- FIESTAS DE CUMPLEAÑOS.
- VISITAS DE COLEGIOS.
- GRUPOS ESPECIALES.

CONSULTENOS

FECHAS Y HORARIOS DE APERTURA

ABRIL / MAYO A SEPTIEMBRE
ABIERTO DIARAMENTE
16:00 - 24:00H. / 18:00 - 03:00H.

OCTUBRE A MARZO / ABRIL
ABIERTO FINES DE SEMANA Y FESTIVOS
12:00 - 20:00H. / 14:00 - 22:00H.

PARA LOS HORARIOS EXACTOS, ROGAMOS NOS
LLAMEN CON ANTELACION: (95) 244 18 96

1. Tivoli está abierto *(open)* todo el año. _____

_____

2. Tivoli se abre y se cierra muy temprano. _____

_____

3. Tivoli es un parque solamente para niños. _____

4. Tivoli es un lugar muy feo. _____

_____

5. Tivoli es un lugar pequeño. _____

_____

6. Las únicas diversiones son las atracciones mecánicas. _____

_____

7. No es posible comer en el parque. _____

_____

8. No se puede celebrar fiestas en el parque. _____

_____

B. En el mundo de los negocios. You work in the human resources department of a branch of a U.S. firm in Santo Domingo. Lately, many of the employees of the firm have complained about stress. Write a list of at least ten suggestions that would help these employees forget about job-related problems and stress. State your opinions about why the activities are good.

_____

_____

_____

_____

_____

_____

_____

_____

_____

_____

_____

¿RECUERDA UD.?

Uses of the subjunctive

You have learned to use a verb in the subjunctive mood in the following situations:

1. After *ojalá, tal vez, quizás: Ojalá que Uds. vengan mañana.*

2. When there is a change of subject after

   a. impersonal expressions such as *es bueno, es difícil, es fácil, es importante, es lástima, es malo, es mejor, es necesario, es posible, es ridículo: Es necesario que yo estudie más.*

   b. verbs of wishing and hoping such as *desear, querer, esperar: Esperan que nos divirtamos mucho en la fiesta.*

   c. verbs of requesting, commanding, and judgment such as *pedir, mandar, aconsejar, decir, permitir, preferir, insistir en, sentir: Mis padres insisten en que yo no conduzca rápidamente.*

   d. expressions of doubt, denial, and uncertainty such as *dudar, no creer, no pensar, ¿creer?, ¿pensar?, negar: Dudo que vayamos a la playa hoy.*

Práctica

A. ¿Qué quieren y piensan otras personas? *Añada las frases dadas al principio de las oraciones siguientes. Haga todos los cambios necesarios.*

MODELO   Escuchas la música. Juan quiere que...
             Juan quiere que escuches la música.

1. Tengo cuidado. Mi madre me aconseja que...

   _____

2. Rosa empieza a las dos. Creo que...

   _____

3. Sabemos todo el vocabulario. El profesor nos pide que...

   _____

4. El Sr. Robles sale de casa a las ocho. Es necesario que...

   _____

5. Mercedes hace la comida. Ojalá que…

   _____

6. Jugamos a las cartas esta noche. Mi hermanito insiste en que...

   _____

B. Sus deseos y opiniones. *Complete las oraciones de una manera lógica.*

1. Es posible que yo _____.

2. Espero que mis padres _____.

3. No creo que mis amigos _____.

4. Mi profesor(-a) me aconseja que _____.

5. Ojalá que _____.

C. Unas sugerencias. *Forme seis oraciones usando una frase de cada columna.*

el consejero	preferir que	los jóvenes	vestirse bien
yo	(no) aconsejar que	tú	fumar
mi amigo(-a) y yo	(no) creer que	todos	jugar al tenis
tú	(no) permitir que	nosotros	tocar el piano
los médicos	dudar que	mi amigo(-a)	divertirse
Ud.	esperar que	yo	manejar con cuidado

1. _____

2. _____

3. _____

4. _____

5. _____

6. _____

Review the following situations and tasks that have been presented and practiced in this chapter.

- Discuss leisure-time activites in your own culture and in Hispanic culture.

- Express likes, dislikes, and interests.

- Make decisions about activities.

- Express disbelief.

- Talk about people and things in a series.

- Suggest, request, and command that other people do things.

- Express doubts and uncertainty about the actions of others.

Capítulo catorce

¿Cómo te sientes?

PRIMER ENCUENTRO

A. Asociaciones. *Usando la siguiente lista de verbos, escriba los infinitivos en una columna asociada con una de las partes del cuerpo.*

bailar	charlar	examinar	masticar	patinar	tocar la guitarra
buscar	escribir	fumar	mirar	peinarse	
caminar	escuchar	gritar	oír	repetir	
correr	esquiar	leer	patear	soñar	

La boca	Los pies	La cabeza	Los dedos	Los ojos	Los oídos

B. Artículos y objetos. *¿En qué parte del cuerpo se llevan estos artículos y objetos?*

MODELO   los zapatos
          Se llevan los zapatos en los pies.

1. los guantes _____

2. un sombrero _____

3. las gafas _____

4. un reloj _____

5. los pantalones _____

6. una bufanda _____

C. La rutina diaria. *Son las ocho de la mañana. Explique lo que estas personas están haciendo.*

MODELO   Laura / salir de casa
          Laura está saliendo de casa.

1. el musculoso / correr

_____

2. Uds. / dormir

_____

3. tú / lavarse la cara

_____

4. mi madre y yo / tomar café

_____

5. yo / leer el periódico

_____

6. Eva / secarse el pelo

_____

D. Actividades de ayer. *Ud. toma un curso para desarrollar* (to develop) *la memoria. Para su primera tarea Ud. tiene que preparar una lista de las actividades que Ud. estaba haciendo ayer a las horas indicadas.*

MODELO   7:00   **Estaba durmiendo.**

9:00 _____

12:00 _____

2:30 _____

5:00 _____

6:30 _____

8:00 _____

11:00 _____

E. ¿Cuánto tiempo hace? *Explique cuánto tiempo hace que Ud. no participa en estas actividades.*

¿Cuánto tiempo hace que...

1. no hace ejercicio?

   _____

2. no va al cine?

   _____

3. no limpia su cuarto?

   _____

4. no come nada?

   _____

5. no charla con su mejor amigo(-a)?

   _____

SEGUNDO ENCUENTRO

A. Clínica Salazar. *Complete esta llamada telefónica entre la recepcionista del doctor Salazar y Ud.*

1. RECEPCIONISTA   Hola. Clínica Salazar.

   USTED   (Tell her good morning and explain who is calling.)

   _____

2. RECEPCIONISTA   Buenos días. ¿Con quién quiere hablar?

   USTED   (Tell her you wish to speak with Dr. Salazar.)

   _____

3. RECEPCIONISTA   El doctor no está en este momento. ¿Quiere dejar un mensaje?

   USTED   (Tell her that you are not feeling well. You ache all over and have a cold and a fever.)

   _____

   _____

4. RECEPCIONISTA   Por los síntomas parece una gripe.

   USTED   (Ask her if she could tell you what to do.)

   _____

5. RECEPCIONISTA   Descanse y beba mucho líquido. También puede tomar dos aspirinas cada cuatro horas.

   USTED   (Tell her okay. Add that you will call again if you don't get better in three days. Thank her.)

   _____

   _____

6. RECEPCIONISTA   Muy bien. Adiós.

   USTED   (Thank her again and end the conversation.)

   _____

B. Una llamada telefónica. *Escriba lo que Ud. debe decir en las situaciones siguientes.*

1. You work for the Restaurante Brisamar. Answer the phone.

   _____

2. You are at home; the phone rings and you answer.

   _____

3. You call a friend at home. Someone other than your friend answers.

   _____

4. You call a friend at home. Your friend answers.

   _____

5. You are at home and answer the phone. Someone wants to talk with your father about business, but your father isn't in.

   _____

6. You call your doctor's office. Tell the receptionist you are calling to find out when you can see the doctor.

   _____

7. You have been talking with a friend for a while and you want to end the conversation.

   _____

C. Exclamaciones. *Usando una expresión con* **se,** *escriba lo que Ud. va a decir en las situaciones siguientes. Escoja las respuestas de la lista que sigue.*

romper / las gafas	caer / los libros
olvidar / la llave	perder / el número de teléfono
acabar / el pan	ocurrir / una idea

1. Ud. llega a casa pero no puede abrir la puerta.

   _____

2. Ud. va a la biblioteca pero sus gafas están rotas (*broken*) y no puede ver bien.

   _____

3. Ud. está corriendo y sus libros caen.

   _____

4. Quiere hacer un sandwich pero no hay pan.

   _____

5. Ud. quiere llamar a un(-a) amigo(-a) pero no puede encontrar su número.

   _____

6. Ud. y sus amigos tratan de resolver un problema y pronto Ud. tiene una idea.

   _____

D. Sus opiniones. *Complete cada oración con el superlativo absoluto de adjetivos de la lista siguiente o con otros adjetivos.*

mucho	limpio	moderno	simpático
cansado	débil	rico	aburrido
difícil	enojado	contento	poco

1. Cuando tengo gripe estoy _____ y _____.

2. Después de mucho tiempo en la sala de espera estoy _____.

3. Mi doctor(-a) es _____ y _____.

4. En general los hospitales son _____.

5. Para hacerse médico(-a) es necesario tomar unos cursos _____.

6. Hay _____ personas enfermas en el hospital.

E. ¡Una ambulancia, por favor! *You have just witnessed an accident between a motorcycle and a car. There are two people hurt. You notice that a man is holding his leg and can't walk and that the other person is holding her arm. Call the police. Explain that you need an ambulance immediately. Also describe the condition of the wounded. Write your conversation below.* SUPPLEMENTAL VOCABULARY: **la policía** = police department; **una ambulancia; el (la) herido(-a)** = wounded person.

USTED: _____

_____

_____

_____

_____

_____

_____

_____

_____

_____

TERCER ENCUENTRO

A. Adivinanza. *Llene los espacios horizontales con las palabras que corresponden a las definiciones. ¿Cuál es la palabra de los espacios verticales?*

1. ___ ___ | ___ ___ ___ ___ ___
2. ___ ___ ___ ___ | ___ ___
3. ___ ___ | ___ ___ ___
4. ___ ___ ___ | ___ ___ ___
5. ___ ___ ___ | ___ ___ ___ ___ ___ ___ ___
6. ___ ___ | ___ ___ ___ ___ ___ ___ ___
7. ___ ___ ___ ___ ___ | ___ ___ ___ ___ ___
8. ___ | ___ ___ ___ ___ ___ ___

1. Ricardo se siente muy mal. Está _____ .

2. Las instrucciones o el nombre de un remedio que escribe un médico.

3. Un remedio que se toma con una cucharita.

4. Lo que se usa para lavarse el pelo.

5. Lo que se usa para lavarse los dientes.

6. Los objetos blancos que muchas personas fuman.

7. Un remedio moderno para la gripe o para una fiebre muy alta.

8. El remedio para un dolor de cabeza.

B. En una farmacia norteamericana. *Ud. es participante en un concurso de la televisión. La persona que pueda escribir una lista de más de veinte artículos que se puedan comprar en una típica farmacia estadounidense va a ganar el gran premio (prize).*

_____   _____

_____   _____

_____   _____

_____   _____

_____   _____

_____   _____

_____   _____

_____   _____

_____   _____

_____   _____

C. Soy farmacéutico. *Complete la narración con una expresión de la lista.*

| por primera vez | por ejemplo | por fin |
| por supuesto | por eso | por lo menos |

Soy farmacéutico; _____ estudié en la Facultad de Farmacia de la universidad. Tomé

cursos de ciencias naturales _____ biología, química y anatomía. _____

estudié muchísimo —_____ ocho horas al día. _____ me gradué y

_____ empecé a trabajar y ganar dinero.

D. La enfermedad de Pedro. *Complete este párrafo explicando la enfermedad de Pedro. Escriba* **por** *o* **para** *en los espacios según el caso.*

Anteayer corrí mucho _____ la universidad _____ hacer

ejercicio. Ayer empecé a sentirme mal. Tosí _____ muchas horas y hoy estoy resfriado.

No puedo trabajar _____ la fiebre y el dolor de cabeza. Hablé _____

teléfono con mi doctor. El doctor me recetó un antibiótico _____ la fiebre. Después fui a la

farmacia donde el farmacéutico me recomendó un jarabe _____ la tos. Le pagué veinte

dólares _____ el jarabe y el antibiótico y regresé a casa. Si no me siento mejor mañana,

creo que voy a ir al hospital.

COMPRENSIÓN CULTURAL

Complete las siguientes oraciones.

1. En el mundo hispano la mayoría de los empleados reciben un seguro social para _____.

2. Las _____ ayudan a las madres a dar a luz en sus propias _____.

3. En los lugares aislados muchas veces no existe la conveniencia de _____ o

   _____ como en las ciudades.

4. Los _____ son personas que practican una forma antigua de medicina alternativa.

5. Los curanderos usan ciertas _____ para _____ las

   enfermedades de sus pacientes.

6. En Hispanoamérica se practican dos tipos de medicina: la medicina _____ y la

   medicina _____ .

7. En el aeropuerto de La Paz, Bolivia, se sirve _____ para calmar el estómago

   o para la enfermedad de _____.

8. Atienden a pacientes y conducen investigaciones en los _____ y _____

   de todo el mundo hispano.

AMPLIACIÓN

A. Farmacias. *Lea las descripciones de tres farmacias en la Ciudad de Nueva York. Después nombre la(-s) farmacia(-s) que tiene(-n) el producto o servicio que las siguientes personas necesitan. Incluya también la información del anuncio que indica que la farmacia tiene el producto o servicio.*

Compras

FARMACIA
INSTRUMENTAL MÉDICO

Caligor Pharmacy – 1226 Lexington Avenue (calle 83) Tel: 369–6000. En esta farmacia especializada podrán encontrar una extensa línea de productos farmacéuticos, cosméticos y toda clase de equipo médico. Se especializa en instrumental médico para: cardiología, laboratorio, quirúrgico, tratamiento de la diabetis, ostomía, etc.., y además todo tipo de equipo para el diagnóstico. Ofrecen servicio de entrega por mensajero. Le atenderán en español con un esmerado servicio y atención personalizada. Pida su catálogo gratis, en el que encontrará una extensa selección de productos generales e instrumental médico. En Caligor encontrará los mejores precios, calidad y la garantía de un reconocido establecimiento al que regresan siempre sus clientes locales e internacionales a través de los años. Abierto: de lunes a viernes 9am–6pm; Cerrado sábado y domingo. **Mapa: E15-71**

Concord Chemist – 425 Madison Ave (esquina de la calle 49) Tel:212 486–9543. Fax: (212) 838-8938. Preparamos sus recetas médicas en minutos. Grán selección en artículos de belleza, y cuidado de la salud a precios de descuento. Se aceptan recetas extranjeras. Artículos quirúrjicos e instrumental médico, Welch Allyn, Tycos, Ostomía. Vitaminas y remedios homeopáticos. Localizado cerca de Saks Fifth Avenue. Hacemos envíos a todo el mundo. Se habla español, portugués y francés. Todas las tarjetas de credito. Abierto de lunes a viernes de 8:00am a 6:30pm; sábado de 9:00am a 5pm. **Mapa: 111**

Windsor Pharmacy - 1419 6th Avenue (esquina calle 58). Tel: (212) 247-1538; Fax: (212) 397-0116. En ésta reconocida farmacia convenientemente localizada, encontrará una grán selección de vitaminas naturales, perfumes y cosméticos. Son especialistas en remedios homeopáticos. Su farmacéutico autorizado le atenderá en todas sus necesidades. Se aceptan recetas. Pregunte por su famosa crema antiarrugas Korff con 2 versiones, Anti-Age Retard y Anti-Age Super, que producen excelentes resultados reduciendo el número y la profundidad de las arrugas faciales. También podrá obtener un descuento del 50% sobre los famosos productos Super Korff. Abierto diariamente desde las 8am hasta las 12 de la medianoche. **Mapa: 46.**

1. Es sábado a las cuatro de la tarde. Una portuguesa necesita champú. _____

_____

_____

2. Un hombre de negocios está muy enfermo con gripe; no puede salir del hotel pero quiere aspirinas y un jarabe para la tos.

_____

_____

_____

3. Son las once de la noche y una mujer descubre que se le olvidó su crema para quitarse el maquillaje.

_____

_____

4. Unos jóvenes quieren un catálogo de instrumental médico para sus abuelos en el Ecuador. _____

_____

_____

5. Una abogada necesita más píldoras para su infección de garganta. Va a salir para la Florida en media hora; tiene una receta en español.

_____

_____

_____

6. Una familia prefiere remedios naturales y homeopáticos.

_____

_____

B. En el mundo de los negocios. *Many of the employees in your multinational firm in Quito have to fly to New York on a regular basis. It is your job to help them with the details of their business trips. Using the information of the preceding advertisements, write a report summarizing the services and products of each of the pharmacies.*

_____

_____

_____

_____

_____

_____

_____

_____

_____

_____

_____

_____

¿RECUERDA UD.?

Comparison of adjectives

1. Comparisons of Inequality

    a. When comparing the unequal qualities of two persons or things, the following constructions are used:

    $$\left.\begin{array}{c} más \\ menos \end{array}\right. + \left.\begin{array}{c} adjective \\ adverb \\ noun \end{array}\right. + que$$

    Carlos es *más alto que* Federico.

    Four adjectives have irregular comparative forms; *bueno > mejor; malo > peor; joven > menor; viejo > mayor.*

    b. Superlative Forms of Adjectives

    When comparing the unequal qualities of more than two persons or things, the construction is:

    $$\text{definite article} + \text{noun} + \left.\begin{array}{c} más \\ menos \end{array}\right. + \text{adjective} + de$$

    El Sr. Roldán es *el doctor más simpático del* hospital.

2. Comparisons of Equality

    a. Comparisons of equality with adjectives and adverbs:

    $$tan + \left.\begin{array}{c} adjective \\ adverb \end{array}\right. + como$$

    Raúl está *tan enfermo como* Carlota.

    b. Comparisons of equality with nouns:

    $$\left.\begin{array}{c} tanto(\text{-}a) \\ tantos(\text{-}as) \end{array}\right. + \text{noun} + como$$

    Manolo tiene *tanta fiebre como* Anita.

3. Absolute Superlative

    To describe exceptional qualities or to denote a high degree of the quality described, the suffix *-ísimo* is added to the end of the adjective:

    Mi hija está *cansadísima* hoy.

Práctica

A. Mi mejor amigo(-a). *Compárese* (Compare yourself) *a su mejor amigo(-a).*

1. ¿Quién es más alto(-a)? ¿mayor?

    _____

    _____

2. ¿Quién estudia / trabaja / juega / se divierte más?

_____

_____

_____

3. ¿Quién tiene más ropa / discos / libros?

_____

_____

_____

B. Opiniones distintas. *Su compañero(-a) de cuarto dice que las siguientes cosas y personas son distintas. Ud. no está de acuerdo y le dice a su compañero(-a) que son iguales.*

MODELO   La Farmacia Falca es más grande que la Farmacia Navarro.
              No, la Farmacia Falca es tan grande como la Farmacia Navarro.

1. Los hospitales mexicanos son más cómodos que los hospitales norteamericanos.

_____

2. Los médicos son más inteligentes que los farmacéuticos.

_____

3. Raquel necesita más antibióticos que Alfonso.

_____

4. El Dr. Roldán tiene más dinero que el Dr. Sánchez.

_____

5. Esta enfermera trabaja más que la otra.

_____

C. Opiniones. *Conteste las preguntas siguientes dando su opinión.*

1. ¿Cuál es el mejor champú? ¿y la mejor pasta dentífrica?

_____

_____

2. ¿Qué farmacia tiene los precios más baratos de la ciudad?

_____

Holt, Rinehart and Winston, Inc.   **Cuaderno de ejercicios**

3. ¿Cuál es el hospital más grande de la ciudad?

_____

4. ¿Cuál es el mejor remedio para la gripe?

_____

5. ¿Es su médico(-a) el (la) más simpático(-a) de la ciudad? ¿y el (la) más inteligente?

_____

_____

Review the following situations and tasks that have been presented and practiced in this chapter.

- Discuss health and illness.
- Make a personal phone call.
- Discuss actions that are in progress.
- Discuss the duration of actions.
- Describe exceptional qualities.
- Give advice.
- Discuss unexpected events.
- Distinguish **por** and **para** in order to express destination, purpose, motive, and duration of time.

Capítulo quince
De viaje

PRIMER ENCUENTRO

A. ¿Dónde se encuentran? *Usando los nombres de la lista, indique dónde se encuentran los siguientes lugares.*

la Argentina   México   Bolivia
el Perú   el Caribe

MODELO   Buenos Aires
               Buenos Aires se encuentra en la Argentina.

1. Machu Picchu _____.

2. Puerto Rico _____.

3. El Lago Titicaca _____.

4. Lima _____.

5. Las Cataratas de Iguazú _____.

6. La Paz _____.

7. Las Pirámides del Sol y de la Luna _____.

B. En la agencia de viajes. *Ud. quiere hacer un viaje durante sus próximas vacaciones. Complete la conversación con el agente.*

1. USTED   (Tell the agent you want to go to a Hispanic country and would like an interesting tour.)

    _____

    _____

    AGENTE   Aquí tienen dos viajes con tarifas muy económicas: uno es a Bolivia y el otro al Perú.

2. USTED   (Explain that you were in Bolivia and Perú last year. You would like something different.)

    _____

    _____

    AGENTE   La otra posibilidad es esta excursión a México por $1500.00.

3. USTED   (Ask if the price includes round-trip air fare.)

    _____

    AGENTE   Sí, y nueve noches de hotel.

4. USTED   (Ask if the flight is direct or with stop-overs.)

    _____

    AGENTE   Hace una escala de dos noches en Monterrey.

5. USTED   (Say that it seems okay to you. Ask the agent to make reservations. Also ask him to recommend a guide book.)

    _____

    _____

    AGENTE   Las haré pronto. Aquí tiene Ud. una guía muy buena. Puede leerla tranquilamente y planear su viaje.

C. De vacaciones. *Explique lo que harán estas personas durante sus vacaciones de verano.*

MODELO   Jorge / visitar la capital
                 Jorge visitará la capital.

1. mi familia y yo / salir para la Argentina

    _____

2. tú / venir a visitarnos

    _____

3. Mercedes y Tomás / casarse

    _____

4. yo / volver a Buenos Aires

_____

5. el Dr. Zardoya / hacer un viaje a España

_____

6. Uds. / divertirse en la playa

_____

7. la Srta. Ochoa / ir a Colombia

_____

8. mis primos / asistir a clases en la universidad

_____

D. Este fin de semana. *Haga una lista de siete u ocho cosas que Ud. hará este fin de semana.*

_____

_____

_____

_____

_____

_____

_____

E. Apartamentos Serramar. *Ud. y su familia quieren alquilar (to rent) un apartamento en la Costa Brava por un mes, el verano que viene. Su agente de viajes le muestra este anuncio para un edificio de apartamentos en Benicasim, un pueblo en la playa entre Barcelona y Valencia. Lea el anuncio y conteste las preguntas que siguen. VOCABULARIO SUPLEMENTARIO:* **abierta** = open; **armario** = cupboard, closet

1. ¿Dónde se encuentra el edificio de apartamentos? _____

_____

2. ¿Hay tiendas cerca? ¿Cuál(-es)? _____

_____

En Benicasim APARTAMENTOS IBIZA 2

SITUACION: en la calle Ibiza, a menos de 100 m. del mar. Cerca de restaurantes, supermercados, bolera, tiendas de oportunidades, salas de fiestas. hípica etc. . . y a la vez en la zona más tranquila de las Villas.

El mejor precio y condiciones de pago de la oferta actual en apartamentos.

INFORMACION: en la misma obra, todos los dias incluso festivos y teléfono 23 04 00.

Apartamentos y chalets SERRA MAR

Conjunto residencial compuesto de amplias zonas verdes con pista de tenis, parque infantil. dos piscinas y acabados de lujo.

Chalets adosados de 150 m² con dos plazas de garaje, salón - comedor con chimenea, 3 y 4 dormitorios, pavimento cerámico, armarios empotrados, carpintería de embero, ventanales exteriores mallorquina, cristalería parsol. Armarios de cocina de madera de Oregón. Pintura interior a la gota, puertas lacadas. jardín individual.

3. ¿Qué diversiones hay cerca? _____

_____

4. ¿Qué deportes se pueden practicar? _____

_____

5. ¿Dónde jugarán los niños? _____

_____

6. ¿Cuántos cuartos hay en los apartamentos? ¿Cuáles son? _____

_____

7. ¿Dónde se puede recibir más información? ¿Cuándo está abierto? ¿Cuál es su número de teléfono?

_____

_____

SEGUNDO ENCUENTRO

A. ¿Cómo se prepara Ud. para su viaje? *Lea las siguientes posibilidades y escoja la letra que refleja su personalidad.*

1. ¿Antes de viajar?

   a. Leo mucho sobre el lugar que voy a visitar.

   b. No leo nada. Me gustan las sorpresas.

   c. Busco una guía turística pequeña en la biblioteca.

2. ¿Las reservaciones?

   a. Las hago seis meses antes por lo menos.

   b. Las hago un mes antes.

   c. No las hago hasta el último momento.

3. ¿Las maletas?

   a. Las preparo cuidadosamente. Tengo una lista de lo que quiero llevar.

   b. Otra persona me ayuda a hacerlas porque yo soy muy desorganizado(-a) y no sé qué poner.

   c. Las hago el día antes y pongo lo que me parece más necesario sin pensar mucho.

4. ¿El equipaje?

   a. Prefiero llevar poco equipaje, una mochila nada más.

   b. Prefiero llevar todo lo necesario. No importa si necesito muchas maletas.

   c. Siempre llevo dos maletas solamente.

5. ¿El pasaporte?

   a. Lo saco mucho antes del viaje.

   b. No necesito pasaporte para los lugares que visito.

   c. Lo saco a última hora.

6. ¿Dinero?

   a. Nunca llevo cheques de viajero.

   b. Sólo llevo cheques de viajero.

   c. Llevo dólares, la moneda del país y cheques de viajero.

Según las respuestas, ¿le gusta planear todo cuidadosamente o no le gustan los planes?

_____

_____

B. Mi agenda. *Prepare una lista de lo que necesita hacer para visitar a un(-a) amigo(-a) en otra universidad este fin de semana.*

_____

_____

_____

_____

_____

_____

_____

C. Probabilidades. *Ud. piensa en los resultados posibles de las siguientes situaciones. Escriba una pregunta para expresar sus pensamientos* (thoughts).

1. You are visiting a museum and are looking at an object that you have never seen before and wonder what it is.

   _____

2. You fell asleep at the beach. You wake up and wonder what time it is.

   _____

3. The phone rings late at night, and you can't imagine who could be calling.

   _____

4. Your roommate was supposed to return three hours ago. You really don't know where he/she might be, and you are a little worried.

   _____

5. You are at the airport and several planes have been delayed because of the weather. You wonder whether your plane will leave on time or not.

   _____

Holt, Rinehart and Winston, Inc.

Cuaderno de ejercicios

D. Un viaje a España. *Un(-a) amigo(-a) le escribió preguntándole acerca de su viaje a España. Escríbale a su amigo(-a) contestando sus preguntas.*

MODELO   ¿Irás a Sevilla? (antes que / viajar a Córdoba)
             Sí, iré a Sevilla antes que viaje a Córdoba.

1. ¿Visitarás Madrid? (para que / ver el Museo del Prado)

    _____

2. ¿Tomarás el sol en las playas de la Costa Brava? (a menos que / hacer mal tiempo)

    _____

3. ¿Me escribirás? (con tal que / tener tiempo)

    _____

4. ¿Comprarás cheques de viajero? (en caso de que / perder mi dinero)

    _____

5. ¿Viajarás a Barcelona? (antes que / ir a la Costa Brava)

    _____

E. Planes para las vacaciones. *Su esposo(-a) acaba de hacer reservaciones para ir a México por dos semanas. Ud. quiere más información sobre el viaje. Complete estas preguntas con **¿Qué es?** / **¿Qué son?** o **¿Cuál es?** / **¿Cuáles son?***

1. ¿_____ la capital de México?

2. ¿_____ Teotihuacán?

3. ¿_____ otros lugares interesantes para visitar?

4. ¿_____ una enchilada?

5. ¿_____ el nombre de un buen hotel en Guadalajara?

TERCER ENCUENTRO

A. En el mostrador. *Complete el diálogo entre Ud. y el empleado en el mostrador de Aerolíneas Mexicanas.*

1. EMPLEADO   ¿Qué boleto tiene Ud.?

    USTED   (Tell him economy class.)

    _____

2. EMPLEADO   No veo su nombre en la lista de pasajeros.

    USTED   (Tell him you are on the waiting list.)

    _____

3. EMPLEADO   ¡Ah! Ya lo veo. El vuelo no está completo. Permítame su pasaporte.

    USTED   (Give him your passport and ask him where you go through customs.)

    _____

    _____

4. EMPLEADO   Por allá cerca de las puertas de embarque.

    USTED   (Thank him and ask him for the boarding pass.)

    _____

5. EMPLEADO   Aquí lo tiene Ud. La salida es a las ocho en punto.

    USTED   (Thank him and ask for the gate number.)

    _____

    EMPLEADO   La puerta número 27 a la izquierda. Buen viaje.

B. El primer vuelo. *Conteste las preguntas de su hijo(-a) que viaja en avión por primera vez.*

MODELO   ¿Nos servirán bebidas? (sí / tan pronto como / ellos / tener tiempo)
                Sí, nos servirán bebidas tan pronto como tengan tiempo.

1. ¿Podemos dormir ahora? (no / hasta que / ellos / anunciar / nuestro vuelo)

    _____

2. ¿Anunciarán nuestro vuelo pronto? (sí / tan pronto como / aterrizar / el vuelo de Bogotá)

    _____

    _____

3. ¿Y vamos a salir entonces? (sí / después que / subir / todos los pasajeros)

    _____

4. ¿Podemos leer durante el vuelo? (sí / mientras / ellos / servir las bebidas)

    _____

5. ¿Comeremos durante el vuelo? (no / cuando / nosotros / llegar a Caracas)

    _____

C. En el vuelo. *Dentro de cada grupo haga tres oraciones usando una frase de cada columna.*

1. Siempre duermo   cuando   viaje en avión
    Dormiré   viajé en avión
    Dormí   viajo en avión

_____

_____

_____

2. Unos pasajeros fuman   hasta que   aterrice el avión
    Unos pasajeros fumaron   aterriza el avión
    Unos pasajeros fumarán   aterrizó el avión

_____

_____

_____

3. La azafata servirá bebidas   después que   subieron todos
    La azafata sirvió bebidas   suban todos
    La azafata sirve bebidas   suben todos

_____

_____

_____

D. Planes futuros. *Complete la composición explicando sus planes para el futuro.*

Después que me gradúe de la universidad,_____

_____

_____

_____

_____

_____

_____

_____

_____

COMPRENSIÓN CULTURAL

Ud. trabaja en una agencia de viajes y tiene que preparar un nuevo folleto (brochure) *sobre Latinoamérica. Escriba una descripción breve de los siguientes sitios famosos de Latinoamérica.*

1. Las Pirámides de Teotihuacán _____

   _____

2. Las Cataratas de Iguazú _____

   _____

3. El Museo de Oro de Bogotá _____

   _____

   _____

4. Machu Picchu _____

   _____

   _____

5. El Lago Titicaca _____

   _____

   _____

AMPLIACIÓN

A. Quince días en Chile, la Argentina y el Brasil. *Ud. y su familia van a hacer un viaje a Chile, la Argentina y el Brasil. Explique lo que Ud. y su familia harán usando información del itinerario en la pagina siguiente.*

1. ¿Qué harán Uds. en Santiago de Chile? _____

   _____

2. ¿Cómo irán de Santiago a Puerto Montt y Bariloche? _____

   _____

3. ¿Cómo atravesarán *(will cross)* el lago Todos los Santos? _____

   _____

4. ¿Qué visitarán en Bariloche? _____

   _____

ITINERARIO DEL VIAJE

DIA 1- NEW YORK/SANTIAGO DE CHILE. Reunión en el aeropuerto JFK para tomar nuestro vuelo de Aerolíneas Argentinas con destino **SANTIAGO DE CHILE.**

DIA 2- SANTIAGO DE CHILE. Llegada y traslado al hotel para su alojamiento, resto del día libre. En la noche **CENA CON ESPECTACULO FOLKLORICO.**

DIA 3- SANTIAGO DE CHILE. Después del desayuno salimos en excursión a recorrer la Ciudad de Santiago y visitar una Bodega productora de los famosos **VINOS CHILENOS.** Cena en el hotel.

DIA 4- SANTIAGO DE CHILE/PUERTO MONTT. Después del desayuno tendremos la mañana libre para compras o recorrer centros artesanales, luego en la tarde nos trasladamos al aeropuerto para tomar nuestro avión que nos llevará a **PUERTO MONTT.** Llegada y traslado al hotel para nuestro alojamiento.

DIA 5- PUERTO MONTT/BARILOCHE. Después del desayuno salimos en nuestro autobús con destino **PETROHUE** haciendo una travesía por la **CORDILLERA DE LOS ANDES** atravesando en lancha **EL LAGO TODOS LOS SANTOS** (también conocido como **LAGO ESMERALDA**) llegando al pueblo **PEULLA** enclavado en plena cordillera, continuando el viaje atravesando **EL PASO PEREZ ROSALES,** continuando por **EL LAGO FRIAS** (Lago Argentino), **PUERTO BLEST, LAGO NAHUEL HUAPI** hasta **BARILOCHE.** Llegada al hotel para nuestro alojamiento y cena.

DIA 7- SAN CARLOS DE BARILOCHE. Después del desayuno saldremos en excursión por todo el día a visitar el famoso **BOSQUE DE ARRAYANES, ISLA VICTORIA, PENINSULA DE QUETRIHUE.** Pasaremos a almorzar para degustar típicos platos de comida de montaña (Truchas, Ciervo, etc.). Regreso al hotel para su descanso.

DIA 8- SAN CARLOS DE BARILOCHE/BUENOS AIRES. Después del desayuno mañana libre para recorrer las calles de esta magnífica ciudad estilo Suizo plagada de fábricas de Chocolates y caramelos exquisitos, para luego en la tarde tomar el avión que nos conducirá a BUENOS AIRES. Llegada y traslado al hotel. Cena.

DIA 9- BUENOS AIRES. Desayuno y salida en excursión para recorrer la ciudad de **BUENOS AIRES, LA BOCA, CAMINITO, CORRIENTES 348, TUMBA DE GARDEL, ETC.** Por la noche **CENA CON EL MEJOR ESPECTACULO DE TANGOS EN BUENOS AIRES "CASA BLANCA".**

DIA 10- BS.AS. Después del desayuno salimos en la mañana temprano para pasar un día maravilloso de campo en **LA ESTANCIA LA MAGDALENA** en **LAS PAMPAS DE ARGENTINA** donde disfrutaremos de espectáculos típicos del campo y comeremos una exquisita parrillada Argentina con Empanadas.

DIA 11- BUENOS AIRES/CATARATAS DEL IGUAZU. En la mañana después del desayuno saldremos al aeropuerto de la Ciudad de Buenos Aires para tomar nuestro avión con destino a **LAS CATARATAS DE**

IGUAZU. Llegada y traslado al hotel. Luego excursión para visitar **LAS CATARATAS** por el lado Brasileño y lado Argentino. Cena en el hotel.

DIA 12- IGUAZU/RIO DE JANEIRO (BRASIL). Después del desayuno tendremos la mañana libre para poder recorrer por nuestra cuenta nuevamente **LAS CATARATAS** y el **PARQUE NACIONAL IGUAZU.** Por la tarde nos trasladaremos al aeropuerto para nuestro vuelo con destino **RIO DE JANEIRO.** Llegada a **RIO** y traslado al hotel, resto de la tarde libre. Cena en el hotel.

DIA 13- RIO DE JANEIRO. Después del desayuno salida en excursión a visitar **LA CIUDAD DE RIO, COPACABANA Y EL FAMOSO "PAN DE AZUCAR".** Tarde libre. Cena en el hotel.

DIA 14- RIO DE JANEIRO. Después de desayunar salimos en excursión **AL CRISTO CORCOVADO, LOS BOSQUES DE TIJUCA Y LAS PLAYAS DE IPANEMA,** resto de la tarde libre y por la noche cena y luego **ESPECTACULO DE "SAMBA" CON LOS TRAJES PREMIADOS DEL ULTIMO CARNAVAL. ("PLATAFORMA" EL MEJOR SHOW ARTISTICO DE RIO).**

DIA 15- RIO DE JANEIRO. Desayuno y día libre para compras o excursiones opcionales. Por la noche traslado al aeropuerto para su viaje con destino **NEW YORK.**

DIA 16- NEW YORK. LLEGADA A NEW YORK a las 10:20 de la mañana

¡¡¡FINAL DEL VIAJE!!!

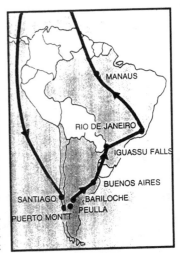

5. ¿Qué harán el día 9 por la noche? _____

_____

6. ¿Qué visitarán el día 10? _____

_____

7. ¿Qué día saldrán Uds. para las Cataratas del Iguazú? _____

_____

8. ¿Cuándo saldrán del Brasil y cuándo llegarán a Nueva York? _____

_____

B. En el mundo de los negocios. Ud. trabaja en una agencia de viajes y necesita escribir un nuevo folleto (brochure) *para una excursión por Sudamérica. Explique qué sitios visitarán los turistas y descríbalos. Incluya por lo menos ocho sitios.*

_____

_____

_____

_____

_____

_____

_____

_____

_____

_____

_____

_____

_____

_____

_____

¿RECUERDA UD.?

Ser versus *estar*

1. Uses of *estar*

   a. to express location

   b. to talk about health

   c. with adjectives that describe condition

   d. to form the progressive tenses

2. Uses of *ser*

   a. with adjectives to describe traits or characteristics

   b. to express nationality and origin

   c. to show possession with the preposition *de*

   d. to tell time

   e. to express time of an event

   f. with nouns to define or identify someone or something

Holt, Rinehart and Winston, Inc. **Cuaderno de ejercicios**

Práctica

A. En el aeropuerto. ¿Qué están haciendo las personas siguientes en el aeropuerto en este momento?

MODELO   yo / comprar un boleto
Estoy comprando un boleto.

1. la Sra. Reyes / leer un periódico

_____

2. los González / facturar una maleta

_____

3. tú / presentarse en la puerta de embarque

_____

4. Federico y yo / salir para Bolivia

_____

5. yo / mostrar el pasaporte en la aduana

_____

B. El viaje a Bolivia. Escoja la forma adecuada de **ser** o **estar** para describir el viaje y los pasajeros.

1. Unos pasajeros	son / están	nerviosos.
	son / están	de La Paz.
	son / están	esperando su vuelo.
	son / están	turistas mexicanos.

2. Mi madre y yo	somos / estamos	en la sala de espera.
	somos / estamos	cansadísimos(-as).
	somos / estamos	altos(-as) y rubios(-as).
	somos / estamos	periodistas.

3. Tú	eres / estás	en la lista de espera.
	eres / estás	venezolano(-a).
	eres / estás	de Caracas.
	eres / estás	de vacaciones.

C. En la sala de espera. Ud. y un(-a) amigo(-a) esperan su vuelo en el aeropuerto y hablan de varias cosas y personas. Desgraciadamente (Unfortunately) su amigo(-a) no tiene mucha información correcta. Corrija las ideas de su amigo(-a) usando **ser** o **estar** según el modelo.

MODELO   en Bogotá / Carlos / Buenos Aires
¿En Bogotá? No, Carlos está en Buenos Aires.

1. leyendo / Anita / charlando con unos amigos

_____

2. de vacaciones / el Sr. García / en el hospital

_____

3. cubanas / mis primas / peruanas

_____

4. tranquila cuando viaja / mi madre / muy nerviosa

_____

5. enfermo / mi padre / mucho mejor

_____

6. camareros / esos hombres / pilotos

_____

7. de Rodolfo / esta maleta / de Joaquín

_____

8. a las tres / el vuelo / a las cinco

_____

Review the following situations and tasks that have been presented and practiced in this chapter.

- Discuss tourist spots in Latin America.
- Talk about future activities and events.
- Discuss travel plans with a travel agent.
- Make travel arrangements and reservations.
- Express probability.
- Make promises.
- Function in an airport.

Capítulo dieciséis
En la ciudad

PRIMER ENCUENTRO

A. Asociaciones. *Busque la palabra que no pertenece en cada grupo.*

1. barco	crucero	mar	calle
2. carro	coche	avión	automóvil
3. motocicleta	autobús	metro	tren
4. tren	automóvil	avión	avenida

B. Unas ciudades de Andalucía. *Antes de viajar a España, Ud. quiere saber algo de las ciudades de Andalucía, la región del sur del país. Lea la explicación de números, signos y símbolos y también la descripción de las tres ciudades en la página siguiente. Luego conteste las preguntas siguientes.*

1. ¿Qué ciudad es más grande? _____

   ¿Cuál es el número de habitantes? _____

2. ¿Qué ciudad(-es) ofrece(-n) estación de esquí? _____

   _____

   ¿deportes náuticos? _____

   ¿la pesca? _____

3. ¿Qué ciudad no tiene museo? _____

4. ¿Qué ciudad(-es) tiene(-n) una playa cerca? _____

   _____

Nombre de la localidad, del municipio y del establecimiento:
Nombre de la localidad (C: Capital de la provincia) y signos distintivos de sus servicios.

↑ Altura sobre el nivel del mar.
⚊ Número de habitantes.
→ Distancia a la capital de la provincia.

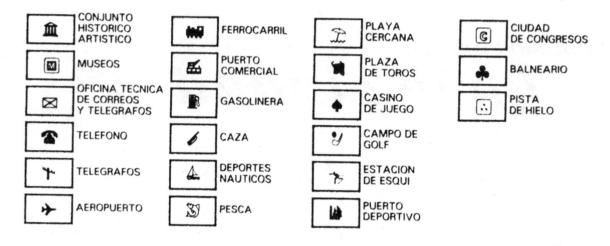

🏛	CONJUNTO HISTORICO ARTISTICO	🚂 FERROCARRIL	☂ PLAYA CERCANA	© CIUDAD DE CONGRESOS

CONJUNTO HISTORICO ARTISTICO — FERROCARRIL — PLAYA CERCANA — CIUDAD DE CONGRESOS

MUSEOS — PUERTO COMERCIAL — PLAZA DE TOROS — BALNEARIO

OFICINA TECNICA DE CORREOS Y TELEGRAFOS — GASOLINERA — CASINO DE JUEGO — PISTA DE HIELO

TELEFONO — CAZA — CAMPO DE GOLF

TELEGRAFOS — DEPORTES NAUTICOS — ESTACION DE ESQUI

AEROPUERTO — PESCA — PUERTO DEPORTIVO

SEVILLA
↑ 30 ⚊ 714.000

GRANADA
↑ 685 ⚊ 265.265

CÓRDOBA
↑ 123 ⚊ 302.154

5. ¿Qué ciudad(-es) tiene(-n) casino? _____

   _____

6. ¿Qué servicios ofrecen todas las ciudades? _____

   _____

7. ¿Qué ciudad le gustaría visitar más? _____

   ¿Por qué? _____

   _____

8. ¿En qué ciudad preferiría vivir? _____

   ¿Por qué? _____

   _____

C. En Nueva York. *Forme oraciones nuevas para explicar lo que harían las siguientes personas en Nueva York.*

MODELO   mis abuelos / visitar las Naciones Unidas
               Mis abuelos visitarían las Naciones Unidas.

1. mi madre / comer en un restaurante típico

   _____

2. tú / hacer compras en las tiendas elegantes

   _____

3. mi hermano y yo / ir en barco a ver la Estatua de la Libertad

   _____

4. yo / caminar por el Barrio Chino

   _____

5. mis primas / salir a bailar por la noche

   _____

D. ¿Qué haría Ud.? *Escriba una lista de todas las cosas que Ud. haría si pudiera (you could) pasar un fin de semana en su ciudad favorita.*

_____

_____

_____

_____

_____

_____

_____

_____

_____

_____

_____

SEGUNDO ENCUENTRO

A. Hotel San Sebastián. _Lea el anuncio para el Hotel San Sebastián y explique qué servicios el hotel tiene para las personas descritas a continuación._

★ ★ ★ ★
HOTEL
SAN SEBASTIAN

Avda. Zumalacárregui, 20 - 20008 San Sebastián
Tel. (943) 21 44 00 - Fax (943) 21 72 99

Servicios

Cafetería "Ondarreta" • Green Bar • Bar Americano • **Restaurante "Or Konpon"** • Piscina solarium • Terrazas • Garage • Cambio de moneda • Servicio fotocopiadora • Telex y fax • Room service • Consigna de equipajes • Asistencia médica • Alquiler de coches,...

Habitaciones

Confortables, recientemente restauradas, baño completo, teléfono directo, hilo musical, TV, canal +, caja fuerte, Room service, gran parte de las habitaciones con amplia terraza solarium,...

Salones

El hotel dispone de salones con capacidad entre 20 y 200 personas. Salones exteriores con modernas instalaciones, para reuniones de empresa, cocktails, banquetes, exposiciones,...

Departamento de Relaciones públicas: para su gestión y coordinación de reuniones, envío de fax, documentación.

1. El Dr. Montalvo planea un congreso para 150 dentistas norteamericanos. _____

_____

2. A la Sra. Echeverría le encanta tomar el sol. _____

_____

3. Silvia Menéndez Lado quiere celebrar su quinceañera con una fiesta elegante. _____

_____

4. Los Sres. Rodríguez con sus cuatro hijos pasan las vacaciones en el hotel. _____

_____

5. Julia Ruiz viaja con muchas joyas preciosas que no quiere perder. _____

_____

6. Federico Bonilla, un anciano de 87 años, tiene muchos problemas físicos. _____

_____

7. Rodolfo Peña, un hombre de negocios, necesita comunicarse con su oficina en Madrid. _____

_____

8. Unos jóvenes de 18 años quieren divertirse. _____

_____

B. Instrucciones. *Ud. trabaja en la oficina de Estudiantes Extranjeros. Escriba instrucciones breves para los estudiantes hispanos explicando cómo llegar de la biblioteca (o el centro de la universidad) a los lugares siguientes.*

1. el centro estudiantil _____

_____

_____

2. una librería _____

_____

_____

3. la cafetería _____

_____

_____

4. una pizzería _____

_____

_____

5. el Edificio de la Administración _____

_____

_____

C. En el hotel de lujo. *Explique lo que las siguientes personas han hecho hoy en el hotel de lujo.*

MODELO   mi madre / mirar la televisión
     Mi madre ha mirado la televisión.

1. los Sres. Pérez / nadar en la piscina

_____

2. mi amiga / sentarse en el jardín

_____

3. yo / pedir el desayuno en mi habitación

_____

4. mi padre y yo / jugar al golf

_____

5. tú / comer en el restaurante elegante

_____

6. la Sra. Romero / ir de compras a las tiendas del hotel

_____

D. ¿Qué ha hecho Ud. esta semana? *Explique siete u ocho cosas interesantes o importantes que Ud. ha hecho esta semana.*

_____

_____

_____

_____

_____

_____

_____

_____

TERCER ENCUENTRO

A. En el banco. *Complete el diálogo entre Ud. y la cajera en el banco.*

1. CAJERA   El que sigue.

   USTED   (Greet her. Tell her you wish to cash a check.)

   _____

2. CAJERA   Cómo no. Necesita endosarlo. Firme aquí.

   USTED   (Tell her you want $200.00 in cash.)

   _____

3. CAJERA   Muy bien. ¿Quiere depositar el resto en su cuenta corriente?

   USTED   (Tell her no. You want to deposit it in your savings account.)

   _____

4. CAJERA   Llene la hoja (*form*), por favor.

   USTED   (Give it back to her. Explain that you also want some information on car loans.)

   _____

   _____

5. CAJERA   Aquí tiene Ud. nuestro folleto nuevo sobre préstamos e hipotecas.

   USTED   (Thank her and explain that you also want to put something in your safe deposit box.)

   _____

6. CAJERA   Pase por aquella puerta, allí lo (la) van a atender.

   USTED   (Thank her and leave.)

   _____

B. Un cheque. *Ud. está en Barcelona y acaba de comprar un traje; quiere pagarlo. Escríbale un cheque a Tienda Novedades por 30.000 pesetas.*

N.° 556.673	N.° de cuenta	N.° 556.673

b040074 21

BANCO DE CATALUÑA

páguese a _____
(al portador - a favor de - a la orden de)

pesetas _____

_____

_____ 19 _____
(fecha en letra)

BANCO
DE
CATALUÑA

ptas.

C. Perdóneme, por favor. *¿Cómo va a disculparse y explicar sus acciones en estas situaciones? Escríbale una nota breve a cada persona.*

1. Ud. se olvidó de mandarle una tarjeta de cumpleaños a su madre.

   _____

2. Ud. llegó tarde a una reunión muy importante.

   _____

3. Ud. se olvidó de comprar los refrescos para la fiesta del Club Internacional.

   _____

4. Un(-a) amigo(-a) le prestó su nuevo suéter y Ud. lo perdió.

   _____

5. Hace una hora que su novio(-a) lo (la) espera en el café del hotel.

   _____

D. Antes de viajar. *¿Qué habían hecho las personas siguientes antes de viajar a Centroamérica?*

MODELO   el Sr. Acosta / hacer reservaciones con la aerolínea
   El Sr. Acosta había hecho reservaciones con la aerolínea.

1. mi padre / comprar los boletos

   _____

2. tú / hacer reservaciones en los hoteles

   _____

3. Uds. / ir a la agencia de viajes para pedir información

   _____

4. yo / leer sobre los países que íbamos a visitar

   _____

5. mi hermana y yo / despedirnos de nuestros amigos

   _____

6. todos / hacer las maletas

   _____

Holt, Rinehart and Winston, Inc.   **Cuaderno de ejercicios**

E. Ayer, para las dos. *Explique lo que Ud. había hecho ayer, para las dos de la tarde.*

_____

_____

_____

_____

_____

_____

_____

COMPRENSIÓN CULTURAL

Corrija las siguientes oraciones falsas.

1. La plaza siempre es un lugar tranquilo. _____

   _____

2. Generalmente se encuentran piscinas y gimnasios alrededor de la plaza mayor. _____

   _____

3. La plaza está en las afueras de una ciudad. _____

   _____

4. Los paradores son hoteles de arquitectura moderna. _____

   _____

5. Los paradores se encuentran en Chile y la Argentina. _____

   _____

6. Todos los países del mundo hispano usan el peso. _____

   _____

7. Las monedas del mundo hispano no son fuertes. _____

   _____

AMPLIACIÓN

Los medios de transporte. *Lea el siguiente artículo sobre los medios de transporte en Hispanoamérica. Después complete los dos ejercicios.*

Los medios de transporte

En caso que Ud. esté por planear un viaje a Hispanoamérica, sería bueno informarse sobre los medios de transporte que existen en esos países. Aquí encontrará algunos consejos útiles.

Con excepción de Buenos Aires, Santiago, Caracas y la Ciudad de México, que gozan de° las ventajas° de un sistema de trenes subterráneos, el medio de transporte más común en Hispanoamérica es el autobús. Todos usan este medio para trasladarse,° dentro de las ciudades en los autobuses urbanos, o entre una ciudad y otra en los autobuses interurbanos. Los autobuses interurbanos son generalmente mejores, más cómodos y más grandes que los urbanos.

Según los países, el autobús tiene distintos nombres. Si Ud. viaja en la Argentina, tomará «el colectivo», mientras que en Cuba y Puerto Rico tomará «la guagua»; en Chile lo llaman «el bus» y en México «el camión».

Entre los autobuses urbanos hay distintas categorías. En México, por ejemplo, hay servicios de primera clase, los «Delfines», y servicios de segunda y tercera clase. En los «Delfines», no se aceptan pasajeros de pie ni vendedores ambulantes, mientras que en los de tercera clase se encontrarán vendedores de lápices, periódicos o revistas. Aunque estos autobuses tienen una capacidad máxima de pasajeros, ningún chofer la respeta y llevan el doble o el triple de la cantidad de pasajeros permitida.

En caso que Ud. tenga prisa en la Ciudad de México, use el metro. En veinticuatro segundos los trenes van de una estación a otra; son muy rápidos y eficientes. Además es un placer ver las estaciones elegantes con centros comerciales o museos. El metro de la Ciudad de México ha sido un triunfo de la ingeniería y la arquitectura. Fue inaugurado en 1970 y durante su construcción se descubrieron muchísimos artefactos de gran valor arqueológico. Entre los descubrimientos figura una pirámide que ahora adorna° una de las estaciones del metro.

A menos que sea absolutamente necesario, es aconsejable° no manejar en ninguna ciudad hispanoamericana, pues se necesita una habilidad especial para competir con la habilidad de los conductores nativos.

Ahora puede hacer su reservación. ¡Buen viaje! ¡Y que lo disfrute!

enjoy / advantages

move

decorates

advisable

A. ¿Dónde está Ud.? *Dé el nombre del país donde se encuentran estas características en el transporte urbano.*

1. Ud. está esperando el colectivo.

    _____

2. Ud. está en la estación de guaguas.

    _____

3. El camión acaba de irse.

    _____

4. Ud. tiene prisa por llegar a una cita y toma el metro.

_____

5. Ud. viaja en un «Delfín».

_____

6. Hay vendedores en el autobús.

_____

7. En esta estación Ud. puede ver una pirámide azteca.

_____

B. ¿Comprende Ud.? *Termine las oraciones de acuerdo con la información de la lectura «Los medios de transporte».*

1. El medio de transporte más usado es _____

_____.

2. Las categorías de autobuses son _____

_____.

3. En los «Delfines» no se aceptan _____

_____.

4. En los autobuses de tercera clase se permiten _____

_____.

5. En las estaciones del metro de la Ciudad de México hay _____

_____.

6. Durante la construcción del metro _____

_____.

C. En el mundo de los negocios. *Ud. necesita hacer las preparaciones para un viaje de negocios de cinco días a México, D.F., para Ud. y dos compañeros. Escríbale una carta al recepcionista del Hotel Chapultepec. Explíquele la fecha de su llegada y salida, el número de huéspedes y los servicios que necesitan.*

_____:

_____

_____

_____

_____

_____

_____

_____

¿RECUERDA UD.?

Expressions with *tener*

Throughout this text you have learned various expressions using **tener**. *Review those expressions in the following chart.*

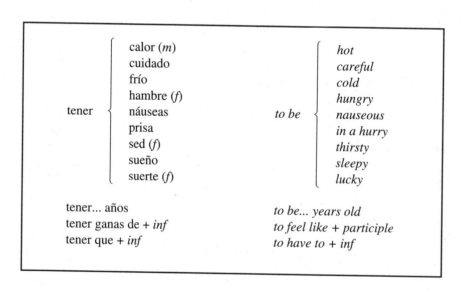

tener	calor (*m*)	to be	hot
	cuidado		careful
	frío		cold
	hambre (*f*)		hungry
	náuseas		nauseous
	prisa		in a hurry
	sed (*f*)		thirsty
	sueño		sleepy
	suerte (*f*)		lucky

tener... años	to be... years old
tener ganas de + *inf*	to feel like + participle
tener que + *inf*	to have to + *inf*

1. Spanish often used *tener + noun* as the equivalent of the English *to be + adjective*.

2. In these expressions the words *mucho / poco* can be used to modify the nouns; they correspond to the English *very / little, not very*.

Tengo *mucha* hambre.   *I'm very hungry.*

3. The question *¿Qué tiene(-n) + subject?* = *What's wrong with + subject?*

    —¿Qué tiene Pedro?   *What's wrong with Pedro?*

    —Tiene náuseas.   *He's nauseous.*

Práctica

A. ¿Qué tienen estas personas? *Complete las oraciones con la forma adecuada de una expresión con* **tener.**

1. Felipe acaba de ganar un millón de dólares. Felipe _____

    _____

2. Paquita quiere un refresco grande. Paquita _____

    _____

3. Los niños no pueden comer porque les duele el estómago. Los niños _____.

    _____

4. Corres muy rápidamente. Tú _____.

    _____

5. No podemos quedarnos aquí sin aire acondicionado. Vamos a ir a la playa para nadar. Nosotros _____

    _____

6. Voy a ponerme el abrigo y los guantes. Yo _____

    _____

B. Preguntas personales. *Conteste en una oración completa usando una expresión con* **tener.**

1. ¿Tiene Ud. suerte generalmente?

    _____

2. ¿Cuántos años tiene?

    _____

3. ¿Qué bebe Ud. cuando tiene mucha sed?

    _____

4. ¿Qué come Ud. cuando tiene mucha hambre?

    _____

5. ¿Siempre tiene prisa por la mañana?

    _____

Review the following situations and tasks that have been presented and practiced in this chapter.

- Talk about urban life and function in a city.

- Describe hotels and their facilities and obtain a hotel room.

- Complete routine banking transactions.

- Ask for, give, and receive directions.

- Make an apology.

- Explain what you would do in certain situations.

- Talk about completed past actions.

- Talk about actions completed before other actions.

Manual de laboratorio

Encuentro preliminar
Saludos

VOCABULARIO

¡Hola! Listen to how these friends greet each other, and write the missing sentences below. Each dialogue will be repeated.

1. —¡Hola, Isabel!

    —¡Mirta!

    —_____

    —Muy bien, ¿y tú?

    —Bien, bien...

2. —Buenos días, profesor Aguirre.

    —_____

    —Muy bien, gracias. ¿Y Ud.?

    —_____

    —¡Oh! Lo siento.

3. —_____

    —No mucho.

    —Adiós.

    —_____

4. —¡Hola, Estela! Te presento a Alicia. Alicia, ésta es Estela.

—_____

—El gusto es mío.

5. —¡Hola! _____

—Bien. _____

—Mm... _____

ESTRUCTURAS

Numbers 0–20

Por teléfono. *You want to make a long-distance call from a Spanish-speaking country to the United States, and you have to go through the operator. Tell her the number you want to call. The operator will repeat it after you. Confirm the correct number.*

MODELO   Operadora: ¿Qué número?
              Usted: **2–4–6–18–15.**

              Operadora: ¿2–4–6–18–15?
              Usted: **Sí. 2–4–6–18–15.**

1. ¿9–0–8–13–20?

2. ¿7–1–6–11–20?

3. ¿4–7–2–12–14?

4. ¿5–3–9–16–19?

5. ¿2–1–5–17–18?

6. ¿8–0–1–10–15?

SONIDOS

In Spanish each letter has only one sound. Once you have learned the sound of every letter you will be able to pronounce any word in Spanish even if you have never seen that word before.

Vowels

*The vowels in Spanish are written the same as the vowels in English: **a, e, i, o** and **u**. However, their pronunciation is quite different. In Spanish, each vowel has only one sound; in English, each one can have many. The letter **a** in Spanish is pronounced like the **a** in the English word* father, *but it is shorter. The **e** in Spanish sounds much like the vowel in the English word* met. *The **i** in Spanish is similar to the **i** in the English word* police, *but like the **a**, it is shorter. The **o** in Spanish sounds much like the **o** in the English words* no *and* so. *The **u** is pronounced like the **oo** in the English word* moon.

Now listen and repeat.

a   a   e   e   i   i   o   o   u   u

a   e   i   o   u

Zaragoza	apartamento	casa	mamá	Ana
Elena	eme	español	señor	Teresa
Mimi	Pili	amigo	si	Misisipí
Rodolfo	ocho	¿cómo?	loco	solo
tu	su	puro	universidad	oportunidad

Some consonants

Most of the consonant sounds are similar to the English sounds, with some minor modifications. You will study the individual sounds in future chapters. For now, just focus on the major differences between the English and Spanish sound systems.

The letters *b* and *v* are pronounced in the same way, for example, *bota* and *vota*. Only context can determine which of the words the speaker is saying. Now listen and repeat.

bello	vello
botar	votar
banal	vana
bar	vara

The *ñ* is similar to the English sound *ny* in *canyon*. Listen and repeat.

niño   español   mañana   señor   baño

The *ll* is pronounced like the *y* in *yes*. Listen and repeat.

Sevilla   llamo   tortilla   ella   allá

At the beginning of a word or after *l, n* or *s,* the Spanish *r* and *rr* are trilled or rolled. This sound is produced by trilling the tongue two or more times against the gum ridge behind your upper front teeth. Listen and repeat.

burro   barrio   rico   Ramón   horror

When it does not begin a word, the Spanish *r* is pronounced like the *dd* or *tt* in the words *ladder* or *pretty*. Listen and repeat.

feria   profesor   presidente   importante   Marta

It is important to be able to distinguish the *r* and *rr* sounds because they often make a difference in the meaning of a word. Listen and repeat these pairs.

vara (*pole*)	barra (*rod*)
para (*for*)	parra (*grapevine*)
pero (*but*)	perro (*dog*)
caro (*expensive*)	carro (*car*)
coro (*choir*)	corro (*I run*)
mira (*he looks*)	mirra (*myrrh*)

The Spanish *d* also has two sounds. After *n* or *l* and at the beginning of a word, the *d* is pronounced with the tongue touching the back of the upper front teeth. In all other instances, it sounds similar to the *th* in the English word *then*. Listen and repeat.

David   días   saludos   adiós   Eduardo   universidad

The alphabet

La recepcionista. Elena is a receptionist and has to write the names of people who call and leave messages. Spell the names of the people for her in Spanish. Then listen to the correct answer.

MODELO   Elena: ¿Cómo se llama?
                   Usted: **Ortega. O R T E G A.**
                   Elena: O R T E G A. Muy bien, gracias.

1. Ramos. R A M O S

2. Padilla. P A D I LL A

3. Hernández. H E R N A N D E Z

4. Irujo. I R U J O

Capítulo uno
En la universidad

¡ESCUCHE BIEN!

In this section of the lab manual you will learn different strategies for listening that will help you to understand Spanish better. Study them carefully and put them into practice every time you have the opportunity to listen to Spanish.

To begin, remember that in Spanish it is not necessary to mention subject pronouns in a conversation because the verb ending tells you who is doing the action. Pay attention to the verb ending as you listen. As you become more proficient with the language, this will become second nature and you will understand who is mentioned by hearing the verb ending.

Práctica

Listen to the following sentences. The speaker will not name the person who is doing the action. Restate the sentence after the speaker, adding the corresponding pronoun. Then listen and repeat the correct answer.

MODELO   Caminamos mucho hoy.
                    Nosotros caminamos mucho hoy.

VOCABULARIO

¿Qué hay en la mesa? *Listen to the following statements and circle* **Sí** *or* **No** *according to what you see in the drawing. Each sentence will be repeated.*

1. Sí	No			8. Sí	No	
2. Sí	No			9. Sí	No	
3. Sí	No			10. Sí	No	
4. Sí	No			11. Sí	No	
5. Sí	No			12. Sí	No	
6. Sí	No			13. Sí	No	
7. Sí	No					

ESTRUCTURAS

Nouns and definite articles

A. ¿Cuál es el femenino? Give the feminine form of the nouns you hear. Then repeat the correct answer after the speaker.

MODELO   el alumno
            la alumna

B. ¿Cuál es el plural? Give the plural form of the nouns you hear. Then repeat the correct answer after the speaker.

MODELO   la oficina
            las oficinas

The verb *gustar* + infinitive

Ana is explaining the activities she likes to do. Play the role of Ana and answer the questions in the affirmative or negative according to the cues. Then repeat Ana's answer after her.

          Holt, Rinehart and Winston, Inc.   **Manual de laboratorio**

MODELO   Entrevistador: ¿Bailar?
              Ana: **Sí, me gusta bailar.**

1. Sí   2. No   3. No   4. Sí   5. Sí   6. No

Adjectives and subject pronouns

¿Cómo están? A friend is asking you how various people feel today. Respond following the model. Repeat the correct answer after the speaker.

MODELO   Amiga: Tú y María están enojadas, ¿verdad? (no)
              Usted: **¿Nosotras? ¿enojadas? No.**

Estar + Adjectives of condition and location

En el centro estudiantil. You are with some of your friends in the Student Center. Your friends ask you questions. Answer them with the cues provided. Then repeat the correct answer after the speaker.

MODELO   Amigo: Alicia (cansada)
              Usted: **Alicia está cansada.**

Question formation

¿Dónde? You are talking on the phone to a friend, and the line is not very clear. You can't understand the last part of your friend's sentences very well. Ask your friend where the action is taking place. Then repeat the correct answer.

MODELO   Amigo: Mónica baila en la cafetería.
              Usted: **¿Dónde baila Mónica?**
              Amigo: **En la cafetería.**

Asking yes–no questions

El nuevo (new) estudiante. You are new in the dorm and you want to be sure about certain things. Ask your friends these questions using the cues. Then repeat the answer after the speaker.

MODELO   Practicamos español en el laboratorio de lenguas.
              Practicamos español en el laboratorio de lenguas, ¿verdad?

Present tense of regular *-ar* verbs

A. Los amigos. You and your friends are doing different activities. You will hear the infinitive and the subject. Repeat the subject and use the correct form of the verb. Then repeat the answer after the speaker.

MODELO   comprar (ellos)
              Ellos compran.

B. Las actividades. *Some friends are commenting on various people and their activities. You reply that someone or some people you know do the same activities also. Repeat the correct answer after the speaker.*

MODELO   Amigo: Mi compañero de cuarto practica el español mucho. (María)
                      Usted: **María también practica el español mucho.**

¿COMPRENDE?

En el café. *Listen to the dialogue and statements. Write **C (Cierto)** if the statement is true and **F (Falso)** if it is false. The dialogue and statements will be repeated. SUPPLEMENTAL VOCABULARY:* **novia** = fiancée

1. _____   2. _____   3. _____   4. _____   5. _____   6. _____

SONIDOS

Vowels

*Even though the letters **a, e, i, o, u,** and sometimes **y** are used to represent vowel sounds in both English and Spanish, the pronunciation of the vowel sounds is different in the two languages. English vowel sounds are generally longer than those in Spanish. In addition, English vowel sounds often glide into or merge with other vowels to produce combination sounds. As a general rule you should pronounce Spanish vowels with a short, precise sound. Contrast the Spanish **me** with the English may. Do not reduce Spanish unstressed vowel sounds to -uh- as in English: Contrast Spanish* **presidente** *and English president.*

Práctica

Listen and repeat.

a	alumna	papel	lápiz	cuaderno	mochila
	Hay tres alumnas en la clase.				
e	mesa	clase	pupitre	reloj	escritorio
	Enrique, ¿qué hay en tu pupitre?				
i, y	libro	silla	bolígrafo	mochila	
	Hay sillas y escritorios en la universidad.				
o	mochila	bolígrafo	reloj	profesor	libro
	No hay bolígrafos en la mochila.				
u	alumnos	universidad	pupitre	usted	nueve
	Hay nueve pupitres y alumnos en la clase.				

h, ch

*The letter **h** is the only silent letter in the Spanish alphabet; it is never pronounced:* **historia.**

*The **ch** is pronounced as in the English word church:* **mochila.**

Práctica

Listen and repeat.

h   *h*istoria   *h*oy   *h*ola   *h*ay   *H*éctor
*H*ay un examen en la clase de *h*istoria *h*oy.

ch   mo*ch*ila   o*ch*o   no*ch*e   *ch*ico   San*ch*o
—¿Me prestas tu mo*ch*ila?
—Sí. Aquí está, San*ch*o.
—Mu*ch*as gracias, *Ch*ela.

Capítulo dos

Amigos y compañeros

¡ESCUCHE BIEN!

Don't expect to understand every single word you hear in Spanish. Relax! You may be surprised to know that natural speech is very redundant. Therefore, it is not important that you understand every single word. You need only focus on key words and disregard the rest. For example, when somebody is introduced to you, the only important word to understand is the name; the rest is mainly irrelevant.

Práctica

Listen to the dialogue and write the names of the people who are being introduced.

1. _____   2. _____

VOCABULARIO

¿Quién es quién? *Listen to the following people describe their boyfriend or girlfriend. As you hear each description, make a list of the adjectives and phrases used next to the name of the person. Then decide which drawing corresponds to the person and write **A, B, C,** or **D** in the blank before the name. Each description will be repeated.*

1. _____ PEDRO _____

_____

2. _____ CELIA _____

_____

3. _____ JULIA _____

_____

4. _____ VÍCTOR _____

_____

ESTRUCTURAS

Adjectives of nationality

¿Cuál es su nacionalidad? Listen to the following statements and say the nationality of the people being described. Then repeat the correct answer after the speaker.

MODELO Patricia es de Cuba.
(Ella) Es cubana.

El verbo *ser*

Descripciones. How do you describe your friends? Listen to the cues and make a statement about the following people. Repeat the correct answer after the speaker.

MODELO él / inteligente
Él es inteligente.

Position and agreement of adjectives

Mi color favorito. Listen to the way that Roque describes his belongings and then mark in the chart the adjectives that describe that object.

	rojo	roja	rojos	grande	grandes	pequeño	pequeña
coche							
cuarto							
casa							
cuadernos							
teléfonos							
familia							
apartamento							
mochila							
escritorio							
silla							

Present tense of regular *-er* and *-ir* verbs

Actividades. *Listen to the following statements about various people's activities. Using the cues, say that other people you know do the same activities, too. Repeat the correct answer after the speaker.*

MODELO   Clara aprende japonés. (Mercedes)
    Mercedes también aprende japonés.

Question formation and interrogative words

Preguntas. *Imagine that you have a head cold and can't hear very well. Ask people questions so that you can fully understand what they are telling you. Use **qué, por qué, quién, dónde, de dónde**, and **cuántos** in your questions. Repeat the correct answer after the speaker.*

MODELO   Luisa aprende alemán.
    ¿Qué aprende Luisa?

¿COMPRENDE?

Amigos. *Listen to the dialogue and answer the questions that follow. The dialogue and questions will be repeated.*

1. _____

2. _____

3. _____

4. _____

5. _____

6. _____

SONIDOS

r, rr

*When the letter **r** does not begin a word, it is pronounced by a single flap of the tip of the tongue on the ridge behind the upper front teeth. This sound is similar to the English **tt** in* batter *or **dd** in* ladder.

*To pronounce the letter **r** at the beginning of a word and the letter **rr** in the middle of a word, the tip of the tongue is flapped on the ridge behind the upper teeth in rapid succession. This action is called trilling, and the **rr** sound is often called a **trilled r**.*

Práctica

Listen and repeat.

r	Bárba*r*a	Hu*r*tado	mejo*r*	t*r*abaja*r*	p*r*oblemas

Bá*r*ba*r*a Hu*r*tado es mi mejo*r* amiga. Siemp*r*e me escucha cuando hablo de mis p*r*oblemas.

rr	Villa*rr*eal	*R*amón	*R*amos	*r*ubio

*R*amón es el amigo de Diego Villa*rr*eal. *R*amón es alto, delgado y *r*ubio.

r and *rr*   Aho*r*a Consuelo *R*amos es estudiante pe*r*o desea t*r*abaja*r* en la capital.

Diphthongs with *u: ua, ue, ui, uo*

*The **u** before a vowel creates a diphthong—that is, a blending or merging of two vowel sounds. The **u** in these diphthongs is pronounced like the English **w** before vowels as in* was, way, we, *and* won't. *The diphthong **ui** found in the word **muy** and **uo** found in the word **cuota** are not as common as the diphthongs **ua** or **ue**.*

Práctica

Listen and repeat.

ua	Eduardo	Guadalajara	Guatemala	guapo	cuántos

— ¿Cuántos estudiantes son de Guatemala?
— Cuatro—Inés, Eduardo, Guadalupe y Roberto.

ue	Venezuela	Puerto Rico	acuerdo	por supuesto	Manuel

— Manuel es de Puerto Rico, ¿verdad?
— Por supuesto. Es de la capital.

Capítulo tres
En familia

¡ESCUCHE BIEN!

In the last chapter, you focused on key words for recalling specific information. Now you should learn to listen for the general idea of what is being said. In other words, you need to understand the gist of a conversation. Again, do not worry about understanding everything you hear. Just focus on the main ideas.

Práctica

Arturo is telling us about his life. Listen to the following monologue for the main ideas. Then circle the words that best complete the sentences. The monologue will be repeated.

1. Arturo habla de...
   a. Colombia.   b. sus padres.   c. su familia.

2. Arturo tiene una familia...
   a. grande.   b. pequeña.   c. mayor.

3. Van a dar una fiesta para...
   a. sus tíos.   b. su abuelo.   c. sus parientes.

VOCABULARIO

Mis parientes. *Luisito wants to know how different people are related to him. Listen to his questions and circle the correct answer. Each question will be repeated.*

1.	a. Es su madre.		b. Es su tía.
2.	a. Es su abuelo.		b. Es su padre.
3.	a. Es su prima.		b. Es su sobrina.
4.	a. Es su esposo.		b. Es su hermano.
5.	a. Es su sobrino.		b. Es su nieto.
6.	a. Es su tío.		b. Es su padre.
7.	a. Es su abuela.		b. Es su cuñada.

ESTRUCTURAS

Numbers 21–100

El número correcto es... *You want to call four friends in Madrid but when you dial their numbers, the operator tells you that the numbers have changed. Tell the operator the number you are calling and confirm the new number she gives you. Write the new number next to the old number.*

MODELO

Operadora:	¿Qué número llama?
Usted:	**33–48–51.**
Operadora:	¿33–48–51? Tiene un nuevo número. El número es: 35–84–52.
Usted:	**35–84–52. Gracias.**

1. 45–62–90 _____

2. 53–76–81 _____

3. 37–69–98 _____

4. 88–53–77 _____

Irregular verbs: *dar, ir, venir, tener*

A. ¿Quiénes dan una fiesta y dónde es? *María wants to know who is giving a party and where it is going to be. Tell her using the cues you hear. Repeat the correct answer after the speaker.*

MODELO   Pedro / dar una fiesta / café
Pedro da una fiesta en el café.

B. ¿Adónde van estas personas? *Plans were made for this afternoon, but Susana still does not know where she and the rest of her friends are going. Alicia explains it to her. Listen to Alicia's explanations and then match the places with the right people according to the information.*

1. Alicia _____   a. la biblioteca

2. Susana _____   b. el cuarto

3. Isabel _____   c. el laboratorio de lenguas

4. María y sus amigos _____   d. el centro estudiantil

5. El hermano _____   e. la casa

6. El primo _____   f. el café

C. ¿Quiénes vienen a la clase temprano? Pedro is compiling some statistics. He needs to know who usually comes early to the class. Tell him, using the cues you hear. Repeat the correct answer after the speaker.

MODELO   Gustavo / venir a la clase temprano
Gustavo viene a la clase temprano.

D. ¿Qué tienen que hacer? José wants to know what he and his friends have to do today. Tell him, using the cues you hear. Repeat the correct answer after the speaker.

MODELO   Juan / planear una fiesta
Juan tiene que planear una fiesta.

E. Los planes de Roberto. Roberto is planning a trip to Mexico. Listen to what he says he needs to do before leaving. Write the main idea of each sentence. Each sentence will be repeated.

1. _____

2. _____

3. _____

4. _____

5. _____

6. _____

Telling time

¿Qué hora es? These people want to know the time, and they ask you. Tell them what time it is according to the cues. Then repeat the correct answer after the speaker.

MODELO   ¿Qué hora es, por favor? (5:12)
Son las cinco y doce.

1. 3:45   5. 9:20

2. 1:00   6. 2:40

3. 6:30   7. 4:50

4. 11:15   8. 2:05

Relative pronoun *que*

¿Cómo es tu familia? Describe your family using the cues you hear. Repeat the correct answer after the speaker.

MODELO   hermana / abogada
Tengo una hermana que es abogada.

Possessive adjectives

¿Quién va a la discoteca? Ramón wants to know who is going to the discotheque with him. Answer his questions, using possessive adjectives. Repeat the correct answer after the speaker.

MODELO   Mi primo viene a la discoteca con nosotros. ¿Y el hermano de Catalina?
Su hermano también viene.

Ser versus *estar*

Mi familia. Listen to these sentences. You will hear a beep in place of the verb. Decide which form of *ser* or *estar* should complete the sentence and circle it.

MODELO   Mi madre **(BEEP)** abogada.
You circle *es* because the correct sentence is *Mi madre es abogada.*

1. son   están

2. es   está

3. son   están

4. son   están

5. somos   estamos

6. soy   estoy

7. es   está

8. somos   estamos

9. soy   estoy

10. eres   estás

¿COMPRENDE?

El bautismo. Listen to the following dialogue between Julio and Yolanda. If the statements below are true, write **Cierto**; if false, write **Falso**. The dialogue will be repeated.

_____   1. Esteban y Celia dan la fiesta.

_____   2. Celebran el bautismo de un niño.

_____   3. Eva es la madrina de Celia.

_____   4. Celia es la hermana de José.

_____   5. El hermano de Delia es el padrino.

SONIDOS

b, v

*The letters **b** and **v** are identical in sound. At the beginning of a single word or group of words and after **m** or **n** they are pronounced like the **b** in the English word* boy. *In the middle of a word or group of words both letters are pronounced similar to an English **b** but with the lips barely touching. This sound has no English equivalent.*

Práctica

Listen and repeat.

b	*v*a	*B*ogotá	*b*iología	tam*b*ién

Mi hermana Maricarmen estudia en *B*ogotá. *V*a a ser arquitecta.

ƀ	Ri*v*as	a*b*ogado	a*b*uelo	no*v*io

Mi padre es a*b*ogado. Tra*b*aja en una oficina con mi a*b*uelo y mi tío.

b and *ƀ*   Vi*v*o con mi familia en *B*ogotá y estudio en la uni*v*ersidad. *V*oy a ser a*b*ogado.

Diphthongs with *i: ia, ie, io, iu*

*The letter **i** (and **y** meaning* and*) before the other vowels **a, e, o,** and **u** creates a diphthong that is pronounced like the English **y** in* yacht, yet, yoke, *and* you.

Práctica

Listen and repeat.

ia	famil*ia*	estud*ia*	Amal*ia*	residenc*ia*	universitar*ia*

Amal*ia* estud*ia* en la universidad. Por eso vive en una residenc*ia* universitar*ia*.

ie	f*ie*sta	b*ie*n	par*ie*ntes	t*ie*ne	v*ie*ne

Mis par*ie*ntes v*ie*nen a la f*ie*sta del bautismo. ¡Qué b*ie*n!

io	Anton*io*	Jul*io*	nov*io*	felicitac*io*nes	veint*io*cho

Anton*io* y Jul*io* son primos. Tienen veint*io*cho años.

iu	veint*iu*no	treinta y *u*no	cuarenta y *u*no

Tengo veint*iú*n años. Mi madre tiene cuarenta y *u*n años y mi abuela tiene sesenta y *u*n años.

Capítulo cuatro
El tiempo pasa

¡ESCUCHE BIEN!

We have been saying that you do not need to understand every single word to be able to know what is going on in a conversation. If you are able to get the gist or to pick up key words, you will probably be able to guess the words you missed. When you are speaking face-to-face with someone, there are other clues that help you understand the message such as intonation, context, your knowledge of the world and the shared experiences that you have with the interlocutor.

Práctica

Amalia is visiting some friends during her semester break. She calls to tell you about her vacation, but the connection is not very good. You will hear static when there is a breakdown in the line. Write the words that are missing. The paragraph will be repeated.

1. _____   4. _____

2. _____   5. _____

3. _____

VOCABULARIO

A. ¿Qué tiempo hace? *Tomorrow you are leaving for South America. You are taking a flight that stops in Caracas, Lima, and Santiago before reaching your destination in Buenos Aires. You are very interested in knowing what the weather will be like in these places. Listen to this weather report in Spanish from Miami and complete the sentences that follow. The report will be repeated. SUPPLEMENTAL VOCABULARY:* **lluvia** = rain, **nublado** = cloudy.

1. Es el mes de _____.

2. _____ en Bogotá, en Quito y en Asunción.

3. Hace calor en _____.

4. _____ en las montañas cerca de Santiago.

5. Hace _____ tiempo en La Paz, en Santiago de Chile y en Buenos Aires.

B. ¿Qué día es? *This is a guessing game to see how well you know the days of the week. Answer the questions and repeat the correct answer after the speaker.*

ESTRUCTURAS

Verbs ending in -*cer* and -*cir*

A. El informe de sociología. *A classmate needs to interview you to complete a paper for her sociology class. Answer her questions using the cues, and then repeat the correct answer after the speaker.*

MODELO   ¿Cuándo ofreces los regalos? (domingo)
Ofrezco los regalos el domingo.

B. Mi nuevo amigo. *Your new friend wants to get to know you better. Answer his questions using the cues, and then repeat the correct answer after the speaker.*

C. ¿Saber o conocer? *Using* **saber** *or* **conocer,** *make complete sentences with the cues you hear. Repeat the sentence after the speaker.*

MODELO   María / mi número de teléfono
María sabe mi número de teléfono.

Some irregular verbs

A. Acciones. *These people are doing different things. Listen to the cues and say the right sentence. Repeat the correct answer after the speaker.*

MODELO   yo / saber tu número de teléfono
Yo sé tu número de teléfono.

B. ¿Qué hacen estas personas? *Find out what these people are doing. Put a check mark in the appropriate box for the person and action.*

	saber	decir	hacer	poner	salir	traer	ver
yo							
tú							
él / ella							
nosotros(-as)							
Uds.							

C. Las personas y el tiempo. *Inclement weather can often cause a change in people's plans. Listen to how the weather affected these people and complete the sentences. Each sentence will be repeated.*

1. En el otoño _____ a caminar por el parque para _____ los colores

   de los árboles, pero este año _____ todos los días y no _____

   de casa mucho.

2. Yo _____ que los niños _____ a sus abuelos todos los domingos,

   pero _____ que mañana va a _____ mucho. Por eso

   _____ a los niños hoy _____ a visitar a los abuelos.

3. _____ la radio cuando _____ ejercicio en mi casa, pero hoy no

   se (*one*) escucha bien porque _____ mucho y hay _____.

4. La estación favorita de Marta _____ el verano porque _____ con

   sus amigos a la playa. En el invierno, ellos _____ para ir a _____,

   pero hoy _____ mucho y _____ en casa aburridos. Van a

   _____ la televisión y después van a _____ la tarea.

Dates

Los cumpleaños. *Aldo is marking the dates he needs to remember this year on his calendar. Write in Spanish the dates he says. Use numerals and the month. Each sentence will be repeated.*

1. _____

2. _____

3. _____

4. _____

5. _____

6. _____

7. _____

Some prepositions and impersonal expressions

A. Opiniones. *Listen to the following sentences and mark an X under each preposition you hear. Each sentence will be repeated and may contain more than one preposition.*

	a	con	de	en	para	por	sin
1.							
2.							
3.							
4.							
5.							
6.							
7.							

B. Los regalos de Reyes. *The González family has received a package from grandma with presents for everyone. Change the name of the person to the correct pronoun. Repeat the correct answer after the speaker.*

MODELO   El disco es para Raquel.
                El disco es para ella.

Dictado de números

*¿**Qué número es?** Listen to the winning numbers for the regional and national lotteries and write down the numeral.*

1. _____   5. _____

2. _____   6. _____

3. _____   7. _____

4. _____   8. _____

¿COMPRENDE?

Las fiestas. Listen to the following conversations and decide which holiday the people are talking about in each. Circle the correct answer. Each conversation will be repeated.

1. a. El Día de la Raza

   b. El Día de Gracias

   c. El Día de la Independencia

2. a. La Nochebuena

   b. La Navidad

   c. El Día de Reyes

3. a. La Misa de Gallo

   b. El Año Nuevo

   c. La Noche Vieja

SONIDOS

d

The Spanish **d** has two different pronunciations; neither is like an English **d**. The **d** that occurs at the beginning of a sentence or phrase and after **n** or **l** is pronounced by pressing the front of the tongue against the back of the upper teeth; this sound is represented by [d]. In other cases the **d** is pronounced like the English **th** in this and is represented by [đ].

Práctica

Listen and repeat.

[d]	día	dónde	cuándo	el disco	Dolores
	Diego, ¿dónde está el disco nuevo?				
[đ]	nadar	radio	usted	tarde	Madrid
	Adela va a nadar esta tarde.				
[d] and [đ]	Fernando y Claudia nadan mucho cuando hace calor.				
	Creo que voy a poner la radio o escuchar discos.				

S, Z, C

In most of the Americas and in some parts of Spain, the letters **s**, **z**, and **c** before **e** or **i** are pronounced like the English **s** in sun.

Práctica

Listen and repeat.

s	Consuelo	música	después	lunes	semana

Trabajo de lunes a viernes todos los días.

ce and *ci*	*ci*ta	*ci*ne	*ci*ento	*ci*ncuenta	hacer	on*ce*

Fran*ci*sco tiene una *ci*ta a las on*ce*.

z	lápiz	azul	marzo	Méndez	Sánchez

La señorita Méndez necesita un lápiz azul.

s, ce, ci, z *Ceci*lia, ¿qué piensas hacer este fin de semana?
Patri*ci*a y Vi*ce*nte, espérenme a eso de las on*ce*.

Capítulo cinco

¡A comer y a beber!

¡ESCUCHE BIEN!

In conversations in English, you hear many empty words and expressions such as "Mm," "you know," "uh," "aha," and "well." There are similar equivalents in Spanish: Huy, Mm, pues, bien, bueno, *and* entonces. *These words have little meaning, but they serve a purpose. They are used to keep the channel of communication open when the person speaking does not know what to say.*

Práctica

Listen to the following dialogue and fill in the blanks with the words or expressions you hear. The dialogue will be repeated.

ANTONIO   Tengo hambre.

CARLOS   _____

ANTONIO   Voy a comprar un helado. ¿Por qué no vienes conmigo? _____

CARLOS   _____ Tengo que terminar de leer este libro para mañana. _____

ANTONIO   _____ Hace horas que lo lees. _____

    _____, me voy solo *(alone)*. Hasta luego.

VOCABULARIO

A. Mis gustos. *A friend has invited you for dinner and wants to know what foods you like. Listen to the following items and say that you like or dislike each one according to the cue you hear. Then repeat the correct answer after the speaker.*

MODELO   ¿el pescado frito? (sí)
Sí, me gusta el pescado frito.

B. El supermercado La Joya. *While you are shopping at "La Joya," they announce the prices of the items on sale. Listen to the announcement and write the prices next to the items on the lists below. Also add to the lists the items that do not appear.*

Para la casa

lechuga _____

pollo _____

tomates _____

cebollas _____

leche _____

aceite _____

Para la fiesta

platillos de papel _____

vino _____

jugo _____

_____

_____

_____

ESTRUCTURAS

Stem-changing verbs: *e* → *ie*

¿Cuál es la forma correcta? *You will hear an infinitive followed by a cue. Say the verb form that matches the cue. Then repeat the correct answer after the speaker.*

MODELO   cerrar (tú)
cierras

Stem-changing verbs: *o* → *ue*

¿Cuál es la forma correcta? *You will hear an infinitive followed by a cue. Say the verb form that matches the cue. Then repeat the correct answer after the speaker.*

MODELO   encontrar (tú)
encuentras

Stem-changing verbs: *e* → *i*

En el restaurante. *Adela works in a restaurant. Repeat her statements concerning her daily work according to the cues provided. Then repeat the correct answer after the speaker.*

MODELO   María / servir / pescado
María sirve el pescado.

Pedir—Preguntar—Preguntar por

En el bar. *You are in a bar with a friend. Your friend makes some statements to you. Choosing the right verb—**pedir, preguntar,** or **preguntar por**—reconstruct his statements from the cues provided. Then repeat the correct answer after the speaker.*

MODELO   yo / refresco
           Yo pido un refresco.

Adjectives of quantity

¡Qué exagerada! *Sonia is a very vain person and always exaggerates her abilities and accomplishments. Using the cues, correct her statements. Then repeat the correct answer after the speaker.*

MODELO   Tengo muchos amigos en la universidad. (pocos)
           Tienes pocos amigos en la universidad.

Demonstrative adjectives

Una fiesta. *There is a party tonight and Sra. López is trying to organize the student helpers. Listen to what she says and mark an X in the column that indicates the demonstrative adjective you hear. Some statements may have more than one answer. Each sentence will be repeated.*

MODELO   Esta chica debe comprar el pastel.
           You mark an **X** in the column labelled *this* because **esta** means *this*.

	this	that	these	those
MODELO	X			
1.				
2.				
3.				
4.				
5.				
6.				
7.				

Oír and verbs ending in *-uir*

¿Quién? *Mark an X in the chart under the subject of the verb you hear. Each sentence will be repeated.*

	yo	tú	Ud.	nosotros	ellos
1.					
2.					
3.					
4.					
5.					
6.					

¿COMPRENDE?

La compra. *Patricia's husband, Osvaldo, has just returned from the supermarket. Listen to their conversation as they unpack the groceries. Then decide if the sentences below are **true (Cierto)** or **false (Falso)**. The dialogue will be repeated. SUPPLEMENTAL VOCABULARY:* **compré** = I bought.

_____ 1. Osvaldo tiene que comprar pan.

_____ 2. A Patricia le gusta la hamburguesa.

_____ 3. Patricia va a cocinar las papas con el pollo.

_____ 4. Osvaldo no compra fruta porque no está en la lista.

_____ 5. Patricia necesita azúcar y no la tienen en el supermercado.

_____ 6. Patricia está contenta con las compras (*purchases*) de Osvaldo.

SONIDOS

p, t

*At the beginning of a word the English sounds **p** and **t** are pronounced with a puff of air. In contrast, the Spanish **p, t** are not pronounced with a puff of air. The English **p** in spill and the **t** in still sound like the Spanish **p** and **t**. Contrast the **p** in pill/spill and the **t** in till/still. Try to pronounce the following **p** and **t** sounds without the puff of air; it will be easier if an **s** occurs before the **p** or **t** as in **los pollos**.*

Práctica

Listen and repeat.

p	los *p*ollos	los *p*ostres	*p*an	*p*escado	so*p*a
	Para el desayuno como un *p*oco de *p*an.				
t	bis*t*ec	*t*é	*t*omar	fru*t*a	Ma*t*ilde
	Me gus*t*an los pos*t*res, especialmen*t*e los pas*t*eles.				
p and *t*	Generalmen*t*e *t*omo una so*p*a o un *p*equeño bis*t*ec.				
	Por eso, *p*re*p*aro fru*t*a o helado de *p*os*t*re.				

Linking

Because of linking, that is, the running together of words, Spanish phrases and sentences often sound like one long word to beginning students. In order to speak like a native, you should learn to link words together under the following conditions.

a. Identical consonants that end one word and begin the next are linked and pronounced as one consonant:
    el limón   los sándwiches

b. The final vowel of one word links with the initial vowel of the next word:
    que el aceite   mucha hambre.

c. A final consonant usually links with the initial vowel of the following word:
    Tú estás a dieta.   Preparan una ensalada.

Práctica

Listen and repeat.

el limón   unos sándwiches   las cebollas
una hamburguesa   una ensalada   ¿Qué uso?
Haces una ensalada.   Estás a dieta.
Usa el limón y un poco de ajo.
¿Por qué no haces una ensalada?
Allí hay unas uvas.

Capítulo seis
Vamos de compras

¡ESCUCHE BIEN!

There are many factors that help you to understand a message. Some of these are based on what you know about the person speaking. For example, knowing the speaker's age, sex, and occupation prepare you to expect to hear certain words and ideas rather than others.

Práctica

Look at the drawing. Then listen to the following questions and circle the most logical answer from the choices given on the next page. Each question will be repeated.

1. a. Tiene entre sesenta y setenta años.

   b. Tiene veinte años.

   c. Tiene más o menos cuarenta años.

2. a. Trabaja en un mercado.

   b. Trabaja en una tienda de regalos.

   c. Trabaja en un almacén.

3. a. Es dependiente.

   b. Es cajera.

   c. Es cliente.

4. a. ¿Cuánto cuesta?

   b. ¿Podría probármelo?

   c. ¿En qué puedo servirle?

VOCABULARIO

Los regalos de Navidad. *Hugo, Rosa, and Tita have been Christmas shopping. Write down the gifts that they bought for each person.*

HUGO	**ROSA**	**TITA**
mamá _____	papá _____	abuela _____
abuela _____	abuela _____	papá _____
papá _____		mamá _____
Rosa _____		Rosa _____

Now listen to the dialogue again and answer the questions. The questions will be repeated.

1. _____

2. _____

3. _____

4. _____

ESTRUCTURAS

The preterite of regular -*ar* verbs

¿Qué hicieron estas personas ayer? *Construct statements from the cues provided. Repeat the correct answer after the speaker.*

MODELO   cantar / yo
             Yo canté.

The preterite of *ir*, regular *-er*, *-ir* verbs and *-ar* verbs with spelling changes

A. Adela fue al centro. *Yesterday Adela had lunch downtown. Play the role of Adela. Listen to the cues and say what she did. Repeat the correct answer after the speaker.*

MODELO   ir / centro
          Fui al centro.

B. Las actividades del fin de semana. *You are talking to your friend on the phone and he wants to know what you and your friends did during the weekend. Answer his questions according to the cues provided. Repeat the correct answer after the speaker.*

MODELO   ¿Qué hiciste el sábado?
          ir / cine
          Yo fui al cine.

C. La fiesta de Alicia. *José calls to tell you about Alicia's birthday celebration. However, there is a problem with the line and you can't hear him very well. Ask him to repeat what he said. Follow the model and repeat the correct answer after the speaker.*

MODELO   Le compramos un regalo hermoso.
          ¿Qué le compraron?

D. Un día de compras. *Listen as Ana tells her roommate about her day yesterday. Write what you hear below. The paragraph will be repeated.*

_____

_____

_____

_____

_____

_____

Comparisons of inequality

¡Qué precios! *You are in a department store with your friend. Compare the price of the first article mentioned with that of the second. Repeat the correct answer after the speaker.*

MODELO   la blusa de seda / 3.400 pesetas
          la blusa de algodón / 1.800 pesetas
          La blusa de seda cuesta más que la blusa de algodón.

Se in impersonal and passive constructions

Parejas. Match the statements you hear with the signs you see.

A.

SE VENDE

B.

SE HABLA ESPAÑOL

C.

SE ALQUILA APARTAMENTO

D.

SE PROHIBE FUMAR

1. _____

2. _____

3. _____

4. _____

¿COMPRENDE?

Los mejores precios. Teresa wants to find the clothing store with the lowest prices. Listen to her telephone conversation with the clerk at La Moda and complete the list below with the correct prices. The conversation will be repeated.

suéteres _____

blusas _____

camisetas _____

calcetines _____

trajes _____

botas _____

SONIDOS

More on accentuation and accent marks

You have learned that in Spanish accent marks and stress can distinguish one word from another: **está** = is; **esta** = this. *These accent marks and stress distinctions are especially important in verbs, for they often determine tense and person. For example:* **compro** = I buy *(present indicative) /* **compró** = he bought *(preterite);* **gaste** = spend *(Ud. command) /* **gasté** = I spent *(preterite).*

Práctica

Circle the words that you hear. Each word will be repeated.

1. a. hable   b. hablé

2. a. compre   b. compré

3. a. pago   b. pagó

4. a. mando   b. mandó

5. a. descanse   b. descansé

6. a. pague   b. pagué

7. a. cambie   b. cambié

8. a. arreglo   b. arregló

9. a. busque   b. busqué

10. a. toque   b. toqué

11. a. llamo   b. llamó

12. a. gasto   b. gastó

13. a. regateo   b. regateó

14. a. llegue   b. llegué

m, n, ñ

*The Spanish **m** and **n** are pronounced as in English. However, an **n** before the letters **p, b, v,** and **m** is pronounced like an **m:** **un poco** = /umpoko/. The **ñ** is similar to the English sound **ny** in canyon:* **año.**

Práctica

Listen and repeat.

m   *m*es   *m*ercado   al*m*acén   a *m*enudo
         A *m*enudo hago las co*m*pras en el *m*ercado.

         u*n* poco   u*n* bistec   u*n* vestido   u*n* mercado
         E*n* *M*éxico pagué mucho por un bistec.

n   *n*o   ce*n*tro   ga*n*o   depe*n*diente
         Trabajé como depe*n*die*n*te e*n* u*n* almacén de ropa elega*n*te.

ñ   a*ñ*o   ma*ñ*ana   ni*ñ*a   pi*ñ*ata
         El se*ñ*or Nú*ñ*ez compró una pi*ñ*ata para el cumplea*ñ*os de su ni*ñ*a.

Capítulo siete

¿A qué restaurante vamos?

¡ESCUCHE BIEN!

Conversations have certain fixed rules. One important rule is turn-taking, or allowing only one person to speak at a time. Body language, introductory remarks, and empty sounds such as "ehm" are some ways to signal who should speak next. Of course, not everyone waits for a turn to speak. In fact, many times you will hear two or more conversations going on at the same time in one group.

Práctica

Listen to these conversations and decide which one breaks the rule of turn-taking. Mark an X next to the answer below.

Conversación 1 _____   Conversación 2 _____

VOCABULARIO

Los restaurantes. *Listen to the following conversations and circle in the menus the items that each person mentions.*

El Restaurante Valencia
MENU
TURÍSTICO

*Entremeses
Ensalada
*Chorizo
Jamón serrano
*Tortilla a la española

Sopas
*Gazpacho andaluz
Sopa de cebolla
Sopa de pescado
Sopa del día

*Entradas
*Paella valenciana
 *Especialidad de la casa
Pescado del día
Bistec
$\frac{1}{4}$ de pollo con patatas
 fritas o *arroz
*Ternera asada

Postres
Fruta
*Flan
Queso manchego
Helados variados

Bebidas
*Agua mineral
 con *gas
 sin gas
Vino blanco
Vino tinto
*Sangría
Cerveza
Refrescos
*Café solo
Té

 Servicio 10%

Appetizers
Tossed Salad
Spanish-style Sausage
Cured Mountain Ham
Egg and Potato Omelette

Soups
Gazpacho Andalusian-style
Onion Soup
Fish Soup
Soup of the Day

Entrees
Paella Valencian-style
 House speciality
Fish of the Day
Steak
$\frac{1}{4}$ Chicken with French
 Fries or Rice
Roast Veal

Desserts
Fresh Fruit
Flan—Baked Custard
Cheese from La Mancha
Assorted Flavors of Ice Cream

Drinks
Mineral Water
 Carbonated
 Non-Carbonated
White Wine
Red Wine
Sangría—Wine Punch
Beer
Soft Drinks
Black Coffee
Tea

 Gratuity 10%

*Indicates a new vocabulary item.

Conversación 2

ESTRUCTURAS

Direct object pronouns

A. La fiesta de Ana y sus amigos. Ana is in charge of the organization of a party, and she is asking the following questions. Answer her questions using object pronouns and the cue you hear. Then repeat the correct answer after the speaker.

MODELO   ¿Preparaste el guacamole? (no)
             No, no lo preparé.

B. Ana está de mal humor. *Since Ana is in a bad mood, she says no to everything. Give a negative answer to the questions using pronouns. Then repeat the correct answer after the speaker.*

MODELO   ¿Me escuchas?
                   No, no te escucho.

The preterite

A. ¿Cuál es la forma correcta? *You will hear an infinitive followed by a cue. Say the correct form of the verb in the preterite. Then repeat the correct answer after the speaker.*

MODELO   estar (tú)
                   tú estuviste

B. Ana. *Ana is telling her father about her party. Listen to her story. Then read the statements. Write* **C (Cierto)** *if the statement is true and* **F (Falso)** *if it is false.*

_____   1.   Ana no pudo preparar la comida.

_____   2.   Ana tuvo que cocinar toda la mañana.

_____   3.   Ana puso la fruta en una olla *(pot)*.

_____   4.   Adriana vino a las once.

_____   5.   Adriana leyó las recetas *(recipes)*.

Hace + time

Un restaurante famoso. *Juan interviewed the owner of a famous restaurant. You will hear a phrase followed by a period of time. Make sentences using* **hace** *+ time. Then repeat the correct answer after the speaker.*

MODELO   cocinar por primera vez / veinte años
                   Hace veinte años cocinó por primera vez.

¿COMPRENDE?

¿Dónde están? *Listen to the following conversations and decide where the people are eating. Circle the correct answer.*

1.   a.   en un café

     b.   en un restaurante mexicano

     c.   en una cafetería

2.   a.   en un café

     b.   en un restaurante elegante

     c.   en casa

3. a. en un restaurante familiar

    b. en un bar de tapas

    c. en un café

4. a. en un bar mexicano

    b. en casa

    c. en un restaurante español

SONIDOS

c, qu

*The letter **c** before a consonant (except **h**) or the vowels **a, o, u** and **qu** before **e** or **i** are represented by the sound **[k]**. The **[k]** sound is similar to the English **[k]** but without the puff of air that accompanies the **[k]** sound in* cat.

Práctica

Listen and repeat.

| c, qu | cliente | pescado | comer | cuchara | queso | quiero |

Camarero: ¿Y qué quiere Ud., señora?

Cliente: —El pescado con papas fritas y después un café sólo.

l, ll, y

*The single **l** sound in Spanish resembles the **l** sound in English. The **ll** is pronounced like the consonant **y** in most parts of the Spanish-speaking world. The **ll/y** sound is like the **y** in the English words* yes *or* yellow.

Práctica

Listen and repeat.

| l | salsa | chile | enchilada | guacamole | frijoles |

—Tráigame enchiladas de carne con guacamole y frijoles.
—¿Y de postre?
—El helado de chocolate, por favor.

| ll / y | tortilla | pollo | paella | Guillermo | Yolanda |

Guillermo va a pedir el pollo en mole con tortillas.
Yolanda y yo queremos la paella.

Capítulo ocho
La vida diaria

¡ESCUCHE BIEN!

There are many visual aids that can help you to understand what is being said. For example, the physical objects you see around you and the images the mind conjures up when physical objects are not present. These images, either physical or mental, help clarify what you hear. As you talk to someone about a specific object or person, you have that subject in mind. That image provides extra information that is not verbalized. For example, a commercial on the radio might advertise a special shaving cream. Your mind can immediately supply the image of shaving cream and add the properties of the new product to it.

Práctica

Look at the drawing below and then listen to the conversation. Mark an X next to the person these people are talking about. The conversation will be repeated.

1. El esquimal _____
2. El vagabundo _____
3. El sonámbulo_____

VOCABULARIO

A. ¿Qué hacen? Look at the drawings below. You will hear two statements for each drawing. Write the correct sentence under the corresponding picture. Each group of sentences will be repeated.

1. _____

_____

2. _____

_____

3. _____

_____

Holt, Rinehart and Winston, Inc.

Manual de laboratorio

4. _____

_____

B. Mi hermano menor. *Your younger brother is trying to impress your parents by describing his good personal habits. However, his statements are not accurate. Correct what he says using the cues you hear. Then repeat the correct answer after the speaker.*

MODELO   Siempre me levanto a las siete de la mañana. (nunca)
Nunca te levantas a las siete de la mañana.

ESTRUCTURAS

Reflexive verbs

¿Qué me pongo? *Listen to the cues and tell Luisa what clothing she needs to wear to play outside. Repeat the correct response after the speaker.*

MODELO   ponerse el abrigo
Debes ponerte el abrigo.

Preterite of stem-changing and reflexive verbs

A. El día de Armando. *Listen to the following description of Armando's day. Then read the sentences below and circle the ones that correspond to what you heard. The description will be repeated.*

1. a. Armando se despertó a las ocho de la mañana.

    b. Armando se levantó a las ocho de la mañana.

2. a. Armando se vistió rápidamente.

    b. Armando se bañó rápidamente.

3. a. Después del trabajo fue directamente a su casa.

    b. Después del trabajo fue al café.

4. a. Armando habló con sus amigos en el café.

   b. Armando habló con su novia en el café.

5. a. Pidió unas tapas en el café.

   b. Sirvió unas tapas en el café.

6. a. Se quejó de los amigos.

   b. Se despidió de los amigos.

7. a. Se acostó tarde.

   b. Se acostó temprano.

8. a. Se durmió inmediatamente.

   b. No se durmió fácilmente.

B. Por la mañana. *Fill in the chart with the information you hear about these people's morning routine.*

	8:00	8:15	8:30	9:00	9:10	9:15	9:30
Ana							
Carlos							
Francisco							

C. ¿Qué pasó esta mañana? *Using the information from the preceding chart, write **C (Cierto)** or **F (Falso)** for each of the statements that you hear.*

1. _____   3. _____   5. _____   7. _____

2. _____   4. _____   6. _____   8. _____

D. El huracán. *There was a hurricane on the east coast last Saturday night. Listen to what happened to these people. Answer the questions according to the cues.*

MODELO   ¿Quién sintió miedo durante el huracán? (nosotros)
           Nosotros sentimos miedo.

Formal commands of reflexive verbs

A. ¡Niños, niños! *You are babysitting for two children. Tell them what to do using the cues you hear. Then repeat the correct answer after the speaker.*

MODELO   lavarse la cara
                   Lávense la cara.

B. Un poco de cultura. *In Mendoza, a western province of Argentina, and in many other places in Latin America parents and children use **Ud.** instead of **tú.** Now imagine that you are a mother in Mendoza and you are giving some commands to your son. Then repeat the correct answer after the speaker.*

MODELO   primero / irse a su dormitorio
                   Primero váyase a su dormitorio.

Sequence of actions

¿Qué haces tú? *You will hear a cue followed by an infinitive. Listen to the cue and say a sentence. Then repeat the correct answer after the speaker.*

MODELO   primero / levantarse
                   Primero me levanto.

Indefinite and negative expressions

Siempre en contra. *Say the opposite of what you hear. Then repeat the correct answer after the speaker.*

MODELO   Ellos comen algo rico para el desayuno.
                   Ellos no comen nada rico para el desayuno.

¿COMPRENDE?

Las amigas. *Lourdes and Manuela are talking on the phone. Listen to their conversation and the statements that follow. Circle **Cierto** or **Falso** according to what you heard. The conversation will be repeated.*

1. Cierto   Falso
2. Cierto   Falso
3. Cierto   Falso
4. Cierto   Falso

5. Cierto   Falso
6. Cierto   Falso
7. Cierto   Falso
8. Cierto   Falso

SONIDOS

x

The Spanish **x** is generally pronounced **[ks]** as represented by the English letters **xc** in exceed or excellent. The **x** in many proper names is pronounced like the Spanish **j**: **México.**

Práctica

Listen and repeat.

$x =$ [ks]   examen   excelente   exactamente   explicar
              Pablo me explicó exactamente lo que hace cada mañana.

$x =$ [j]   México   Oaxaca   Xavier   Don Quixote
              Xavier vive en México en el estado de Oaxaca.

Intonation

Native Spanish speakers vary the intonation, that is, the rise and fall of a speaker's voice, according to the type of sentence spoken. Note the differences in the intonation for the following three sentence patterns.

a.   Normal statement: Todavía está en bata y pijama.

b.   Yes-no question: ¿Puede Antonia ir conmigo a jugar?

c.   Information question: Mami, ¿qué me pongo?

Práctica

Listen and repeat.

Normal statements

No tengo nada que me quede bien.

Si se viste pronto, puede ir.

Ponte la camiseta verde con los jeans y un suéter.

Yes-no questions

¿Puede Antonia ir conmigo a jugar?

¿Quiere jugar en la nieve Antonia?

¿Llevas bata y pijama?

Information questions

Mami, ¿qué me pongo?

¿Por qué está triste Antonia?

¿Con quién quiere jugar Julito?

Capítulo nueve

La vida estudiantil

¡ESCUCHE BIEN!

In earlier chapters, you learned about two important elements in listening: the speaker and his or her role and visual images. Another important element to consider is the setting. The words you choose to use will be different if you are speaking in a classroom, at home, or in the cafeteria. The setting includes not only the physical place, but also the time of day. At the end of a long day, communication may be more difficult than in the morning when you are rested and more awake.

Práctica

Listen to this conversation and decide where and when it is taking place. Circle the letter of the word or phrase that best completes each sentence. The conversation will be repeated.

1. Los muchachos están en...
   a. una clase.
   b. un apartamento.
   c. un café.

2. Es la...
   a. mañana.
   b. tarde.
   c. noche.

VOCABULARIO

A. El nuevo semestre. Listen to these friends conversing and write the missing words below. The conversation will be repeated with pauses.

AURORA   Blanquita, ¿qué _____ tomas este semestre?

BLANQUITA   Tomo _____ y _____. ¿Y tú?

AURORA   Yo asistía a las clases de _____ y _____

pero decidí cambiarme a la Facultad de _____.

Tengo otros _____ para mi _____ así que dejé esas clases

y ahora debo decidir cuáles voy a tomar. Y Estela, ¿cómo está? Hace mucho que no la veo.

BLANQUITA   Estela está bien. ¿Sabes que se _____ en la Facultad de _____

_____? Dice que es una _____ difícil. Tiene que asistir

a _____ en _____ y luego, cuando lee sus

_____, no entiende lo que escribió. Pero escucha esto—hay un muchacho

en _____ que es muy guapo y le dijo que la va a ayudar con las

_____. Claro, él sabe bastante de _____

porque está en el último año de su carrera...

B. ¡Qué problema! Listen to your friends' problems. Choose a logical response to each situation from those given below. Each sentence will be repeated.

1. a. No es para tanto.

    b. ¡Qué lástima!

    c. Ya vas a salir adelante.

2. a. ¡Qué pena!

    b. ¡Qué buena suerte!

    c. Tengo otra idea.

3. a. Cambiando de tema.

    b. ¡Cuánto lo siento!

    c. Me alegro.

4. a. Ya vas a salir adelante.

    b. ¿Puedo leer tus apuntes?

    c. No es el fin del mundo.

5. a. ¡No te preocupes!

    b. ¡Qué bien!

    c. Tengo que aprobar esta materia.

ESTRUCTURAS

The imperfect

A. Una reunión de amigos. *At a high school reunion, you and your friends are remembering what your life used to be like when you were in high school. Using the cues, tell what you and your friends used to do. Repeat the correct answer after the speaker.*

MODELO   Yo conducía un Mustang a clase. (tú)
                Tú conducías un Mustang a clase.

B. Mi carrera universitaria. *Pedro is telling his friend the way his life used to be when he was a student at the university. Play the role of Pedro and make statements with the cues provided using the imperfect.*

MODELO   yo / estudiar / programación de computadoras
                Yo estudiaba programación de computadoras.

C. Cuando era niño... *Listen to Lencho as he talks about his life when he was a child. Circle the letter of the word or phrase that best completes each sentence. If you need to listen again, replay the recording.*

1. Cuando tenía cuatro años, Lencho no podía...

    a. dormir la siesta.

    b. hacerle mal a su hermana.

    c. jugar en la calle.

2. A los seis años...

    a. le gustaba la escuela primaria.

    b. no le gustaba la escuela primaria.

    c. podía ir a la escuela solo *(alone)*.

3. Cuando tenía doce años, Lencho...

    a. tenía que acostarse a las ocho.

    b. podía salir del barrio con sus amigos.

    c. tenía que limpiar su cuarto todos los sábados.

4. Según sus padres, Lencho...

    a. debía comer los chocolates.

    b. debía decir la verdad siempre.

    c. no debía comer toda la comida.

5. Lencho recuerda...

    a. sólo las restricciones de sus padres.

    b. los problemas y los momentos alegres de su niñez (childhood).

    c. sus profesores de la escuela primaria.

D. El sistema educativo peruano. Listen to this exchange student talking about her life in Peru. Then decide if the sentences are **C (Cierto)** or **F (Falso)**, according to what you heard. The passage will be repeated.

_____ 1. Esta mujer asistió a una escuela peruana por cuatro años.

_____ 2. En el Perú los estudiantes podían escoger sus materias en la escuela secundaria.

_____ 3. Asistían a clases por la mañana y por la tarde.

_____ 4. Almorzaban en casa.

_____ 5. Todos los estudiantes estudiaban en institutos particulares.

_____ 6. Esta mujer estudiaba inglés porque quería matricularse en una universidad estadounidense.

Diminutives

Listen to the following words and give the diminutive.

MODELO   casa
                   casita

Indirect object pronouns

You want to know what your roommate is doing. Answer the questions with the cues provided.

MODELO   ¿A quién le das el regalo? (Ana)
                   Le doy el regalo a Ana.

¿COMPRENDE?

La entrevista. You have been interviewing people to find out their opinion of the university where they work or study. Listen to the recording of your interviews and write notes in the chart so that you can compare the answers. If you need to listen again, replay the recording.

	Le gusta	No le gusta
1. Consejera		
2. Profesor		
3. Presidente		

SONIDOS

ga, go, gu

At the beginning of a word or group of words or after **n** or **m,** the Spanish **g** + a consonant or the vowels **a, o, u** is pronounced like the g in the English word gas. The sound is represented phonetically as **[g].**

In other positions the **g** + consonant or **a, o, u** is pronounced like the g in the English word sugar; it is represented phonetically as **[g̶].**

Práctica

Listen and repeat.

[g]	graduarse	Gustavo	gracias	ganga	gordo
[g̶]	seguir	programación	Uruguay	Paraguay	amigo
[g] and [g̶]	Alicia Gómez sigue cursos de Programación de Computadoras.				
	Gustavo va a graduarse en agosto.				

j, ge, gi

The Spanish **j** and **g** before **e** or **i** as well as the **x** in **México** and **Texas** are similar to the English h in house. However, in some Spanish dialects, the sound is more pronounced and similar to the sound you make when breathing on a pair of glasses to clean them.

Práctica

Listen and repeat.

j	joven	José	lejos	reloj	ejercicio
ge, gi	ingeniería	sicología	página	Argentina	generalmente
x	México	Texas	mexicano		
j, ge, gi	La profesora Jiménez enseña sociología en un colegio.				
	Generalmente Sergio viaja a México en junio.				

Capítulo diez

En la agencia de empleos

¡ESCUCHE BIEN!

In earlier chapters, you learned different strategies for listening, such as ignoring irrelevant material, getting the gist of a conversation, and guessing. Another important skill is the ability to recall factual information. This skill is very useful when listening to lectures or long lists of instructions. Written or mental notes will help you to recall what you heard. As with all listening activities, you must be selective and decide what is important to remember.

Práctica

Busco trabajo. *As a public service, Station XYZ has a program to help the unemployed. Each week they announce new job openings. Listen to this week's job opportunities and make notes on the chart. The announcements will be repeated.*

Compañía	Ciudad, país o estado	Puesto

VOCABULARIO

A. La agencia de empleos. *You work in an employment agency and have to take down information from people calling in answer to your ads. Read the ads. Then listen to the dialogues and match the telephone conversations with the ad. Write the number of the ad in the proper column and circle whether or not the person got an interview.*

1.

ASISTENTE SOCIAL

para hispanohablantes

2.

ENFERMERO

trabajo en casa
de familia

3.

BOMBERO

experiencia
necesaria

4.

CARPINTERO

debe trabajar
rápido

5.

INGENIERO

buenas horas
buen sueldo

6.

ELECTRICISTA

experiencia en
construcción

Conversación	Número de aviso	¿Entrevista?	
A	_____	Sí	No
B	_____	Sí	No
C	_____	Sí	No
D	_____	Sí	No
E	_____	Sí	No
F	_____	Sí	No

B. Preguntas. *Now listen to the conversations again and answer the questions in complete sentences.*

1. _____

2. _____

3. _____

4. _____

Holt, Rinehart and Winston, Inc.

Manual de laboratorio

5. _____

6. _____

ESTRUCTURAS

Imperfect versus preterite

A. El trabajo de Julia. *Listen to Julia talk about her job. Circle the phrase that best completes the statement you hear.*

1. a. me ofrecían el puesto en la compañía de teléfonos.
   b. me ofrecieron el puesto en la compañía de teléfonos.

2. a. conocía a muchos compañeros.
   b. conocí a muchos compañeros.

3. a. pasaba por la cafetería.
   b. pasé por la cafetería.

4. a. no podía ir al trabajo.
   b. no pude ir al trabajo.

5. a. estaba muy ocupado.
   b. estuvo muy ocupado.

B. El laboratorio Los Milagros. *The chemists at the Los Milagros laboratory have discovered a new drug to cure AIDS (el SIDA). But when they go to announce it, they can't find the formula! Listen to the following description of the event and decide if the statements are **C (Cierto)** or **F (Falso)**, according to what you heard. If you need to listen to the description again, replay the recording.*

_____ 1. Sólo médicos trabajaron en este proyecto.

_____ 2. Probaron la droga con buenos resultados.

_____ 3. Guardaron la fórmula en la oficina del presidente de la compañía.

_____ 4. El jefe de producción no estaba en el laboratorio el día en que la policía entrevistó a los empleados.

_____ 5. El jefe de personal renunció a su puesto porque tenía otro en Aruba.

_____ 6. La fórmula desapareció *(disappeared)* porque alguien la vendió a otra compañía.

Double object pronouns

A. El aumento. *Many people received a raise in salary. Answer the questions using the cues. Then repeat the correct answer after the speaker.*

MODELO   ¿A quién le dio un aumento el jefe? (a ti)
             El jefe te lo dio a ti.

B. La entrevista. You and your boss are getting ready to interview several candidates for a new post. Your boss wants to make sure that everything is in order and asks you to show him the things that you mentioned. Use the double object pronoun in the requests and repeat the correct answer after the speaker.

MODELO   Éste es el nuevo salario.
                  Muéstramelo.

C. ¿Quién lo va a hacer? There is a party in your office to celebrate Jorge's promotion. You and your colleagues are organizing who is going to do what. Answer the questions using the cues and double object pronouns. Then repeat the correct answer after the speaker.

MODELO   ¿Quién va a darle el regalo? (yo)
                  Yo se lo voy a dar.

D. Consejos. Your friend has an interview and you advise him on how to prepare. Listen to the cues and use the command form with the correct pronoun. Then repeat the correct answer after the speaker.

MODELO   levantarse temprano
                  Levántate temprano.

¿COMPRENDE?

El nuevo puesto. The owner of this company and her general manager have decided to create a new post. Now they have to clarify the details. Listen to their conversation and then choose the answer that best completes each sentence. If you need to listen again, replay the recording.

1.   El nuevo puesto en la empresa es para un...

    a.   contador.

    b.   ingeniero.

    c.   abogado.

2.   Primero, le ofrecen un contrato por...

    a.   un año.

    b.   dos años.

    c.   seis meses.

3.   Después de seis meses, le dan otro contrato...

    a.   con aumento de sueldo.

    b.   sin aumento de sueldo.

    c.   sin beneficios sociales.

4.   Si no están contentas con el nuevo empleado después de seis meses...

    a.   lo despiden y le pagan seguro de desempleo.

    b.   lo despiden y le pagan los beneficios sociales.

    c.   lo despiden y no le pagan ni los beneficios sociales ni el seguro de desempleo.

5. El contrato lo va a hacer...

    a.   el abogado.

    b.   el gerente.

    c.   el contador.

6. Le quieren ofrecer un sueldo...

    a.   entre $1.000 y $2.000.

    b.   entre $2.000 y $2.500.

    c.   entre $500 y $1.500.

Capítulo once

La vida en casa

¡ESCUCHE BIEN!

Being aware of the characteristics of spoken language will help you to understand it better. Spoken language is highly redundant; that is, it repeats the same thing more than once. It is also imprecise and often chaotic. For example, in English you may hear the sounds "uh," "um," and "ah." Hesitation, false starts, repetition, incomplete sentences, interruptions, and overtalk are also an integral part of people's speech.

Práctica

Listen to the following conversations and write in English the characteristics of speech you hear in each one. Each conversation will be repeated.

Conversación 1

_____

Conversación 2

_____

VOCABULARIO

... of her house and make a list of the rooms she mentions. ... follow. Each question will be repeated.

Lista de los cuartos

1. _____
2. _____
3. _____
4. _____

5. _____
6. _____
7. _____

Preguntas

1. _____
2. _____
3. _____
4. _____
5. _____

B. ¿Dónde están los muebles? *A friend from college has her own studio apartment now, and she's describing to you on the phone how she has arranged the furniture. Look at the drawing below. If her statement matches what you see in the drawing, circle **Sí**. If it does not match, circle **No**. Each sentence will be repeated.*

1. Sí   No

2. Sí   No

3. Sí   No

5. Sí   No

6. Sí   No

ESTRUCTURAS

Present subjunctive of regular verbs and *ir*, *saber*, and *ser*

A. ¿Cuál es la forma correcta? *You will hear* **Ojalá** *+ an infinitive followed by a cue. Say the verb in the present subjunctive form that matches the cue. Then repeat the correct answer after the speaker.*

MODELO   ojalá / recomendar (tú) //
            Ojalá que tú recomiendes. //

B. La boda de Camila. *Camila's wedding is next Saturday, and she is nervous about the details. Using the cues you hear, say what she hopes will happen. Then repeat the correct answer after the speaker.*

MODELO   hacer / buen tiempo
            Ojalá que haga buen tiempo.

Subjunctive and impersonal expressions

En la oficina de la inmobiliaria. *You are a real estate agent and a client is looking for a house to buy on a limited budget. Answer the client's questions using the cues you hear. Then repeat the correct answer after the speaker.*

MODELO   Es difícil que tenga tres baños, ¿verdad? (Sí)
            Sí, es difícil que tenga tres baños.

Subjunctive of stem-changing verbs

La comida mexicana. *You need to collect information for an article on Mexican food for a tourist magazine. Listen to the following conversation and complete the sentences below. The dialogue will be repeated.*

1. El padre dice que es increíble que _____.

2. El camarero les recomienda a los clientes que _____

   _____.

3. La muchacha no quiere el plato del día pero el camarero le recomienda que _____

   _____.

4. La muchacha espera que _____.

5. El padre pregunta si es posible que _____.

6. El camarero quiere que los clientes _____.

Comparisons of equality

A. ¿Qué casa compramos? *Luisa and Pancho want to buy a house. They are considering an old house with a lot of character and a modern house. You can help them decide by putting a check mark in one of the spaces provided below after each statement. The house with the most check marks is the one they will buy. If they are the same, both of them get a check mark.*

MODELO La casa vieja no tiene tantas ventanas como la casa moderna.
You put a check mark after *«casa moderna»* because it has more windows.

casa moderna _____ casa vieja _____

B. ¡Qué casualidad! (What a coincidence!) *Silvia and Raquel are friends and they work for two different real estate companies. Everything is very similar in their jobs. Make statements using comparisons of equality with the cues provided. Follow the model.*

MODELO Raquel y Silvia trabajan ocho horas al día.
Raquel trabaja tantas horas al día como Silvia.

¿COMPRENDE?

La casa de nuestros sueños. *Gustavo and Alma are planning their dream house. Listen to what they say and decide if the sentences below are **C (Cierto)** or **F (Falso)** according to what you hear. The dialogue will be repeated.*

_____ 1. Van a comprar una casa grande y moderna.

_____ 2. Van a poner los instrumentos musicales en el estudio.

_____ 3. Es necesario que la casa tenga patio y jardín.

_____ 4. Quieren una biblioteca con chimenea.

_____ 5. La casa debe tener cuatro dormitorios.

_____ 6. A Gustavo le gusta ayudar con los quehaceres domésticos.

Capítulo doce

¿Qué tal el partido?

¡ESCUCHE BIEN!

Your knowledge of the world helps you to predict what you might hear. Your expectations of what the speaker is going to say also help prepare you to listen. For example, if you call the box office to ask about tickets for a basketball game, you don't expect the person answering the phone to give you information about car rentals. Instead, you expect the person to tell you what seats are available, how much the tickets cost, and what time the game begins.

Práctica

Las llamadas. *Imagine you are making phone calls to find out some specific information. Read the situations below. Then listen to what the speakers have to say. If the speaker for each situation gives you the information you need, circle* **Sí**. *If what you hear is not according to your expectations, circle* **No**.

1. Ud. quiere saber la hora del partido de fútbol y llama a la boletería.

    Sí   No

2. Ud. llama al cine para saber qué películas están pasando.

    Sí   No

3. Ud. necesita entradas para la final del campeonato de básquetbol.

    Sí   No

VOCABULARIO

Los deportes. Listen to the following conversations and the questions. Choose the most logical answer to each question from those given. Each conversation will be repeated.

Conversación 1

a. Quiere conseguir una pelota.

b. Necesita practicar el vólibol.

c. Desea comprar unas entradas.

Conversación 2

a. A él le gusta ganar.

b. A él le gusta ver a Ramírez cuando juega.

c. Quiere ver al peor tenista del mundo.

Conversación 3

a. El partido va a empezar pronto.

b. El público va a gritar.

c. Los jugadores van a salir a la cancha.

ESTRUCTURAS

Subjunctive after verbs of hope and desire

A. Los planes para ver el partido. You and your friends are planning to go to a baseball game. Using the cues provided, answer the following questions. Then repeat the correct answer after the speaker.

MODELO	You see:	venir en coche
	You hear:	¿Qué deseas que hagan los amigos?
	Answer:	**Deseo que ellos vengan en coche.**

1. comprar / las entradas

2. salir / campeón

3. estar / en la boletería

4. gritar / mucho

5. jugar / bien

B. No tengo ganas de nada. You don't feel like doing anything today; you would rather other people do everything for you. Answer the questions using the cues. Then repeat the correct answer after the speaker.

MODELO

The superlative form of adjectives

El béisbol. Read the standings of the American League and find out which team was the best and the worst. Using this information, answer the following questions. Repeat the correct answer after the speaker.

MODELO   ¿Qué equipo fue el mejor en el oeste?
           Minnesota fue el mejor en el oeste.

LIGA AMERICANA

DIVISIÓN DEL OESTE	Ganó	Perdió	Porcentaje
Minnesota Twins	94	63	.599
Chicago White Sox	84	73	.535
Texas Rangers	83	75	.525
Oakland Athletics	83	75	.525
Kansas City Royals	81	77	.513
Seattle Mariners	80	78	.506
California Angels	78	80	.494

DIVISIÓN DEL ESTE	Ganó	Perdió	Porcentaje
Toronto Blue Jays	88	70	.557
Boston Red Sox	83	74	.529
Detroit Tigers	81	76	.516
Milwaukee Brewers	78	79	.497
New York Yankees	68	89	.433
Baltimore Orioles	66	91	.420
Cleveland Indians	55	102	.350

Regular and irregular familiar commands

A. Una buena entrenadora. You don't feel like training for the soccer game today, but your good coach is giving you advice about what you should do in order to become a champion. Using the **tú** command form, repeat what she says to you.

MODELO   ser una buena deportista
           Sé una buena deportista.

B. Querida Abby. You will hear Abby's answer to a letter from an athlete. Then read the following statements. Write **C (Cierto)** if the statement is true and **F (Falso)** if it is false.

Abby le aconseja al atleta que…

_____ 1. corra cinco horas por día.

_____ 2. sea un buen deportista.

_____ 3. juegue siempre para ganar.

_____ 4. no se dedique sólo a practicar.

_____ 5. sea feliz.

Uses of the definite article

Planeando una visita. Carmen is going to visit her sister at the university this weekend, and they have to finalize their plans. Listen to their phone conversation and complete the sentences.

1. Carmen le dice a la señora que quiere hablar con _____.

2. Cuando la señora llama a Elena, dice: «_____».

3. Elena está contenta de hablar con su hermana porque dentro de unos minutos sale _____
   _____.

4. Carmen está ocupada porque esta tarde debe _____.

5. Carmen va a visitar a su hermana durante _____.

6. Carmen le enseña _____ a una chica.

7. Elena va a ver a Carmen _____.

¿COMPRENDE?

El boxeador. Listen to the following sports highlights focusing on a day in the life of Paco Peláez. Following the report, you will hear eight statements. Circle **Cierto** if the statement is true, and **Falso** if it is false. The report and the questions will be repeated.

1. Cierto   Falso

2. Cierto   Falso

3. Cierto   Falso

4. Cierto   Falso

5. Cierto   Falso

6. Cierto   Falso

7. Cierto   Falso

8. Cierto   Falso

Capítulo trece

Intereses y diversiones

¡ESCUCHE BIEN!

Scanning *is listening for one or two details instead of trying to understand everything. This is one of the skills you use often when listening to the radio. For example, when you want to listen to the weather report in the morning, you do not listen attentively to the announcer or the music before the report. On the contrary, you focus in on the report when it begins.*

Práctica

Una entrevista con Julio Ignacio. *Listen to this interview and note the dates and place of the event they are talking about. Remember: Do not try to understand everything! If you need to listen again, replay the recording.*

1. LUGAR: _____

2. FECHAS: _____

   _____

VOCABULARIO

A. Planes. *These friends are spending their vacation near the ocean. Miguel wants to find something that everyone likes to do so they can do it together. Listen to what Miguel says. Fill in the chart and answer the question. The passage will be repeated.*

	Le interesa	No le interesa
Ema		
Luisa		
Roberto		
Jaime		
Miguel		
Susana		

¿Cuál es la actividad que van a hacer todos?

_____

B. ¿Qué hacemos? *You and a friend are trying to decide what to do today. However, you are very indecisive. Listen to the following questions and possible responses. Write the letter of the response you would give to show indecision. The questions and responses will be repeated.*

1. _____   3. _____

2. _____   4. _____

ESTRUCTURAS

Verbs like *gustar*

Pasatiempos. *Using the cues, tell what interests the following people have or do not have. Repeat the correct answer after the speaker.*

MODELO

Ordinal numbers

La buena fortuna. This radio program has a contest to find the most popular pastime. They are announcing the winners today. Find out whether you have won any of their fabulous prizes. First, stop the recording and write your order of preference for the pastimes below, using ordinal numbers. Then listen to the results. As you listen, make a list of the prizes and write the correct order of the activities next to your answers. What prize did you win? Check the answer key to find out. The results will be repeated.

Actividades	Su orden de preferencia	Orden correcto
Montar a caballo		
Montar en bicicleta		
Jugar a las cartas		
Tocar un instrumento musical		
Escuchar óperas		
Ir de picnic a la playa con muchos amigos		
Patinar sobre hielo		
Hacer esquí acuático		
Pescar		
Manejar una lancha		

¿Qué premio ganó Ud.?

_____

_____

Premios

1. _____

2. _____

3. _____

4. _____

5. _____

6. _____

7. _____

The subjunctive

A. Mi novio. *Francisca is tired of her demanding and jealous boyfriend, and she complains to her friend about him. Play the role of Francisca, using the cues and the subjunctive. Repeat the correct answer after the speaker.*

MODELO   ¿Qué te pide? (nunca ir de pesca con Luis)
                       Me pide que nunca vaya de pesca con Luis.

B. Consejos. *Your friends are bored. Listen to the following advice and mark an X under indicative or subjunctive in the chart, according to the verbs you hear. Each sentence will be repeated.*

MODELO   Siento que Uds. estén aburridos.
                      You mark an X under *subjuntivo* because you heard *estén.*

	Indicativo	Subjuntivo
MODELO		**x**
1.		
2.		
3.		
4.		
5.		
6.		
7.		
8.		

¿COMPRENDE?

A. Se las recomiendo. *Listen to the following paragraph and fill in the blanks with the missing words. Then decide if the statements are C (Cierto) or F (Falso), according to ~~what~~ to listen again, replay the recording*

mismo que yo. Al pobre hombre en la película _____ pasaron muchas cosas tristes porque

no sabía _____ la lengua del país. Pues, era un inmigrante que acababa de _____ .

Es una película que tuvo mucho _____ porque presenta una realidad social muy importante.

Se basa en una _____ de teatro con el mismo título. Les recomiendo que _____

una _____ otra. Las dos son fabulosas.

¿Cierto o Falso?

1. _____ 2. _____ 3. _____ 4. _____ 5. _____

B. Diversiones. *Listen to the calendar of events for Mar del Plata, a resort town in Argentina, and note the time, place, and date for each event. If you need to listen again, replay the recording.*

	Día / Fecha	Hora	Lugar
1. Espectáculo: *Vacaciones sobre el hielo*			
2. Concierto de flauta y tambores japoneses			
3. Campeonato de natación			
4. Carrera *(race)* de caballos			
5. Lectura de cuentos para niños			
6. Obra de teatro: *Don Quijote de la Mancha*			

Capítulo catorce
¿Cómo te sientes?

¡ESCUCHE BIEN!

When making a phone call in a Spanish-speaking country, one rule to remember is to be polite to the operator. In some countries, you may need to go through the operator even when you make a local call. In such instances, be ready to recite the number you want and don't expect to be connected the first time.

Práctica

La operadora. *You are calling your friend, Carmen, and have to go through the operator. The first time you are unsuccessful. The second time you get through to her mother. Complete the conversation, using the cues below. Repeat the correct response after the speaker.*

Conversación 1

OPERADORA   ...

USTED   (Tell her the number: 22–45–86.)

OPERADORA   ...

USTED   (Thank her. Tell her you will call later.)

Conversación 2

SRA. PÉREZ   ...

USTED   (Tell her "hello" and identify yourself.)

SRA. PÉREZ   ...

USTED   (Ask if Carmen is home.)

SRA. PÉREZ   ...

USTED   (Tell her yes, you want Carmen to call you.)

SRA. PÉREZ   ...

USTED   (Tell her no, thank you.)

VOCABULARIO

A. Los síntomas y la cura. *Here are some common complaints of minor illnesses. What cures are recommended for them? Listen to the following conversations and write the letter of the remedy listed below that is suggested for each illness. If you need to listen again, replay the recording.*

	Enfermedades		**Remedios**
_____	1. resfriado	a.	No comas comidas pesadas y bebe té.
_____	2. dolor de garganta	b.	Toma té con limón, una aspirina y vitamina C.
_____	3. dolor de estómago mucho.	c.	Bebe mucho líquido, toma una aspirina y duerme
_____	4. gripe con fiebre	d.	Toma una aspirina y té con pan tostado.
_____	5. una infección del oído y una tos	e.	Toma una aspirina.
_____	6. dolor de cabeza y náuseas	f.	Toma antibióticos y un jarabe.

B. El sospechoso (suspect). *A young man stole an elderly lady's purse. Listen to this witness' description of the culprit and complete the police report. Circle the words that apply to the description. If you need to listen again, replay the recording.*

Informe policial

Sexo:	hombre	mujer			
Edad:	15	20	25	30	35
Cuerpo:	grande	mediano	pequeño	delgado	gordo
Estatura:	alta	mediana	baja		
Cabello:	largo	corto			
Color del cabello:	rubio	negro	castaño		
Color de los ojos:	azules	verdes	negros	pardos	
Boca:	grande	pequeña			
Nariz:	larga	corta	grande	pequeña	
Espalda:	ancha	pequeña	angosta	grande	
Cadera:	ancha	grande	pequeña	angosta	
Manos:	grandes	pequeñas			
Dedos:	largos	pequeños	grandes	cortos	
Piernas:	largas	cortas			

ESTRUCTURAS

Progressive tenses

A. Necesito ejercicio. *Using the cues, tell what the following people are doing at a health club right now. Repeat the correct response after the speaker.*

MODELO   los señores Carpentier / hablar
Los señores Carpentier están hablando.

B. ¿Qué estaban haciendo? *Using the cues, tell what the following people were doing last night at 8:00. Repeat the correct response after the speaker.*

MODELO   el Sr. Vegas / mirar la televisión
El Sr. Vegas estaba mirando la televisión.

C. Los recados (messages). *You are at home and several people call to talk to your roommates. Write messages for them. If you need to listen again, replay the recording.*

Conversación 1

RECADO

LLAMÓ: _____

PARA: _____

RAZÓN: _____

_____

_____

_____

Conversación 4

RECADO

LLAMÓ: _____

PARA: _____

RAZÓN: _____

_____

_____

_____

Conversación 2

RECADO

LLAMÓ: _____

PARA: _____

RAZÓN: _____

_____

_____

_____

Conversación 5

RECADO

LLAMÓ: _____

PARA: _____

RAZÓN: _____

_____

_____

_____

Conversación 3

RECADO

LLAMÓ: _____

PARA: _____

RAZÓN: _____

_____

_____

Conversación 6

RECADO

LLAMÓ: _____

PARA: _____

RAZÓN: _____

_____

Reflexive for unplanned occurrences

La enferma. *Beatriz got sick while on vacation. She is now in bed at the hotel, while her friends are enjoying themselves at the beach. She is feeling sorry for herself, because no one is there to help her. Play the role of Beatriz. Describe her problems, using the cues and the reflexive for unplanned occurrences. Repeat the correct response after the speaker.*

MODELO   acabar / el jarabe
                      Se me acabó el jarabe.

Absolute superlative

¿Fumar o no fumar? *Listen to this person's problems with his smoking habit. React to his statements, using the cues and the superlative form of the underlined words. Repeat the correct response after the speaker.*

MODELO   You hear: No quiero fumar más.
                    You see: ser / una <u>buena</u> idea
                    You say: **Es una buenísima idea.**

1.   ¡qué / tos <u>fea!</u>

2.   eso / ser / <u>malo</u> para la salud

3.   ser / <u>mucho</u>

4.   claro, / deber / estar <u>cansado</u>

5.   ¿por qué no / masticar chicle y / comer dulces? / ser / <u>rico</u>

Por versus *para*

Escoja. *You will hear six statements. Circle **por** or **para** according to what you hear. Each statement will be repeated.*

1.	por	para	4.	por	para
2.	por	para	5.	por	para
3.	por	para	6.	por	para

Hace + time

La visita al doctor. *Mrs. Juárez is pregnant and does not feel very well. Play the role of Mrs. Juárez and answer the doctor's questions. Repeat the correct response after the speaker.*

MODELO   ¿Cuánto tiempo hace que está embarazada? (cinco meses)
                 Hace cinco meses que estoy embarazada.

¿COMPRENDE?

A. En la sala de emergencia. *What questions does a receptionist in a hospital ask a patient? Listen to the following dialogue and write a list in English of the information needed before a patient can be admitted. If you need to listen again, replay the recording.*

1. _____

2. _____

3. _____

4. _____

5. _____

B. El doctor. *Listen to the following dialogue between the injured woman and the doctor in the emergency room. Then read the statements and decide if they are **C (Cierto)** or **F (Falso)**, according to what you heard. Then give your diagnosis of the woman's problem. If you need to listen again, replay the recording.*

_____ 1. A la señora le duele la mano.

_____ 2. Puede poner el dedo chico y el grande juntos.

_____ 3. Tiene un fuerte dolor en el brazo.

_____ 4. Le duele mucho la espalda.

_____ 5. Puede levantar la mano.

_____ 6. Quiere una inyección para el dolor.

_____ 7. El doctor le va a sacar una radiografía del brazo.

¿Cuál es su diagnóstico?

_____

Capítulo quince
De viaje

¡ESCUCHE BIEN!

Condensing is a very helpful skill for taking notes at lectures. It means to summarize what you hear. This can be done easily in a chart or an outline.

Práctica

Los viajeros. *Listen to the dialogue and fill in the chart. If you need to listen again, replay the recording.*

	¿Qué país(-es)?	¿Qué vieron?	¿Cómo viajaron?
Carolina			
Roberto			
Jorge			

VOCABULARIO

Definiciones. Listen to the following phrases and circle the letter of the word or phrase that best completes each one. The phrases will be repeated.

1. a. un boleto de ida y vuelta.
   b. un boleto sin escalas.
   c. unos cheques de viajero.

2. a. una guía turística.
   b. un piloto.
   c. mostradores.

3. a. lunas de miel.
   b. maletas.
   c. parejas.

4. a. la tarjeta de embarque.
   b. una azafata.
   c. una ruta.

5. a. avión.
   b. tren.
   c. barco.

6. a. hacer las maletas.
   b. viajar.
   c. hacer escalas.

ESTRUCTURAS

Future tense of regular and irregular verbs

A. El viaje a Caracas. A friend plans to visit Venezuela. Using the cues, ask him questions about his plans. Repeat the correct answer after the speaker.

MODELO   ¿Dónde / comprar los boletos?
                    ¿Dónde comprarás los boletos?

B. Planes de viaje. You are planning a trip to Europe with four other people and your mother wants to know who is doing the various preparations for the trip. Using the answer her questions.

The subjunctive in adverb clauses

A. ¡Vamos a México! *Using the cues, tell what the following people are going to do in Mexico. Repeat the correct response after the speaker.*

MODELO   Victoria irá a las pirámides mañana con tal que no esté cansada. (los señores Torres)
Los señores Torres irán a las pirámides mañana con tal que no estén cansados.

B. Adiós, mi amor. *Gabriela is leaving for the country to visit her parents for a week and Ernesto, her boyfriend, is staying in Madrid. Listen to the dialogue and then read the following statements. Write **C (Cierto)** if the statement is true and **F (Falso)** if it is false.*

_____ 1. Gabriela llamará por teléfono a menos que sea muy tarde.

_____ 2. Ernesto estudiará para el examen para que ella esté contenta.

_____ 3. Gabriela irá al museo si tiene dinero.

_____ 4. Ernesto espera que Gabriela vuelva después que terminen las vacaciones.

_____ 5. Gabriela regresará el lunes.

¿Qué? versus ¿Cuál?

¿Cuál es la palabra correcta? *You will hear a **(BEEP)** at the beginning of each question. Circle ¿Qué? or ¿Cuál?, according to what you hear. Each question will be repeated.*

1. ¿Qué?   ¿Cuál?

2. ¿Qué?   ¿Cuál?

3. ¿Qué?   ¿Cuál?

4. ¿Qué?   ¿Cuál?

5. ¿Qué?   ¿Cuál?

6. ¿Qué?   ¿Cuál?

¿COMPRENDE?

En el aeropuerto. *Listen to these announcements. Write the number of the gate from which these flights are departing or arriving. Each announcement will be repeated.*

Vuelo con destino a:

San Sebastián _____

Honduras _____

Ciudad de México _____

Vuelo procedente de:

Islas Canarias _____

Montevideo _____

Capítulo dieciséis

En la ciudad

¡ESCUCHE BIEN!

*When you are speaking, you use different degrees of formality and informality. The degrees are determined by several factors: the participants, the topic, and the setting. In Spanish, the different degrees of formality and informality are established by using the **Ud.** or **tú** forms. However, within these forms you can be more or less formal according to your choice of words. For example, telling a joke to your friends will have a different tone than talking to them about math.*

Práctica

*¿**Formal or informal?** Listen to these sentences. Using a scale from one to five, write the degree of formality or informality that you perceive in each one. Assume that one is the most formal and five is the most informal. The sentences will be repeated.*

1. _____   2. _____   3. _____

VOCABULARIO

*A. ¿**Una ciudad grande o un pueblo pequeño** (small town)? Lola and Emilio have to decide where they are going to buy a home. Listen to their conversation and list the advantages and disadvantages of living in a large city or a small town. If you need to listen again, replay the recording.*

	Ventajas	Desventajas
Ciudad		
Pueblo		

B. Por favor, ¿puede decirme cómo llegar a...? *Mr. Gladstone is visiting Madrid. He is at the Palacio Real and asks for directions to various places. Look at the map and mark the routes he should take. If you need to listen again, replay the recording.*

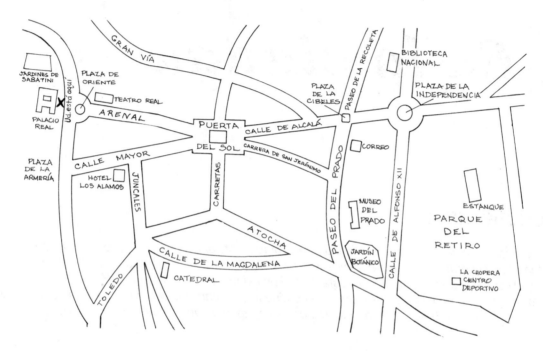

ESTRUCTURAS

The conditional

¿Qué harías tú? Using the cues, tell what the following people would do if they lived in the city. Repeat the correct response after the speaker.

MODELO   Yo alquilaría un apartamento pequeño. (Rosario)
                Rosario alquilaría un apartamento pequeño.

Present and past perfect indicative

A. ¿Qué ciudad ...

B. ¿Qué habían hecho? *Using the cues, tell what the following people had done by 8:30 this morning. Repeat the correct response after the speaker.*

MODELO   Javier se había bañado. (yo)
                Yo me había bañado.

C. Una visita a Toledo. *Listen to the following tourist as she gives an account of her trip. Then circle the letter of the word or phrase that best completes each sentence. The passage will be repeated.*

1. Esta turista...

   a. no viaja mucho.

   b. piensa que Toledo es la ciudad más interesante de todas las que ha visitado.

   c. dice que no vale la pena (*trouble*) visitar Toledo.

2. Ella y su amiga viajaron a Toledo en...

   a. tren.

   b. coche.

   c. avión.

3. La ciudad fue construida...

   a. sobre una montaña.

   b. en un río.

   c. cerca de las montañas.

4. Toledo es una ciudad…

   a. moderna.

   b. aburrida.

   c. histórica.

5. En Toledo se puede ver arquitectura de...

   a. una cultura.

   b. dos culturas.

   c. tres culturas.

¿COMPRENDE?

La encuesta. *This journalist is researching hotels for a guide book. Listen to the following interview and statements. Circle **Cierto** if the statement is true, and **Falso** if it is false. If you need to listen again, replay the recording.*

1. Cierto   Falso   5. Cierto   Falso

2. Cierto   Falso   6. Cierto   Falso

3. Cierto   Falso   7. Cierto   Falso

4. Cierto   Falso

Clave de respuestas
para el
Cuaderno de ejercicios y
Manual de laboratorio

Clave de respuestas para el Cuaderno de ejercicios

ENCUENTRO PRELIMINAR

A. Carlos: Buenas tardes, profesora Salas. Profesora Salas: Buenas tardes, Carlos. ¿Cómo está Ud.? Carlos: Muy bien, gracias. ¿Y Ud.? Profesora Salas: Muy bien.

B. ¡Hola! ¿Qué tal? No mucho. Adiós. Hasta luego. / Hasta mañana.

C. Hola, Anita. ¿Cómo estás? Muy bien, gracias. ¿Y tú? Regular. ¿Y la familia? Ricardo no está bien. ¡Qué lástima! Lo siento mucho. ¿Y cómo está tu familia? Muy bien, gracias. ¡Qué bueno! Hasta luego.

D.
1. Me llamo (*your name*).
2. No mucho.
3. Muy bien, gracias.
4. Hasta mañana, profesor Salas.
5. Mucho gusto, Eduardo.
6. ¡Qué lástima! Lo siento mucho.
7. La familia (no) está bien.
8. ¡Qué bueno!

E. 16 = dieciséis (diez y seis); 14 = catorce; 5 = cinco; 18 = dieciocho (diez y ocho); 1 = uno; 15 = quince; 4 = cuatro; 12 = doce; 0 = cero; 8 = ocho; 13 = trece; 20 =veinte; 17 = diecisiete (diez y siete); 2 = dos; 19 = diecinueve (diez y nueve); 7 = siete; 6 = seis; 11 = once; 3 = tres; 10 = diez.

F. *Answers may vary.* Hola, (*your friend's name*). ¿Cómo estás? / ¿Qué tal? ¡Qué lástima. Lo siento mucho. No mucho. Adiós. Hasta luego.

Comprensión cultural

1. They kiss each other on the cheek.
2. They all hug, kiss, and even cry; they express great happiness at seeing one another.
3. They shake hands.

Ampliación

En el mundo de los negocios. *Sr. Rivas:* Buenos días, Srta. Nuñez. *Srta. Nuñez:* Buenos días, Sr. Rivas. ¿Cómo está Ud.? *Sr. Rivas:* Muy bien, gracias. ¿Y Ud.? *Srta. Nuñez:* Muy bien, señor.

CAPÍTULO UNO

Primer encuentro

A.
1. el escritorio
2. la silla
3. los libros
4. los bolígrafos
5. el lápiz
6. el papel
7. el cuaderno
8. la mochila
9. el reloj
10. el alumno / estudiante

B. *Answers vary; a typical answer:* En mi escritorio hay un reloj, un cuaderno, un lápiz, un bolígrafo y unos libros.

C.
1. ¿Hay sillas en mi cuarto?
2. ¿Hay una mesa en mi cuarto?
3. ¿Hay lápices en mi cuarto?
4. ¿Hay un reloj en mi cuarto?
5. ¿Hay cuadernos en mi cuarto?
6. ¿Hay libros en mi cuarto?

D. *Answers vary.*

Segundo encuentro

A. *Answers vary.*

B. *Answers vary.*

C. 1. Uds. estudian en el laboratorio de lenguas.
2. Enrique y yo estudiamos en la residencia.
3. Mario estudia en el edificio de química.
4. (Yo) Estudio en la biblioteca.
5. (Tú) Estudias en el café.
6. Claudio y Arturo estudian en la oficina.

D. 1. Miramos mucho la televisión también.
2. No necesitamos practicar el inglés.
3. Escuchamos música rock y bailamos en la discoteca también.
4. Hablamos mucho con los amigos también.
5. Caminamos a las clases también.

E. *Answers vary.*

Tercer encuentro

A. 1. No comprendo, señor.
2. Repita, por favor.
3. Tengo una pregunta.
4. No sé.
5. ¿Cómo se dice «book» en español?

B. 1. El profesor González está enojado.
2. (Yo) Estoy triste.
3. Julio y Mónica están contentos.
4. (Tú) Estás enfermo(-a).
5. Mis amigas y yo estamos aburridos(-as).
6. Ud. está preocupado(-a).

C. *Answers vary.*

D. 1. ¿Estudia español Carlos?
2. ¿Estudia Carlos en el laboratorio de lenguas?
3. ¿Practica el inglés Tomás?
4. ¿Practica Tomás el inglés con unos compañeros?
5. ¿Compra libros Elena?
6. ¿Compra Elena libros en la librería de la universidad?

Comprensión cultural

1. estudiantes (alumnos) / edificios
2. hablan / escuchan
3. hablan / estudian / escuchan
4. preocupados / nerviosos / caminan / estudiar
5. su familia / muchas residencias estudiantiles

Ampliación

A. *Answers vary.*

B. *Answers vary. A typical answer would include* bolígrafos, cuadernos, escritorios, lápices, libros, mesas, papel, reglas, relojes, sillas.

¿Recuerda Ud.?

A. *Answers may vary but verb forms are constant.*

1. Estudiamos español en clase.
2. Estamos en el laboratorio de lenguas.
3. Sí, compramos libros en la librería.
4. Sí, necesitamos estudiar mucho.
5. No, no trabajamos mucho.

B. *Answers vary.*

CAPÍTULO DOS

Primer encuentro

A. *Individual names will vary but gender and number must remain constant. Example:* muy simpática = feminine singular name

B.
1. Andrea y yo somos rubios(-as).
2. Federico es viejo y gordo.
3. Mis amigas son inteligentes y jóvenes.
4. (Yo) Soy alto(-a) y delgado(-a).
5. Pablo y Bárbara son simpáticos.
6. (Tú) Eres guapo(-a) y bueno(-a).

C. *Answers vary.*

D.
1. unos lápices azules y amarillos
2. una mesa bonita y blanca
3. una silla grande y roja
4. un escritorio pequeño y negro
5. unas mochilas verdes y blancas
6. unos libros nuevos

E. *Answers vary.*

Segundo encuentro

A. *Answers may vary.*

1. No estoy de acuerdo.
2. (No) estoy de acuerdo.
3. No es verdad.
4. ¡Por supuesto!
5. (No) Estoy de acuerdo.

B. *Answers vary. A masculine and feminine choice are provided as examples.* Amanda; mejor amiga; alemana; baja y gorda; muy simpática. Eugenio; compañero; norteamericano; joven y rubio; inteligente

C.
1. Ud. aprende italiano.
2. Vicente y Tomás comen un sandwich.
3. Carlota y yo debemos trabajar más.
4. (Yo) No bebo Coca-Cola.

5. Mi profesor lee el libro de historia en la biblioteca.

6. (Tú) Vendes coches.

7. Marianela no comprende la lectura.

D. *Answers may vary.*

1. No, soy de Venezuela, pero mi compañero(-a) de cuarto es del Perú.

2. Es alto(-a), moreno(-a) y muy simpático(-a).

3. Aprendo francés, pero no comprendo mucho. Mi compañero(-a) de cuarto aprende alemán.

4. Sí, pero debemos estudiar más.

5. Debo aprender el vocabulario nuevo.

6. Por supuesto, comemos y bebemos mucho en el café.

Tercer encuentro

A. *Answers vary.*

B.
1. Mucho gusto, Elvira.
2. Encantado(-a) Nicolás.
3. El gusto es mío.
4. Mucho gusto, Gregorio.
5. Me llamo (*your name*).

C.
1. (Tú) Vives lejos de la universidad.
2. Martín vive en una casa muy grande.
3. Héctor y Susana viven en Bolivia.
4. Mi familia y yo vivimos cerca de aquí.
5. Uds. viven en Caracas.
6. (Yo) Vivo en la residencia.

D.
1. ¿Cuántos estudiantes hay en el café?
2. ¿Quiénes hablan de sus clases?
3. ¿Por qué estudia mucho Carlos?
4. ¿Qué libro está en la mesa?
5. ¿De dónde es Carlos?
6. ¿Cuándo estudia y (cuándo) trabaja Carlos?

E. *Answers vary.*

Comprensión cultural

1. H   2. EE.UU.   3. H   4. EE.UU.   5. EE.UU.   6. H

Ampliación

A.
1. Falso
2. Falso
3. Cierto
4. Cierto
5. Cierto
6. Falso

B.
1. En el Japón hablan japonés. Tokio es la capital.
2. En Francia hablan francés. P...

6. En Alemania hablan alemán. Berlín es la capital.

7. En Italia hablan italiano. Roma es la capital.

8. En Rusia hablan ruso. Moscú es la capital.

9. En el Ecuador hablan español. Quito es la capital.

10. En Inglaterra hablan inglés. Londres es la capital.

¿Recuerda Ud.?

A. *Answers vary.*

B. *Answers may vary but verb forms must remain constant.*

1. Hablo español con mi amigo.

2. Practico y estudio en la universidad.

3. Sí, aprendo mucho en clase.

4. Sí, debo estudiar más.

5. No, no camino a la universidad.

6. Sí, leo muchos libros.

7. No, no escribo muchas cartas.

CAPÍTULO TRES

Primer encuentro

A. 1. la madre.

2. Es el hijo.

3. Es el padre.

4. Es la hija.

5. Es el hijo.

6. Es la abuela.

7. Es el abuelo.

8. Es el perro.

B. *Answers vary.*

C. 1. El Sr. Rivera va a la oficina porque tiene que trabajar.

2. (Tú) Vas al laboratorio porque tienes que aprender el vocabulario.

3. Jaime y yo vamos al café porque tenemos que comer.

4. Patricia y Eva van a la biblioteca porque tienen que leer unos libros.

5. (Yo) Voy al edificio de lenguas porque tengo que hablar con mi profesor(a).

D. ochenta y cinco años / veintitrés hermanos / trece hermanos y diez hermanas / sesenta y cuatro sobrinos / treinta y ocho tíos / noventa y tres primos / veintiún hijos / cincuenta y nueve nietos / un esposo

Segundo encuentro

A. 1. abuelo

2. hija

3. sobrino

4. hermana

5. nieta

6. primo

7. suegra

8. esposo de su hermana

B. Sí, y es muy bonita. No sé. Sí, mi cuñada está aquí también porque vamos a planear el bautismo de mi nueva sobrina. (Yo) Voy a ser la madrina pero no sé quién es el padrino. (Se va a llamar) Juana porque nació el día de San Juan. Voy a dar una fiesta grande porque tengo muchos parientes que viven cerca.

C. 1. Son los primos del Dr. Vargas.

2. Es el sobrino de mi padre.

3. Es el esposo de tía Margarita.

4. Son los tíos de mi abuela.

5. Es el novio de la Srta. Cáceres.

D. 1. Marianela va al café con su familia también.

2. (Yo) Voy a comer en la casa de mis abuelos también.

3. Gloria y yo vamos a visitar a nuestros primos mañana también.

4. (Tú) Vas a comprar un regalo para tus padres también.

5. Uds. van a hablar con sus tíos también.

E. *Answers vary.*

Tercer encuentro

A. *Answers may vary.*

1. ¡Ni que hablar! A las 10 en punto estás aquí.

2. No es justo.

3. Lo siento mucho, pero tengo que estudiar.

4. No está bien.

5. No es así.

B. 1. Son las ocho y cuarto de la mañana.

2. Son las tres y veintisiete de la mañana.

3. Son las diez menos cuarto de la noche.

4. Es la una y veinte de la tarde.

5. Es mediodía.

6. Son las cinco menos diez de la tarde.

C. *Answers vary.*

D.
1. es
2. Es
3. Es
4. Es
5. está
6. es
7. es
8. está
9. son
10. es
11. están
12. estoy
13. es

Comprensión cultural

1. La familia es la institución básica en el mundo hispano.

2. Las actividades populares siempre incluyen a la familia.

3. El concepto hispano de la familia incluye a los parientes cercanos y lejanos.

4. Se llama Juan García Montoya.

5. La fiesta quinceañera es para las hijas de todas las familias.

Ampliación

A. 1. Se llama Violines.

2. Son los esposos (el esposo y la esposa).

3. a. una fiesta quinceañera

4. a. *Answers vary.*

   b. *Answers vary.*

B. *Answers vary.*

¿Recuerda Ud.?

A. 1. Mi madre es alemana.

2. Joaquín es colombiano.

3. Tus profesoras son francesas.

4. Mi tía es inglesa.

5. Los alumnos son italianos.

6. Raúl y Eva son puertorriqueños.

B. *Answers vary.*

C. 1. españoles / amarilla

2. vieja / simpática

3. contenta / nuevo

4. alta y gris

5. jóvenes y guapos

CAPÍTULO CUATRO

Primer encuentro

A. *Typical answers are provided but answers may vary.*

1. Hace mucho viento en Chicago en la primavera.

2. Hace mucho calor en Acapulco en el verano.

3. Hace mucho frío en Rusia en el invierno.

4. Siempre hace sol en Puerto Rico.

5. Llueve mucho en Londres en la primavera.

6. Hace fresco en San Francisco en el otoño.

B. *Answers may vary.*

1. Hace buen tiempo y hace sol. Es el verano. Los jóvenes nadan en la playa.

2. Hace frío y nieva mucho. Es el invierno. Cinco estudiantes esquían.

C. *Answers may vary; verb forms must remain the same.*

1. Traigo regalos a las fiestas.

2. Nunca hago ejercicio por la mañana.

3. Digo la verdad siempre.

4. Sé esquiar muy bien.

5. Nunca pongo la televisión cuando hago la tarea.

6. Veo mucho a mis abuelos.

7. No salgo a tiempo siempre.

D. 1. (No) Voy a visitar México.

2. (No) Voy a ver a mis abuelos todos los días.

3. (No) Voy a buscar trabajo.

4. (No) Voy a mirar la televisión por la mañana.

5. (No) Voy a escuchar a mis padres siempre.

6. (No) Voy a llamar mucho a mi novio(-a).

7. (No) Voy a invitar a unos amigos a una fiesta.

Segundo encuentro

A.

```
              D   I   C   I   E   M   B     R     E
                  S   A   B   A   D   O     S
                  L   U   N   E   S
          N   O   V   I   E   M   B   R   E
                  E   N   E   R   O
                  D   O   M   I   N   G   O
                  M   A   R   Z   O
              M   A   R   T   E   S
          S   E   P   T   I   E   M   B   R   E
  M   I   E   R   C   O   L   E   S
```

B. *Answers vary.*

C.
1. El Sr. Apaza (no) merece más dinero.

2. (No) Merezco más dinero.

3. La Srta. Hernández (no) merece más dinero.

4. Mis amigos y yo (no) merecemos más dinero.

5. Los Mendoza (no) merecen más dinero.

6. (No) soy justo(-a).

D. *Answers vary. Infinitives must follow impersonal expressions.*

E.
1. El coche grande cuesta nueve mil novecientos noventa dólares.

2. El coche azul cuesta cuatro mil quinientos veintisiete dólares.

3. El coche pequeño cuesta tres mil setecientos cuarenta y nueve dólares.

4. El coche viejo cuesta ochocientos setenta y cinco dólares.

5. El coche negro cuesta dos mil trescientos cincuenta dólares.

6. El coche verde cuesta mil seiscientos sesenta y cinco dólares.

Tercer encuentro

A.
1. sábados   domingos

2. las 16,00   las 18,30

3. los lunes   los días festivos

4. las 09,00   las 19,30

5. las 15,00   las 17,30

6. las 09,00   las 13,00   de la tarde

7. martes, miércoles, jueves, viernes, sábados

8. las 08,00   las 10,00   las 17,00   las 19,00

B. *Answers vary.*

Comprensión cultural

A. 1. c   2. g   3. h   4. e   5. a   6. d   7. f   8. b

B. 1, 5, 6, 7, 8

Ampliación

A. *Answers will vary.*

B.
1. Tres mil novecientos ochenta y seis

2. Seis mil ciento cuarenta y siete

3. Veintinueve mil ochocientos cincuenta y cuatro

4. Cinco mil doscientos noventa y dos

5. Treinta y ocho mil cuatrocientos setenta y nueve

6. Diez mil trescientos quince

¿Recuerda Ud.?

A.
1. Son las diez y veinte de la mañana.

2. Son las cuatro y cuarto de la tarde.

3. Es la una y tres de la mañana.

4. Son las ocho menos cuarto de la noche.

5. Son las doce y media de la mañana.

B.
1. Alberto Casona / Calle Asturias, ciento treinta y tres / cuarenta y seis–noventa y uno–diecisiete

2. Teresa Gómez / Avenida Juárez, setenta y cinco / treinta y ocho–ochenta y cinco–cincuenta y tres

3. Amalia Ruiz / Avenida Acapulco, cuarenta y cuatro / cincuenta y dos–cero cinco–setenta y cuatro

4. Claudio Tormes / Avenida Bolívar, doce / veintisiete–ochenta y tres–treinta y cinco

C.
1. mil setecientos setenta y seis.

2. mil cuatrocientos noventa y dos.

3. *Answers vary.*

4. *Answers vary.*

5. *Answers vary.*

CAPÍTULO CINCO

Primer encuentro

A.
1. el helado (la carne)

2. la carne (las comidas)

3. el jamón (los postres)

4. el pan (las bebidas)

B.
1. El desayuno

2. el pan y la carne

3. leche

4. pastel

5. hamburguesa

C. *Answers vary.*

D.
1. Los Mendoza prefieren comer un bistec.
2. (Tú) Prefieres beber/tomar el vino.
3. Roberto y yo preferimos beber/tomar un refresco.
4. La Srta. Fuentes prefiere comer algo ligero.
5. (Yo) Prefiero comer la sopa.
6. Uds. prefieren comer el pollo.

E.
1. Este mercado es muy grande y viejo.
2. Esa fruta es de Chile y estos vegetales son de Guatemala.
3. Sí. Aquellos jamones son de España y aquel pescado es de México.
4. Este café es de Colombia.
5. Sí. Me encanta aquel helado italiano. Aquellos postres franceses son muy buenos también.

Segundo encuentro

A.
1. Es una hamburguesa con salsa, lechuga y tomate.
2. Es una ensalada de pollo con mayonesa y apio.
3. Es helado con una banana y una salsa de chocolate.
4. Es un sándwich de tocino, lechuga, tomate y mayonesa.
5. Es un pastel de fruta.

B. *Answers vary.*

C.
1. Diego y Hugo no pueden comer azúcar.
2. Patricia y yo no podemos comer chocolate.
3. (Tú) No puedes comer sal.
4. Delia no puede comer papas.
5. (Yo) No puedo comer queso.
6. Sus primos no pueden comer pasteles.

D.
1. Sí, (No, no) almorzamos en casa.
2. Sí, (No, no) dormimos después del almuerzo.
3. Sí, (No, no) pedimos postre siempre.
4. Sí, (No, no) servimos vino con la comida.
5. Sí, (No, no) probamos platos nuevos.

E. 1. preguntar 2. pido 3. preguntar por 4. pedir 5. preguntar

Tercer encuentro

A. *Each sentence begins with* Camarero, tráigame...

1. la cuchara, por favor.
2. un cuchillo y un tenedor, por favor.
3. una taza, por favor.
4. un cuchillo, por favor.
5. una servilleta, por favor.
6. una cucharita, por favor.

B. 1. Listo   2. Lista   3. Listos   4. Listo   5. Listos   6. Lista

C.
1. El Sr. Salazar necesita otro tenedor.
2. La Srta. Ruiz quiere algunos vegetales con la carne.
3. La profesora Álvarez no quiere comer toda su ensalada.
4. El doctor Gómez no quiere mucha sal en el pollo.
5. Los Obregón no tienen bastantes servilletas.

D. *Answers vary.*

E. *Answers vary.*

Comprensión cultural

El desayuno		de las 7 a las 8	el pan y el café con leche
La comida		de las 2 a las 4	el primer plato: una sopa el segundo plato: la carne, los vegetales, las papas, una ensalada, el vino, un postre y el café
La cena	España:	de las 10 a las 11	algo ligero como un sándwich, los huevos, una sopa, un refresco o el vino
	Latinoamérica:	de las 7 a las 9	

Ampliación

A. *Answers vary.*

B. *Answers vary.*

C.
1. dos de la tarde
2. comer y descansar
3. las cuatro
4. sopa, carne, vegetales o ensalada y postre / vino
5. toman café con leche y comen un poco de pan
6. once de la mañana / cuatro de la tarde / un sándwich / algo rápido
7. diez o a las once / ligera

¿Recuerda Ud.?

A.
1. Sí, (No, no) salgo con mis amigos a menudo.
2. Sí, (No, no) digo la verdad siempre.
3. Sí, (No, no) veo mucho a mi familia.
4. Sí, (No, no) hago mucho ejercicio en el verano.
5. Sí, (No, no) estoy nervioso(-a) antes de los exámenes.
6. Sí, (No, no) doy muchas fiestas.
7. Sí, (No, no) pongo la radio cuando conduzco.
8. Sí, (No, no) voy mucho al cine.

B.
1. Sí, (No, no) sabemos esquiar.
2. Sí, (No, no) oímos música clásica.
3. Sí, (No, no) contribuimos dinero a la universidad.
4. Sí, (No, no) somos buenos(-as) estudiantes.
5. Sí, (No, no) tenemos mucho tiempo libre.
6. Sí, (No, no) conocemos a todos nuestros profesores.

CAPÍTULO SEIS

Primer encuentro

A.
1. Cierto.
2. Falso. En los almacenes no es posible regatear.
3. Falso. Los precios en un mercado son más bajos.
4. Falso. En un supermercado los precios son fijos.
5. Falso. Un cajero trabaja en la caja.
6. Falso. En un supermercado los dependientes no escogen los productos para nosotros.
7. Falso. No hacemos cola para entrar en un mercado.
8. Falso. En los EE.UU. no es normal ir de compras a los mercados.

B. *Answers vary.*

C.
1. Ayer la Srta. Morillo compró el vestido en los almacenes.
2. Ayer (tú) compraste flores en un mercado.
3. Ayer Ignacio y Gustavo compraron cerveza y vino en el supermercado.
4. Ayer (yo) compré libros para mis clases en la librería.
5. Ayer los Acevedo compraron ropa nueva en el centro comercial.
6. Ayer Lourdes y yo compramos joyas en la tienda de regalos.

D. *Answers vary.*

Segundo encuentro

A. *Answers vary.*

B. 1. Los pantalones están rotos. Quisiera devolverlos y que me devuelvan el dinero.

2. La falda es demasiado corta. Quisiera una más larga.

3. El vestido rojo está sucio. Quisiera cambiarlo por otro.

4. Las botas son demasiado grandes. Quisiera otro par.

5. Los calcetines son demasiado pequeños. Quisiera devolverlos y que me devuelvan el dinero.

C. 1. (Tú) Devolviste un vestido a la boutique.

2. El Dr. Fonseca salió de la oficina a las tres pero volvió a las cuatro.

3. Los Ruiz asistieron a un concierto.

4. (Yo) Comí en un restaurante en el centro.

5. José y yo discutimos nuestros problemas.

D. 1. Una boutique es más pequeña que un mercado.

2. Un mercado tiene mejores precios que un supermercado.

3. La familia es más importante que el dinero.

4. Un padre es mayor que un hijo.

5. Un traje es más elegante que los jeans.

E. *Answers vary.*

Tercer encuentro

A. 1. Busco un regalo de cumpleaños para mi madre / mamá.

2. No sé, pero quisiera ver el suéter de algodón que está en el escaparate.

3. Creo que (ella) usa la talla 40.

4. ¿Cuánto cuesta?

5. Es un poco caro, pero me lo llevo. ¿Puede Ud. envolverlo?

6. Lo pago ahora y luego regreso (vuelvo) a buscarlo.

B. 1. Se vende.

2. For rent.

3. (Aquí) se habla español.

4. Se necesita camarera.

5. Please don't touch.

6. Se prohíbe fumar.

7. Se arreglan zapatos y botas.

C. *Sequence may vary.*

1. Anita fue a una tienda de regalos.

2. Buscó algo especial.

3. Escogió un suéter de lana.

4. Hizo cola para pagar.

5. Regresó a casa.

6. Envolvió el regalo.

D. *Answers vary.*

Comprensión cultural

1. La casa de artículos regionales
2. Los vendedores ambulantes
3. ir de compras (la compra)
4. mercados / almacenes / fijos
5. comida / ropa
6. centros comerciales / almacenes

Ampliación

A. *Answers vary.*

B. *Answers vary.*

¿Recuerda Ud.?

A.
1. Tomás quiere comprar esta corbata / ... estos pantalones / ... estas camisas.
2. Rosita quiere comprar esos jeans / ... ese vestido / ... esas medias.
3. Raúl quiere comprar aquella casa / ... aquellos almacenes / ... aquellas joyas.

B.
1. Es su ropa. Es la ropa de él.
2. Trabajo en su oficina. Trabajo en la oficina de ellos.
3. Busco a sus hijas. Busco a las hijas de ella.
4. Son sus zapatos. Son los zapatos de ella.
5. Quiero comprar su coche. Quiero comprar el coche de él.

C.
1. Necesito comprar muchos regalos para la Navidad.
2. Tengo bastante dinero.
3. Hay pocos regalos buenos y baratos.
4. Voy a buscar los regalos en todas las tiendas.
5. Voy a otra boutique elegante hoy.

CAPÍTULO SIETE

Primer encuentro

A.

```
        E   N   S   A   L   A   D   A
            P   A   E   L   L   A
    F   L   A   N
            G   A   Z   P   A   C   H   O
        C   E   R   V   E   Z   A
T   O   R   T   I   L   L   A
            A   R   R   O   Z
```

B. *Answers may vary.*

4. En los EE.UU. el helado es un postre muy típico.

5. En los EE.UU. beben refrescos.

6. Los norteamericanos toman leche, un refresco o el café con la entrada.

C. *Answers vary but direct object pronouns remain constant.*

1. (No) Lo como.

2. (No) La como.

3. (No) Las como.

4. (No) Lo como.

5. (No) La como.

6. (No) Las como.

7. (No) Lo como.

8. (No) Los como.

D. 1. Los Hurtado trajeron la paella.

2. (Yo) Traje la sangría.

3. Benjamín trajo el jamón serrano.

4. (Tú) Trajiste el flan.

5. Mi madre y yo trajimos el gazpacho andaluz.

E. 1. Toda mi familia quiso asistir a la boda también.

2. Mis abuelos vinieron de lejos también.

3. Mi hermana tuvo que planear la ceremonia también.

4. Por eso mi hermana estuvo muy nerviosa también.

5. Mi hermana no pudo dormir bien.

6. Por la noche mi hermana puso la radio y escuchó música también.

Segundo encuentro

A. *Answers may vary. Typical answers:*

Menú

El Restaurante Chapultepec

Antojitos

Botana

Ensalada mixta

Guacamole

Nachos

Entradas

Pollo en mole

Enchiladas de carne

Carne asada

Tacos de pollo

Arroz con pollo

Huevos rancheros

Postres

Helados variados

Flan

Fruta

Pasteles

Bebidas

Agua mineral

Sangría

Cerveza

Vino

Té

Café

B. *Answers may vary.*

1. Una mesa para dos.

2. ¿Podría ver el menú, por favor?

3. Quisiera una botanita. Después quisiera la carne asada con vegetales y agua mineral, por favor. Quisiera guacamole, enchiladas de carne y una cerveza.

4. El flan, por favor.
   No quiero nada, gracias.

5. Mesero.
   No. Tráigame la cuenta, por favor.

C. *Answers vary.*

D.
1. voy a invitarla.

2. no voy a invitarlo.

3. voy a invitarlos.

4. no voy a invitarlas.

5. no voy a invitarlos.

E. *Answers vary.*

Tercer encuentro

A. *Answers vary.*

B. *Answers vary; verb forms will remain constant.*

1. fui   2. tuve   3. puse   4. traje   5. leí   6. conduje

C. *Answers vary; verbs must be in first-person singular, preterite tense.*

D.
1. The preterite is used to express an action that took place in a definite, limited time period.

2. The preterite is used for verbs of speaking *(dijo)* when they introduce a direct or indirect quote.

3. The preterite is used to express a fact about an event that took place during a specific time period.

4. The preterite is used to express an action that took place in a definite, limited time period.

5. The preterite is used to express a series of completed actions.

6. The preterite is used to express an action that took place in a definite, limited time period. The beginning of the action is implied.

E. *Answers vary.*

Comprensión cultural

1. B
2. C
3. A
4. B
5. D
6. B
7. C
8. D
9. C
10. D

¿Recuerda Ud.?

A.
1. (Tú) Pruebas el guacamole.
2. Berta y yo probamos las tortillas.
3. Mis padres prueban las enchiladas de queso.
4. (Yo) Pruebo los tacos de carne.
5. Guillermo prueba los frijoles.
6. Uds. prueban el pollo en mole.

B. *Answers may vary.*

1. Sí, lo entendemos.
2. Preferimos la comida española.
3. Sí, la recomendamos.
4. Sí, queremos regresar a España.
5. Pensamos regresar el año que viene.

C.
1. Ayer comenzó a preparar los postres a las ocho también.
2. Ayer no almorzó porque no tuvo tiempo.
3. Ayer probó sus platos también.
4. Ayer cerró el restaurante a medianoche también.
5. Ayer volvió a casa a las doce y media también.

CAPÍTULO OCHO

Primer encuentro

A. a. 3   b. 5   c. 7   d. 1   e. 8   f. 6   g. 4   h. 2

B. *Answers vary; verb forms are constant.*

me arreglo / bailo / compro / voy / me levanto / llamo / pruebo

C.
1. Mis padres se levantan a las seis y media.
2. (Tú) Te levantas a las ocho menos cuarto.
3. Julia se levanta a las siete y media.
4. Mi hermana y yo nos levantamos a las ocho.
5. Uds. se levantan a las seis y diez.
6. (Yo) Me levanto a las ocho.

D. *Answers vary; verb forms are constant.*

1. Me levanto...
2. Me peino...
3. Me arreglo...
4. Limpio...
5. Trabajo...
6. Aprendo...

E. *Answers vary.*

Segundo encuentro

A. *Answers may vary; verb forms are constant.*

1. Sí, fui a una fiesta en el Bar París.
2. Sí, me divertí.
3. Me fui a las once.
4. Me acosté a las once y media.
5. No, no me dormí inmediatamente.
6. Sí, me dedico a las computadoras.
7. No, no me quejo de mi computadora vieja.

B.
1. Alfredo y Susana se divirtieron.
2. (Yo) Me divertí.
3. Mi novio(-a) y yo nos divertimos.
4. Joaquín no se divirtió.
5. (Tú) No te divertiste.

C.
1. Ayer Sergio no se quitó el traje y no se vistió de nuevo.
2. Ayer no se puso ni los jeans ni una camiseta.
3. Ayer no se fue a su café favorito.
4. Ayer no pidió ningún bistec con papas fritas.
5. Ayer no se divirtió mucho.
6. Ayer no se acostó a las once.

D.   1. x / x   2. un / x   3. x / x   4. x / un(a)   5. una / x

E. *Answers vary.*

Tercer encuentro

A. *Answers vary but should include articles of clothing such as the following:* un abrigo, un par de botas, una bufanda, unos guantes, un sombrero, un suéter de lana.

B. *Answers may vary.*

1. Quisiera ver algunos abrigos (de invierno), por favor.
2. La talla 38.
3. Prefiero el gris o el negro.
4. Quisiera probarme el abrigo.
5. Creo que me queda grande.
6. Bueno, me lo llevo, pero quisiera una bufanda y guantes también.

C.
1. No fume (Ud.).
2. Haga ejercicio todos los días.
3. Salga con amigos.
4. No se preocupe mucho.
5. Coma bien.
6. No conduzca rápidamente.
7. Duerma ocho horas cada noche.
8. Acuéstese antes de medianoche.

D.
1. Levántense inmediatamente después de despertarse.
2. Quítense el pijama y las pantuflas.

E. *Answers vary.*

F. *Answers vary.*

Comprensión cultural

A. 1. salir de paseo

2. los sábados / los domingos

3. lentamente / escaparates

4. charlar y coquetear

B. 1. La dignidad

2. espíritu

3. títulos

4. diplomáticas e indirectas

5. Ser descortés

Ampliación

A. • para afeitarse / para hombres / en farmacias

• para recuperar las partes perdidas del cabello / el pelo / se aplica sobre el cabello húmedo dando un suave masaje y peinando para extender el producto

• para lavarse el rostro / la cara / sí

B. *Answers vary.*

¿Recuerda Ud.?

A. 1. escriba / escriban

2. estudie / estudien

3. aprenda / aprendan

4. salga / salgan

5. haga / hagan

6. vaya / vayan

7. dé / den

B. 1. Sr. Salazar, llegue a tiempo.

2. Alumnos, pongan sus libros en el pupitre.

3. Srta. Romero, vaya a sus clases.

4. Elvira y Carmen, salgan a tiempo por la mañana.

5. Sra. Flores, haga ejercicio todos los días.

6. Sres. Pérez, trabajen en la oficina.

7. Carlos y Anita, visiten a sus abuelos.

CAPÍTULO NUEVE

Primer encuentro

A.

I	F	I	L	O	S	O	F	I	A	P	C
N	A	P	E	R	I	O	D	I	S	M	O
G	R	H	A	I	M	O	T	A	N	A	T
E	M	E	D	I	C	I	N	A	O	I	X
N	A	F	E	D	I	F	E	Z	I	G	E
I	C	S	R	F	E	M	A	L	C	O	S
E	I	A	E	I	N	G	E	S	A	L	C
R	A	R	E	S	C	N	B	J	C	O	U
I	R	T	C	I	I	O	S	R	U	C	E
A	P	E	H	C	A	T	H	N	D	I	L
B	E	L	L	A	S	A	R	T	E	S	A

B. *Answers vary.*

C. *All items begin with* El semestre pasado...

1. Antonio almorzaba a las once y media también.
2. caminabas a clase a las ocho también.
3. Eduardo y Carlos nunca limpiaban su cuarto tampoco.
4. (yo) descansaba por la tarde también.
5. nos levantábamos a las siete y media también.
6. me despertaba muy temprano también.
7. Uds. se acostaban tarde también.

D. *Answers vary.*

E. *Letters vary; verb forms are constant.*

me acostaba	me dedicaba	me levantaba
almorzaba	me despertaba	me peinaba
me arreglaba	me duchaba / me bañaba	me preocupaba
charlaba	estudiaba	me quejaba

Segundo encuentro

A. *Answers may vary.*

1. Cuánto lo siento. Es difícil perder un perro tan bueno.

2. ¿Qué pena! Y...

B. *All items end with* todos los días el verano pasado.

1. Emilio y Marcos iban al cine...

2. (Yo) Veía a mis tíos...

3. Juanita y Ana corrían por el parque...

4. Pilar venía a nuestra casa...

5. (Tú) Te dormías a la una...

6. Paco y yo nos divertíamos en el centro comercial...

7. Guillermo se vestía de camiseta y pantalones...

C. *Answers vary; verb forms are constant.*

1. vivía   3. veía   5. me gustaba   7. volvía

2. conducía   4. era   6. salía

D. *Answers vary.*

Tercer encuentro

A. *Answers may vary.*

1. Creo que lo más importante es decidir la fecha para la fiesta latinoamericana.

2. Yo propongo que la tengamos durante la Semana Internacional en abril.

3. Tienes razón, pero por otro lado, no hay fiestas por la noche.

4. Un momento. Volvamos al tema de la fecha para la fiesta.

5. ¿Qué les parece el 17 de mayo, el último día de clases?

B. *Answers vary.*

1. Perdón, pero yo...   4. Se me ocurrió esta idea.

2. Tengo otra idea...   5. Volviendo al tema…

3. Volvamos al tema...   6. Ya que estamos en el tema...

C. 1. Dale los libros viejos a Ricardo.

2. Dame la mochila (a mí).

3. Dale el cuaderno de física a Rosa.

4. Dales los discos de música latina a Eduardo y a Tomás.

5. Danos los videocasetes a Ramón y a mí.

6. Dales los bolígrafos a Mariana y a Carmen.

D. 1. Evita   4. Susanita

2. Juanito   5. Lolita

3. Manolito   6. Miguelito

E. *Answers vary.*

Comprensión cultural

1. A 2. B 3. C 4. B 5. B 6. A 7. B 8. B

Ampliación

A. 1. tres

2. una profesión

3. a nivel primario y secundario

4. la opción de un título de Artes Liberales como en los EE.UU.

5. primario

6. el curso de orientación universitaria

7. hablan quechua o aymará

B. 1. Son Licenciados y Doctores en Filología Hispánica con mucha experiencia en la enseñanza del español como lengua extranjera.

2. Viven en la Residencia Virgen de Fátima.

3. Es un régimen de pensión completa en habitación compartida.

4. Reciben tres: desayuno, almuerzo-comida, cena.

5. Hay cuatro: Nivel Elemental, Nivel Intermedio, Nivel Avanzado I, Nivel Avanzado II.

6. Hay deportes, música, arte, películas y conferencias.

7. Todas las tardes hay actividades en el Club Náutico y en el Ayuntamiento.

Memorandum: *Answers vary.*

¿Recuerda Ud.?

A. 1. Bueno, lo limpió ayer.

2. Bueno, fue a la biblioteca ayer.

3. Bueno, comió bien ayer.

4. Bueno, condujo al centro ayer.

5. Bueno, la hizo ayer.

6. Bueno, la leyó ayer.

7. Bueno, se durmió temprano ayer.

B. *Answers vary; verb forms are constant.*

1. vine 2. me divertí 3. estuve 4. traje 5. fui 6. leí

C. *Answers vary.*

CAPÍTULO DIEZ

Primer encuentro

A. *Answers may vary.*

1. Un(-a) enfermero(-a) estudió medicina y ciencias como la química, la anatomía y la biología. Ahora trabaja en un hospital; ayuda a las personas enfermas...

4. Un(-a) ingeniero(-a) estudió matemáticas, física y otras ciencias. Ahora trabaja en una compañía y diseña edificios, coches y máquinas.

5. Un(-a) hombre (mujer) de negocios estudió la economía y las finanzas. Ahora trabaja en una compañía y vende productos.

6. Un(-a) programador(-a) de computadoras estudió matemáticas y la programación de computadoras. Ahora trabaja con las computadoras.

B. *Answers vary.*

C. *Answers vary.*

D. eran / iban / salieron / Tomaron / caminaron / gustó / hacía / se sentaron / volvieron / Se acostaron

Segundo encuentro

A. *Answers vary.*

B. *Answers vary.*

C. Era / quería / invitó / Necesitaba / se levantó / se vistió / salió / Condujo / compró / Volvió / empezó / Estaba

D.
1. No, no trabajo en ésa; trabajo en la otra.
2. No, no necesito ése; necesito el otro.
3. No, no como con ésos; como con los otros.
4. No, no leí ésas; leí las otras.
5. No, no conozco a ésa; conozco a la otra.

E. *Answers vary.*

Tercer encuentro

A.

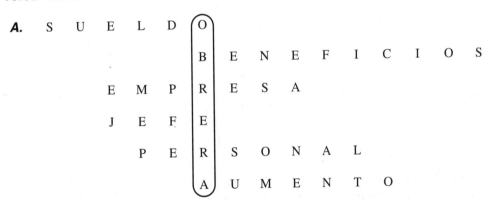

B. *Answers may vary.*
1. ¡Basta! ¡Se acabó!
2. ¡Eso es lo último!
3. ¡No faltaba más!
4. ¡Esto es lo último que faltaba!

C.
1. Se los dieron a una escuela secundaria.
2. Me lo dieron (a mí).
3. Se la dieron al hijo del jefe.

4. Se las dieron al departamento de ventas.

5. Se la dieron a los contadores.

D. 1. Muéstramela. ¿Dónde la conseguiste?
   Mi esposo(-a) / mis padres me la dio / dieron.

   2. Muéstramelas. ¿Dónde las conseguiste?
   Mi esposo(-a) / mis padres me las dio / dieron.

   3. Muéstramelo. ¿Dónde lo conseguiste?
   Mi esposo(-a) / mis padres me lo dio / dieron.

   4. Muéstramelos. ¿Dónde los conseguiste?
   Mi esposo(-a) / mis padres me los dio / dieron.

Comprensión cultural

1. Falso. En algunos países las mujeres tienen carreras profesionales en la medicina, las ciencias, la educación, la política y la industria.

2. Cierto.

3. Falso. En el pasado los estudiantes universitarios hispanos no solían trabajar; consideraban los estudios como su profesión.

4. Cierto.

5. Falso. Unos famosos políticos hispanos son Federico Peña, Henry Cisneros e Ileana Ros-Lehtinen.

6. Falso. Nancy López es una atleta hispana. Celia Cruz y Gloria Estefan son cantantes.

7. Cierto.

Ampliación

A. 1. el escritorio

   2. la silla

   3. la computadora

   4. el teléfono

   5. la basura

   6. el reloj

   7. el bolígrafo

   8. la carta

   9. el papel

   10. la mesa

Answers will vary but should include some of the following professions: el (la) agente; el (la) asistente social; el (la) contador(-a); el (la) dueño(-a); el (la) empleado(-a); el (la) gerente general; el hombre (la mujer) de negocios; el (la) ingeniero(-a); el (la) jefe(-a); el (la) programador(-a) de computadoras; el (la) secretario(-a).

B. 1. Solicita el puesto de ingeniera eléctrica.

   2. Está en una de las fábricas en Venezuela.

   3. Necesita perfecto dominio del español y el inglés.

   4. Habla inglés y español

5. Trabajó en dos fábricas mientras hacía sus estudios universitarios.

6. Sus jefes les van a escribir cartas de recomendación.

C. *Answers vary.*

¿Recuerda Ud.?

A. 1. Se venden zapatos de tenis en la zapatería.

2. Se venden revistas de deportes en un quiosco.

3. Se vende ropa deportiva en una tienda deportiva.

4. Se venden discos en los almacenes.

5. Se vende carne en una carnicería.

6. Se venden bananas en el mercado.

B. *All items begin with* Los obreros...

1. se levantaron pronto.

2. se ducharon y se secaron rápidamente.

3. se pusieron la ropa y los zapatos.

4. se despidieron de la familia.

5. se fueron a la fábrica.

6. se dedicaron al trabajo.

C. 1. Se lo doy a una amiga.

2. Se la doy a mi padre.

3. Se las doy a mis primos.

4. Se los doy a mis hermanas.

5. Se lo doy a mi madre.

6. Se lo doy a mi novio(-a).

CAPÍTULO ONCE

Primer encuentro

A. Primer piso

1. la sala de estar

2. la cocina

3. el comedor

4. la sala

Segundo piso

5. el dormitorio

6. el dormitorio

7. el baño

8. el dormitorio

B. *Answers may vary; typical answers are provided.*

1. en la cocina

2. en la sala de estar

3. en el comedor

4. en el dormitorio

5. en la sala de recreo

6. en la sala

7. en la sala de estar

C.
1. Es bueno que Nicolás estudie español.
2. Es bueno que prepare la tarea.
3. Es malo que llegue tarde a clase.
4. Es malo que maneje rápido.
5. Es bueno que toque el piano.
6. Es malo que regrese a las tres de la mañana.
7. Es malo que tome mucha cerveza.

D. *Impersonal expressions may vary.*
1. Es ridículo que tus abuelos escuchen música rock y bailen en una discoteca.
2. Es bueno que tu hermana llame a sus padres todos los días.
3. Es necesario que tus tíos viajen a Europa todos los veranos.
4. Es ridículo que tus vecinos miren la televisión en el garaje.
5. Es malo que tu madre prepare la tarea para tu hermano menor.
6. Es posible que a veces llegues a casa a las dos de la mañana.

Segundo encuentro

A.
1. cinco sillas y una mesa
2. un piano, una lámpara, una mesa y un sofá
3. una alfombra, tres sillones, un televisor y un escritorio
4. un refrigerador, un lavaplatos y una cocina
5. camas, cómodas y sillas

B. *Answers may vary.*
1. Está lejos de la sala.
2. Está cerca de la cocina.
3. Está entre la cocina y la sala.
4. Está cerca del sofá.
5. Está entre dos dormitorios.
6. Está lejos de los sillones.
7. Está al lado de la casa.

C. *All answers begin with* Es necesario que...
1. hagan los ejercicios.
2. aprendan el vocabulario.
3. lean la lección.
4. vayan al laboratorio para practicar.
5. escriban en el cuaderno.
6. sepan hablar bien.

D. *All answers begin with* Ojalá que...
1. (tú) te diviertas.
2. nadie se duerma.
3. mis amigos y yo nos despidamos tarde.
4. todos puedan venir.
5. (yo) sirva la comida a tiempo.
6. mis amigos prueben toda la comida.

E. *Answers vary.*

Tercer encuentro

A. 1. La madre prepara la comida en la cocina.

    2. La hija pone la mesa en el comedor.

    3. La hija sacude los muebles en la sala.

    4. El hijo hace la cama en el dormitorio.

    5. El padre saca la basura.

B. *Answers vary.*

C. *Answers vary.*

D. *Name of friend or family member will vary but basic sentence structure is constant.*

    1. (No) Sacudo tantos muebles como…

    2. (No) Tengo tantas casas como…

    3. (No) Lavo tanta ropa como…

    4. (No) Compro tantos discos como…

    5. (No) Como tantas hamburguesas como…

    6. (No) Gano tanto dinero como…

E. *Answers vary.*

Comprensión cultural

1. Falso. En una típica casa española el patio está en el centro de la casa.

2. Cierto.

3. Falso. En las ciudades hispanas muchas personas de la clase media viven en apartamentos en el centro.

4. Falso. Una casa colonial hispana tiene una fachada de estuco, balcones con rejas y un patio interior.

5. Falso. La casa en las afueras con un jardín delante y detrás y garaje para dos coches es típica de los EE.UU.

6. Cierto.

Ampliación

A. 1. la sala: una alfombra; un estante para libros; una lámpara; una mesa; dos sofás

    2. el comedor: una alfombra; una mesa grande con seis sillas; una mesa pequeña

    3. el dormitorio: la cama; un escritorio; dos sillas

    4. la cocina: la cocina; una mesa con cuatro sillas; el refrigerador

    5. 2 cuartos de baño; 2 otros dormitorios

B. *Answers vary.*

¿Recuerda Ud.?

A. 1. Bueno, haz compras después de tus exámenes.

    2. Bueno, baila este fin de semana.

3. Bueno, viaja a México este verano.

4. Bueno, vende tu coche y compra otro.

5. Bueno, almuerza con tus amigos en un buen restaurante.

6. Bueno, sal todas las noches después de trabajar.

B.
1. No, no la pongas.
2. No, no la tomes.
3. No, no lo comas.
4. No, no lo toques.
5. No, no salgas con tus amigos.
6. No, no vengas acá.

C.
1. Ramón y Beatriz, digan la verdad.
2. Raúl y Ana, hagan la tarea.
3. Berta y Diego, repitan los verbos.
4. Manolo y Pedro, practiquen mucho.
5. Tomás y Pepe, traigan libros a clase.
6. Olga y Blanca, lleguen a tiempo.

CAPÍTULO DOCE

Primer encuentro

A. *Answers vary.*

B.
1. Actualmente Rodolfo juega al tenis pero hace muchos años jugó al básquetbol.
2. Actualmente (yo) juego al golf pero hace muchos años jugué al tenis.
3. Actualmente Norma y Cristina juegan al vólibol pero hace muchos años jugaron al béisbol.
4. Actualmente (tú) juegas al fútbol pero hace muchos años jugaste al hockey.
5. Actualmente Víctor y yo jugamos al golf pero hace muchos años jugamos al fútbol norteamericano.

C. *Each item begins with* El entrenador quiere que sus jugadores...
1. jueguen bien.
2. salgan campeones.
3. hagan mucho ejercicio.
4. corran rápidamente.
5. estén en buena condición física.
6. no se preocupen mucho.

D. *Answers vary.*

E.
1. Lupe Echeverría es la mejor del equipo.
2. Anita Pereda es la más grande del equipo.
3. Consuelo Ramos es la más fuerte del equipo.
4. Paula Flores es la más rápida del equipo.
5. Rosita Águilar es la menor del equipo.

Segundo encuentro

A.
1. Fue fenomenal. Les ganamos 98 a 73.
2. Salió bien.
3. Jugaron bien y tuvieron mucha suerte.
4. La verdad es que Los Basqueteros son un equipo muy bueno (buenísimo). En una de ésas salen campeones.

B. *Answers vary.*

C. 1. Asiste a todos los partidos.

2. No comas demasiado.

3. Haz ejercicio.

4. Juega bien.

5. No te acuestes tarde.

6. Ten disciplina.

7. No fumes.

8. Duerme ocho horas cada noche.

D. *Answers vary.*

Tercer encuentro

A.

Equipo	Deporte	Ciudad	Jugador famoso *(typical answer)*	Colores
Leones	Fútbol norteamericano	Detroit	Barry Sanders	azul y gris
Celtas	Básquetbol	Boston	Pervis Ellison	blanco y verde
Pingüinos	Hockey	Pittsburgh	Mario Lemieux	negro y amarillo
Yanquis	Béisbol	Nueva York	David Cone	azul y blanco
Canadienses	Hockey	Montreal	Stephane Richer	azul y rojo
Atléticos	Béisbol	Oakland	Mark McGwire	verde y amarillo
Ángeles	Béisbol	Los Ángeles	Tim Salmon	amarillo y rojo
Santos	Fútbol norteamericano	Nueva Orleáns	Jim Everett	azul, gris y negro
Toros	Básquetbol	Chicago	Michael Jordan	blanco, rojo y negro
Broncos	Fútbol norteamericano	Denver	John Elway	anaranjado y azul

B. El / X / el / X / la / el / el / Las / los / las

C. *Answers vary.*

D. *Answers vary.*

Comprensión cultural

1. a, e, i   2. a, e, i   3. a   4. a, c, f, g, i   5. h   6. b, c, d, f

Ampliación

A. 1. El club se abre a las siete de la mañana. Tiene una piscina interior climatizada.

2. El club tiene una guardería.

3. Tiene muchos servicios y un gimnasio con mucho equipo.

4. Tiene una boutique de deportes.

5. Tiene una cafetería y un restaurante.

6. Hay una profesora de aerobic.

7. Tiene seis pistas de squash.

8. Hay un salón social con video y T.V. con una antena parabólica.

B. *Answers vary.*

¿Recuerda Ud.?

A.
1. No, no lo arregla todas las mañanas.
2. Sí, los prepara para su familia.
3. Sí, las lee.
4. Sí, la escucha.
5. No, no lo lava a menudo.

B.
1. Consuelo les da un regalo a sus hermanas.
2. Consuelo le da un regalo a su mamá.
3. Consuelo me da un regalo (a mí).
4. Consuelo nos da un regalo (a nosotros).
5. Consuelo te da un regalo (a ti).

C.
1. Sí, es para ella.
2. Sí, son para nosotros(-as).
3. Sí, es para él.
4. Sí, son para ellos.

D.
1. (Tú) Te levantas y te vistes a las ocho.
2. Mi familia y yo nos levantamos y nos vestimos a las siete y media.
3. Héctor y Paco se levantan y se visten a las nueve.
4. (Yo) Me levanto y me visto a las seis.
5. Mónica se levanta y se viste a las siete y cuarto.

CAPÍTULO TRECE

Primer encuentro

A. *Answers vary.*

B. *Answers may vary.*

Deportes y actividades de verano: el tenis, la natación, la pesca, montar a caballo, la navegación, el ciclismo; *Deportes y actividades de invierno:* el esquí, el patinaje sobre el hielo, el paseo; *Actividades interiores:* la gimnasia, las cartas, el baile, el vólibol, el tenis

C. *Answers vary.*

D.
1. El segundo día montan a caballo.
2. El tercer día van de pesca.
3. El cuarto día caminan por las montañas.
4. El quinto día montan en bicicleta.
5. El sexto día navegan.
6. El séptimo día hacen esquí acuático.

E. *Answers vary.*

Segundo encuentro

A. *Answers may vary; some options have been provided.*

1. Los programas en la primera cadena empiezan a las siete y media de la mañana. Los programas en la segunda cadena empiezan a las siete y media de la mañana.

2. El último programa en la primera cadena empieza a las tres y veinticinco de la mañana. El último programa en la segunda cadena empieza a las cuatro y cinco de la mañana.

3. Telediario. Empieza a las tres de la tarde en la primera cadena el domingo en la segunda cadena.

4. Club Disney Verano; empieza a las diez de la mañana el lunes en la primera cadena. Bugs Bunny y sus amigos; empieza a las doce de la tarde los domingos en la primera cadena.

5. Pueblo de Dios. Empieza a las diez y media el domingo.

6. Ciclismo: Tour de Francia; Fútbol: Copa América Final; Deportes.

7. El mundo de Audubon. Aparece en la segunda cadena y empieza a las tres y media el domingo.

8. Bugs Bunny y Sus Amigos; El Increíble Hulk; Carmen Sandiego; Club Disney Verano.

B. *Answers vary.*

C. *Answers may vary.*

1. Sugiero que vayamos a ver una película de aventura.

2. ¿Qué tal si vamos al café a charlar?

3. No sé qué hacer. Lo voy a pensar.

4. Me encantaría.

5. Me gusta la idea.

6. No tengo ganas de ir.

D. *Answers vary; verbs must be in present subjunctive.*

E. *Answers vary; infinitives must be used after prepositions.*

Tercer encuentro

A. *Answers may vary but should include some of the following:*

una canasta / las gafas de sol / un libro / la loción / el picnic / la radio / unas sillas / una sombrilla / un televisor portátil / unas toallas / un traje de baño

B. *Answers may vary.*

1. Es increíble.
2. No es posible.
3. No lo creo.
4. Es difícil de creer.
5. Me están tomando el pelo.

C. 1. e   2. e   3. e   4. e   5. y

D. 1. Mi mejor amigo(-a) duda que (yo) me bañe en el mar.

2. No creo que mis primos se diviertan mucho.

3. Mis padres no piensan que mi hermano(-a) haga esquí acuático.

4. Mi compañero(-a) de cuarto niega que (nosotros) tomemos el sol.

5. Dudo que (tú) tengas una piscina en casa.

6. (Tú) No crees que mis amigos tengan una lancha grandísima.

Comprensión cultural

Answers may vary. Typical answers:

1. *Guérnica* es un cuadro famoso de Pablo Picasso que describe las atrocidades de la Guerra Civil en España.

2. Pedro Almodóvar es uno de los jóvenes directores españoles. Sus películas incluyen *Mujeres al borde de un ataque de nervios* y *Átame*.

3. Salvador Dalí es uno de los artistas españoles más importantes del siglo veinte.

4. El Ballet Folklórico es un grupo de bailarines mexicanos que son famosos en todo el mundo. Representan danzas típicas de su país.

5. Pablo Picasso es uno de los artistas más famosos e importantes del siglo veinte. Pintó *Guérnica*.

6. Luis Buñuel es uno de los directores más importantes del cine español. Ganó su fama en los años veinte y treinta con películas surrealistas como *Un perro andaluz* y *La edad de oro*.

Ampliación

A.
1. Tivoli está abierto diariamente de abril a septiembre; está abierto los fines de semana de octubre a marzo.

2. Se abre y se cierra tarde.

3. Es un parque para toda la familia.

4. Es uno de los parques de atracciones y espectáculos más bonitos y cuidados de España.

5. Es muy grande.

6. Hay jardines, fuentes, bares, restaurantes y un teatro.

7. Hay restaurantes y bares por el parque.

8. Se puede celebrar bodas y fiestas de cumpleaños en el parque.

B. *Answers vary.*

¿Recuerda Ud.?

A.
1. Mi madre me aconseja que tenga cuidado.

2. Creo que Rosa empieza a las dos.

3. El profesor nos pide que sepamos todo el vocabulario.

4. Es necesario que el Sr. Robles salga de casa a las ocho.

5. Ojalá que Mercedes haga la comida.

6. Mi hermanito insiste en que juguemos a las cartas esta noche.

B. *Answers vary.*

CAPÍTULO CATORCE

Primer encuentro

A.

La boca	Los pies	La cabeza	Los dedos	Los ojos	Los oídos
charlar	bailar	examinar	tocar la guitarra	mirar	oír
gritar	esquiar	peinarse	escribir	leer	escuchar
repetir	caminar	soñar		buscar	
fumar	correr				
masticar	patinar				
	patear				

B. *Typical answers:*

1. Se llevan los guantes en las manos.

2. Se lleva un sombrero en la cabeza.

3. Se llevan las gafas en los ojos.

4. Se lleva un reloj en el brazo.

5. Se llevan los pantalones en las piernas.

6. Se lleva una bufanda alrededor del cuello.

C. 1. El musculoso está corriendo.

2. Uds. están durmiendo.

3. (Tú) Estás lavándote la cara.

4. Mi madre y yo estamos tomando café.

5. (Yo) Estoy leyendo el periódico.

6. Eva está secándose el pelo.

D. *Answers vary.*

E. *Answers vary.*

Segundo encuentro

A. 1. Buenos días, señorita. Habla *(provide your name)*.

2. Quisiera hablar con el doctor Salazar.

3. No me siento bien. Me duele todo, estoy resfriado(-a) y tengo fiebre.

4. ¿Podría Ud. decirme qué puedo hacer?

5. Muy bien. Vuelvo a llamar si no me mejoro en tres días.

6. Le agradezco mucho. Adiós.

B. *Answers may vary. Typical answers:*

1. Buenas noches, Restaurante Brisamar.

2. Dígame / Bueno / Aló / Hola.

3. Hola, habla Ernesto. ¿Podría hablar con Enrique, por favor?

4. Hola (Fernando). Soy (Elena).

5. Mi padre no está. ¿Le gustaría dejar un mensaje / recado?

6. ¿Cuándo puedo ver al doctor?

7. Bueno, tengo que irme.

C.
1. Se me olvidó la llave.
2. Se me rompieron las gafas.
3. Se me cayeron los libros.
4. Se me acabó el pan.
5. Se me perdió el número de teléfono.
6. Se me ocurrió una idea.

D.
1. debilísimo(-a) / cansadísimo(-a)
2. aburridísimo(-a)
3. simpatiquísimo(-a) / riquísimo(-a)
4. limpísimos
5. dificilísimos
6. muchísimas

E. *Answers vary.*

Tercer encuentro

A.

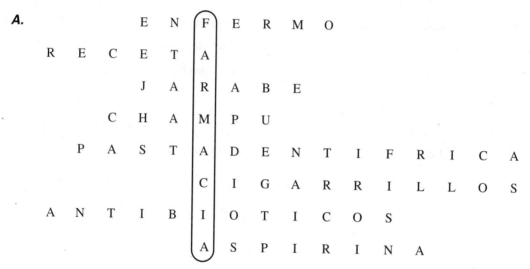

```
            E   N  (F)  E   R   M   O
    R   E   C   E   T  (A)
            J   A   R  (A)  A   B   E
            C   H   A  (M)  P   U
    P   A   S   T  (A)  D   E   N   T   I   F   R   I   C   A
                   (C)  I   G   A   R   R   I   L   L   O   S
A   N   T   I   B  (I)  O   T   I   C   O   S
                   (A)  S   P   I   R   I   N   A
```

B. *Answers vary but should include some of the following items:*

los antibióticos / las aspirinas / los bolígrafos / los cepillos / los cuadernos / el champú / el chicle / el chocolate / el jabón / los lápices / los libros / el maquillaje / el papel / la pasta dentífrica / el peine / el perfume / los periódicos / los refrescos / las revistas / las tarjetas postales / las vitaminas

C. por eso / por ejemplo / Por supuesto / por lo menos / Por fin / por primera vez

D. por / para / por / por / por / para / para / por

Comprensión cultural

1. la atención médica
2. parteras / casas
3. hospitales / clínicas
4. curanderos
5. hierbas / curar
6. indígena / moderna
7. té de coca / la altitud
8. grandes hospitales / clínicas

3. Windsor Pharmacy. Está abierto diariamente desde las ocho de la mañana hasta la medianoche. Ofrecen una gran selección de vitaminas naturales, perfumes y cosméticos.

4. Caligor Pharmacy. Se especializan en instrumental médico. Tienen un catálogo gratis en el que ofrecen una extensa selección de productos generales e instrumental médico.

5. Concord Chemist. Preparan recetas médicas en minutos. Se aceptan recetas extranjeras.

6. Windsor Pharmacy. Son especialistas en remedios homeopáticos.

B. *Answers vary.*

¿Recuerda Ud.?

A. *Answers vary.*

B. 1. No, los hospitales mexicanos son tan cómodos como los hospitales norteamericanos.

2. No, los médicos son tan inteligentes como los farmacéuticos.

3. No, Raquel necesita tantos antibióticos como Alfonso.

4. No, el Dr. Roldán tiene tanto dinero como el Dr. Sánchez.

5. No, esta enfermera trabaja tanto como la otra.

C. *Answers vary.*

CAPÍTULO QUINCE

Primer encuentro

A. 1. se encuentra en el Perú.

2. se encuentra en el Caribe.

3. se encuentra en Bolivia (y en el Perú).

4. se encuentra en el Perú.

5. se encuentran en la Argentina.

6. se encuentra en Bolivia.

7. se encuentran en México.

B. *Answers may vary.*

1. Quisiera hacer un viaje a un país hispano. Me gustaría hacer una excursión interesante.

2. (Yo) Estuve de vacaciones en Bolivia y el Perú el año pasado. Quisiera algo diferente.

3. ¿Incluye boleto de ida y vuelta?

4. ¿Es directo o con escalas el vuelo?

5. A mí me parece bien. Por favor, haga las reservaciones. ¿Qué guía turística recomienda Ud.?

C. 1. Mi familia y yo saldremos para la Argentina.

2. (Tú) Vendrás a visitarnos.

3. Mercedes y Tomás se casarán.

4. (Yo) Volveré a Buenos Aires.

5. El Dr. Zardoya hará un viaje a España.

6. Uds. se divertirán en la playa.

7. La Srta. Ochoa irá a Colombia.

8. Mis primos asistirán a clases en la universidad.

D. *Answers vary.*

E.
1. Se encuentra en la calle Ibiza, cerca del mar.

2. Sí, hay tiendas cerca. Hay supermercados y tiendas de oportunidades.

3. Hay salas de fiesta, salas de hípica y una bolera.

4. Se puede practicar el tenis y la natación.

5. Jugarán en el parque infantil.

6. Hay una cocina, un salón-comedor y tres o cuatro dormitorios.

7. Se puede recibir más información en Apartamentos Ibiza. Está abierto todos los días. El número de teléfono es 23–04–00.

Segundo encuentro

A. *Answers vary.*

B. *Answers vary.*

C.
1. ¿Qué será esto?
2. ¿Qué hora será?
3. ¿Quién será?
4. ¿Dónde estará?
5. ¿Cuándo saldrá?

D.
1. Sí, visitaré Madrid para que vea el Museo del Prado.

2. Sí, tomaré el sol a menos que haga mal tiempo.

3. Sí, te escribiré con tal que tenga tiempo.

4. Sí, compraré cheques de viajero en caso de que pierda el dinero.

5. Sí, viajaré a Barcelona antes que vaya a la Costa Brava.

E.
1. ¿Cuál es la capital de México?

2. ¿Qué es Teotihuacán?

3. ¿Cuáles son otros lugares interesantes para visitar?

4. ¿Qué es una enchilada?

5. ¿Cuál es el nombre de un buen hotel en Guadalajara?

Tercer encuentro

A.
1. Clase económica.

2. Estoy en la lista de espera.

3. Aquí lo tiene Ud. ¿Adónde voy para pasar por la aduana?

4. Gracias. ¿Podría Ud. darme la tarjeta de embarque, por favor?

5. Gracias. ¿Cuál es el número de la puerta?

4. Sí, podemos leer durante el vuelo mientras ellos sirvan las bebidas.

5. No, comeremos cuando (nosotros) lleguemos a Caracas.

C. *The order of sentences may vary.*

1. Siempre duermo cuando viajo en avión. Dormiré cuando viaje en avión. Dormí cuando viajé en avión.

2. Unos pasajeros fuman hasta que aterriza el avión. Unos pasajeros fumaron hasta que aterrizó el avión. Unos pasajeros fumarán hasta que aterrice el avión.

3. La azafata servirá bebidas después que suban todos. La azafata sirvió bebidas después que subieron todos. La azafata sirve bebidas después que suben todos.

D. *Answers vary.*

Comprensión cultural

Answers may vary. Typical answers:

1. La Pirámide del Sol y la Pirámide de la Luna están cerca de la Ciudad de México. Teotihuacán fue el centro religioso y cultural de una tribu desconocida.

2. Estas cataratas se encuentran entre la Argentina y el Brasil. Consisten en unos 275 cataratas que se extienden por más de cuatro millas.

3. El Museo de Oro en Bogotá, Colombia, contiene unas 35.000 piezas de oro y una colección de esmeraldas. Entre los objetos de oro se encuentran joyas y artículos útiles.

4. Machu Picchu es la Ciudad Perdida de los Incas. Se encuentra en los Andes al noroeste del Cuzco, Perú.

5. El Lago Titicaca está en el Altiplano entre Bolivia y el Perú. Es el lago más alto del mundo.

Ampliación

A. *Answers may vary. Typical answers follow.*

1. Cenaremos, veremos un espectáculo folklórico y visitaremos una bodega de vinos chilenos.

2. Iremos en avión.

3. Atravesaremos el lago en lancha.

4. Visitaremos el Bosque de Arrayanes, la Isla Victoria y la Península de Quetrehue. Almorzaremos platos típicos de comida de montaña.

5. Cenaremos y veremos un espectáculo de tangos en la Casa Blanca de Buenos Aires.

6. Visitaremos la Estancia Magdalena en las pampas de la Argentina.

7. Saldremos para las Cataratas del Iguazú el día 11. Iremos en avión.

8. Saldremos del Brasil el día 15 y llegaremos a Nueva York el día 16.

B. *Answers vary.*

¿Recuerda Ud.?

A. 1. La Sra. Reyes está leyendo un periódico.

2. Los González están facturando una maleta.

3. (Tú) Estás presentándote en la puerta de embarque.

4. Federico y yo estamos saliendo para Bolivia.

5. (Yo) Estoy mostrándole el pasaporte en la aduana.

B. 1. están / son / están / son

2. estamos / estamos / somos / somos

3. estás / eres / eres / estás

C. 1. ¿Leyendo? No, Anita está charlando con unos amigos.

2. ¿De vacaciones? No, el Sr. García está en el hospital.

3. ¿Cubanas? No, mis primas son peruanas.

4. ¿Tranquila cuando viaja? No, mi madre está muy nerviosa.

5. ¿Enfermo? No, mi padre está mucho mejor.

6. ¿Camareros? No, esos hombres son pilotos.

7. ¿De Rodolfo? No, esta maleta es de Joaquín.

8. ¿A las tres? No, el vuelo es a las cinco.

CAPÍTULO DIECISÉIS

Primer encuentro

A. 1. calle   2. avión   3. tren   4. avenida

B. 1. La ciudad más grande es Sevilla. Tiene 714.000 habitantes.

2. Granada y Sevilla ofrecen estación de esquí. Sevilla ofrece deportes náuticos. Sevilla ofrece la pesca.

3. Córdoba no tiene museo.

4. Sevilla tiene una playa cerca.

5. Córdoba, Granada y Sevilla tienen casino.

6. Todas las ciudades ofrecen una oficina técnica de correos y telégrafos, teléfono, telégrafos, aeropuerto, ferrocarril y gasolinera.

7. *Answers vary.*

8. *Answers vary.*

C. 1. Mi madre comería en un restaurante típico.

2. (Tú) Harías compras en las tiendas elegantes.

3. Mi hermano y yo iríamos en barco a ver la Estatua de la Libertad.

4. (Yo) Caminaría por el Barrio Chino.

5. Mis primas saldrían a bailar por la noche.

D. *Answers vary.*

Segundo encuentro

3. El hotel dispone de salones interiores y exteriores con modernas instalaciones para banquetes.

4. Las habitaciones tienen TV, canal + y una terraza solarium. El hotel tiene una piscina solarium, una cafetería y un restaurante.

5. Hay una caja fuerte en cada habitación.

6. El hotel ofrece asistencia médica.

7. El hotel tiene telex y fax y en las habitaciones hay un teléfono directo.

8. Hay dos bares, una piscina, TV, canal + y el hilo musical.

B. *Answers vary.*

C. 1. Los Sres. Pérez han nadado en la piscina.

2. Mi amiga se ha sentado en el jardín.

3. (Yo) He pedido el desayuno en mi habitación.

4. Mi padre y yo hemos jugado al golf.

5. (Tú) Has comido en el restaurante elegante.

6. La Sra. Romero ha ido de compras en las tiendas del hotel.

D. *Answers vary.*

Tercer encuentro

A. *Answers may vary. Typical answers:*

1. Buenos días. Quisiera cobrar este cheque.

2. Quisiera doscientos dólares en efectivo.

3. No, lo quisiera depositar en mi cuenta de ahorros.

4. Aquí la tiene. También quisiera información sobre un préstamo de coche.

5. Gracias. Quisiera poner algo en mi caja de seguridad, por favor.

6. Le agradezco mucho. Gracias. Adiós.

B.

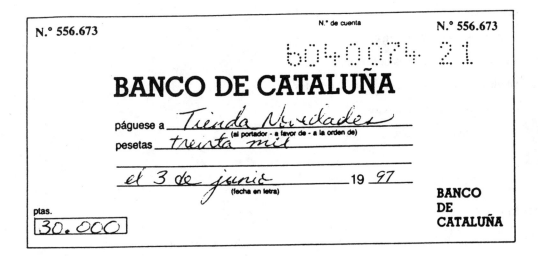

C. 1. Mamá, lo siento mucho.

2. Perdóneme, por favor.

3. Perdón, no lo hice a propósito.

4. Es mi culpa, lo siento.

5. Lo siento, no era mi intención.

D.
1. Mi padre había comprado los boletos.
2. (Tú) Habías hecho reservaciones en los hoteles.
3. Uds. habían ido a la agencia de viajes para pedir información.
4. (Yo) Había leído sobre los países que íbamos a visitar.
5. Mi hermana y yo nos habíamos despedido de nuestros amigos.
6. Todos habían hecho las maletas.

E. *Answers vary.*

Comprensión cultural

1. La plaza no es un lugar tranquilo. Es el centro administrativo y comercial de la ciudad.
2. Generalmente se encuentran los edificios del gobierno, tiendas y una iglesia o catedral alrededor de la plaza mayor.
3. La plaza está en el centro de la ciudad.
4. Generalmente los paradores son antiguos palacios, castillos, monasterios o conventos; no tienen arquitectura moderna.
5. Se encuentran en España.
6. El peso es la moneda oficial de Chile, Colombia, Cuba, México y Uruguay.
7. La mayoría de las monedas del mundo hispano son estables.

Ampliación

A.
1. la Argentina
2. Cuba o Puerto Rico
3. México
4. Buenos Aires, Caracas, México, D. F. y Santiago
5. México
6. México
7. México, D. F.

B.
1. el autobús
2. primera, segunda y tercera clase
3. pasajeros de pie ni vendedores ambulantes
4. vendedores de lápices, periódicos y revistas
5. centros comerciales o museos
6. se descubrieron artefactos de gran valor arqueológico

C. *Answers vary.*

¿Recuerda Ud.?

A.
1. tiene mucha suerte.
4. tienes prisa.

Clave de respuestas para el *Manual de laboratorio*

ENCUENTRO PRELIMINAR

Vocabulario

1. ¿Cómo estás?

2. ¡Hola, Laura! ¿Qué tal?
   Pues. No estoy bien.

3. ¡Ana! ¿Qué hay de nuevo?
   Hasta luego.

4. Mucho gusto, Alicia.

5. ¿Cómo te va?
   ¿Qué hay de nuevo?
   Nada.

CAPÍTULO UNO

Vocabulario

1. No
2. Sí
3. No
4. No
5. Sí
6. No
7. Sí
8. Sí
9. No
10. Sí
11. No
12. No
13. No

¿Comprende?

1. F   Laura está en el café con Samuel.

2. F   Laura está contenta de hablar con Samuel.

3. C

4. C

5. F   Hay un examen en la clase de español mañana.

6. F   Laura no está preocupada por el examen.

CAPÍTULO DOS

¡Escuche bien!

1. María   2. Ana

Vocabulario

1. **D.** Pedro: alto, moreno, muy guapo, muy bueno, no es gordo, tampoco es delgado

2. **C.** Celia: delgada, baja, joven, simpática

3. **B.** Julia: española, rubia, muy bonita, no es grande, tampoco es pequeña, muy buena

4. **A.** Víctor: no es joven, no es muy viejo, no es feo, es guapo, profesor, inteligente, interesante

Position and agreement of adjectives

1. coche; rojo
2. cuarto; grande
3. casa; roja, grande
4. cuadernos; rojos
5. teléfonos; rojos
6. familia; pequeña
7. apartamento; pequeño
8. mochila; roja
9. escritorio; rojo
10. silla; roja

¿Comprende?

1. Elena es de Valencia.
2. Elena y Miguel viven en la residencia.
3. Luis es el amigo de Miguel.
4. Elena estudia inglés.
5. Elena no comprende a los profesores.
6. Ella estudia inglés un semestre.

CAPÍTULO TRES

¡Escuche bien!

1. c   2. a   3. b

Vocabulario

1. b. Es su tía.
2. a. Es su abuelo.
3. a. Es su prima.
4. b. Es su hermano.
5. a. Es su sobrino.
6. b. Es su padre.
7. a. Es su abuela.

Estructuras

Numbers 21–100

1. 64–71–30
2. 46–97–24
3. 68–86–45
4. 92–79–48

Irregular verbs dar, ir, venir, tener

B. 1. f   2. a   3. c   4. b   5. d   6. e

E. 1. Voy al laboratorio.
2. Tengo que practicar mucho.
3. Mi amigo y yo vamos a viajar.
4. Tenemos que trabajar mucho.
5. Mi novia viene al laboratorio.
6. Ella no va a México.

¿Comprende?

1. Falso   2. Falso   3. Falso   4. Cierto   5. Cierto

CAPÍTULO CUATRO

¡Escuche bien!

Vocabulario

A.
1. Es el mes de <u>abril.</u>
2. <u>Llueve</u> en Bogotá, en <u>Quito</u> y en <u>Asunción.</u>
3. Hace calor en <u>Caracas.</u>
4. <u>Nieva</u> en las montañas cerca de Santiago.
5. Hace <u>buen</u> tiempo en La Paz, en Santiago de Chile y en Buenos Aires.

Estructuras

Some irregular verbs

B.
1. ella (poner)
2. tú (traer)
3. yo (saber)
4. Uds. (salir)
5. nosotros (ver)
6. ella (decir)
7. yo (hacer)

C.
1. salimos, ver, llueve, salimos
2. sé, ven, dicen, nevar, traigo, sábado
3. Pongo, hago, llueve, viento
4. es, sale, salen, esquiar, nieva, están, poner, hacer

Dates

1. el 9 (nueve) de mayo
2. el 1 (primero) de enero
3. el 11 (once) de marzo
4. el 26 (veintiséis) de abril
5. el 12 (doce) de noviembre
6. el 3 (tres) de julio
7. el 30 (treinta) de se(p)tiembre

Some prepositions and impersonal expressions

A.
1. para
2. para, a
3. en, sin, a
4. a, por
5. a, a
6. a, de
7. con

Dictado de números

1. 1.500
2. 670
3. 425
4. 130
5. 5.340
6. 10.600
7. 50.756
8. 180.978

¿Comprende?

1. a   2. c   3. c

CAPÍTULO CINCO

¡Escuche bien!

ANTONIO   Tengo hambre.

CARLOS   <u>Mm...</u>

ANTONIO   Voy a comprar un helado. ¿Por qué no vienes conmigo? <u>¿Eh?</u>

Clave de respuestas

CARLOS	<u>Pues...</u> Tengo que terminar de leer este libro para mañana. <u>¿Sabes?</u>
ANTONIO	¡Huy! Hace horas que lo lees. <u>Bueno...</u> <u>Entonces,</u> me voy solo. Hasta luego.

Vocabulario

B.

Para la casa		Para la fiesta	
lechuga	50 centavos	platillos de papel	2 pesos por 20
pollo	2 pesos	vino	5 pesos
tomates	1 peso el kilo	jugo	70 centavos
cebollas	1 peso el kilo	servilletas	50 centavos por 100
leche	75 centavos	cucharitas de plástico	1 peso por 12
aceite	4 pesos	bistec	4 pesos el kilo

Estructuras

Demonstrative adjectives

1. this / these
2. that / these
3. that
4. this
5. these / this
6. those
7. that

Oír and verbs ending in -uir

1. tú
2. nosotros
3. ellos
4. Ud.
5. tú
6. yo

¿Comprende?

1. Falso
2. Falso
3. Cierto
4. Falso
5. Falso
6. Cierto

CAPÍTULO SEIS

¡Escuche bien!

1. c
2. b
3. a
4. c

Vocabulario

HUGO	mamá—blusa de seda; abuela—suéter de lana; papá—corbata; Rosa—jeans
ROSA	papá—cinturón de cuero; abuela—vestido
TITA	abuela—pantalones azules; papá—camisa; mamá—falda de algodón; Rosa—jeans

1. Sí, Hugo tiene un regalo para Tita.
2. No, Rosa no tiene un regalo para su mamá.
3. Tita le va a regalar un par de jeans.
4. Camisa, corbata, camiseta, cinturón, calcetines.

Estructuras

The preterite of ir regul

Se *in impersonal and passive constructions*

1. d   2. b   3. a   4. c

¿Comprende?

suéteres—$25; blusas—$10–$20; camisetas—$10; calcetines—3 pares por $7; trajes—$79; botas—$40

Sonidos

1. b   3. a   5. b   7. a   9. b   11. b   13. b
2. a   4. b   6. b   8. a   10. a   12. a   14. a

CAPÍTULO SIETE

¡Escuche bien!

Conversación 1

Vocabulario

Conversación 1: gazpacho andaluz, paella, chorizo, jamón serrano, flan, sangría.

Conversación 2: pollo en mole, enchiladas de queso, guacamole, nachos, botana, huevos rancheros, cerveza.

Estructuras

The preterite

B. 1. F   2. C   3. C   4. F   5. F

¿Comprende?

1. a   2. c   3. b   4. c

CAPÍTULO OCHO

¡Escuche bien!

1. el esquimal

Vocabulario

A. 1. Julián se despierta a las siete todas las mañanas.

2. Él se levanta a las siete y media.

3. Se ducha y se lava el pelo.

4. Mi hermano se afeita todas las mañanas.

Preterite of stem-changing and reflexive verbs

A. 1. b 2. a 3. b 4. a 5. a 6. b 7. b 8. a

B. ANA 8:00 Se despertó; 8:30 Se levantó y se duchó; 9:00 Se sirvió el desayuno; 9:15 Se vistió y se maquilló; 9:30 Salió de su casa.

CARLOS 8:00 Se despertó; 8:15 Se lavó los dientes y la cara; 9:00 Desayunó con Ana; 9:10 Lo llamaron de su oficina y tuvo que salir inmediatamente; 9:15 Se quitó el pijama, se puso la ropa y se fue sin despedirse.

FRANCISCO 9:00 Se despertó.

C. 1. C 2. F 3. C 4. C 5. F 6. F 7. F 8. C

¿Comprende?

1. Cierto
2. Cierto
3. Falso
4. Cierto
5. Cierto
6. Cierto
7. Falso
8. Cierto

CAPÍTULO NUEVE

¡Escuche bien!

1. b 2. a

Vocabulario

A.

AURORA Blanquita, ¿qué materias tomas este semestre?

BLANQUITA Tomo sicología y ciencias políticas. ¿Y tú?

AURORA Yo asistía a las clases de programación de computadoras y física pero decidí cambiarme a la Facultad de Filosofía y Letras. Tengo otros requisitos para mi especialización así que dejé esas clases y ahora debo decidir cuáles voy a tomar. Y Estela, ¿cómo está? Hace mucho que no la veo.

BLANQUITA Estela está bien. ¿Sabes que se matriculó en la Facultad de Administración de Empresas? Dice que es una carrera difícil. Tiene que asistir a conferencias en economía y luego, cuando lee sus apuntes, no entiende lo que escribió. Pero escucha esto—hay un muchacho en ingeniería que es muy guapo y le dijo que la va a ayudar con las matemáticas. Claro él sabe bastante de ciencias exactas porque está en el último año de su carrera...

B. 1. b 2. a 3. b 4. c 5. a

Estructuras

The imperfect

¿Comprende?

CONSEJERA   Le gustan los estudiantes.

No le gusta el horario de seis días.

PROFESOR   Le gusta el horario de seis días.

No le gusta que la playa esté tan cerca y el clima perfecto.

PRESIDENTE   Le gusta la buena comunicación que hay con los profesores y los estudiantes.

No le gusta la burocracia que tienen.

CAPÍTULO DIEZ

¡Escuche bien!

1. Galletitas Gallo / San José, California / contador
2. Instituto Lorca / Madrid, España / profesores de inglés
3. PetroTex / El Paso, Texas / director de personal
4. Restaurante Xochimilco / Ciudad de México, México / camarero
5. Librería ABC / San Juan, Puerto Rico / gerente de ventas

Vocabulario

A. Conversación A: 3, Sí

Conversación B: 1, Sí

Conversación C: 2, No

Conversación D: 6, No

Conversación E: 4, Sí

Conversación F: 5, No

B.
1. Sí, trabajó tres años como bombero voluntario.
2. La asistente social habla inglés y español.
3. El enfermero no quiere el trabajo porque la casa está muy lejos.
4. No le dan una entrevista a la electricista porque no tiene experiencia en construcción.
5. No, no leyó el aviso en el periódico.
6. No le dan una entrevista al ingeniero porque no terminó sus estudios todavía.

Estructuras

Imperfect versus preterite

A. 1. b   2. b   3. a   4. b   5. a

B. 1. F   2. C   3. F   4. F   5. F   6. C

¿Comprende?

1. b   2. c   3. a   4. c   5. a   6. b

CAPÍTULO ONCE

¡Escuche bien!

Conversación 1: interruption, hesitation, imprecision—er, eh, and *cosa*, incomplete sentences

Conversación 2: false start, repetition

Vocabulario

A. sala, comedor, cocina, tres dormitorios, dos baños, sala de recreo, sala de trabajo

Preguntas

1. La casa es grande, moderna y cómoda. Tiene paredes blancas y techo rojo.
2. La casa tiene dos pisos y un sótano.
3. Hay tres dormitorios y dos baños.
4. Hay una sala de recreo y una sala de trabajo en el sótano.
5. Cinco personas viven allí.

B. 1. Sí 2. No 3. Sí 4. No 5. Sí 6. Sí 7. No 8. Sí

Estructuras

Subjunctive of stem-changing verbs

1. El padre dice que es increíble que <u>coman a las dos de la tarde.</u>
2. El camarero les recomienda a los clientes que <u>pidan el plato del día.</u>
3. La muchacha no quiere el plato del día pero el camarero le recomienda que <u>la pruebe.</u>
4. La muchacha espera que <u>la carne sea deliciosa.</u>
5. El padre pregunta si es posible que <u>el camarero les sirva rápido porque hacen una excursión por la tarde.</u>
6. El camarero quiere que los clientes <u>vuelvan otra vez.</u>

Comparisons of equality

A. casa moderna: ✓ ✓ ✓ ✓ ✓   casa vieja: ✓ ✓ ✓ ✓

¿Comprende?

1. F   2. F   3. C   4. C   5. C   6. F

CAPÍTULO DOCE

¡Escuche bien!

1. No 2. Sí 3. Sí

Vocabulario

1. c 2. b

Regular and irregular familiar commands

B. 1. F   2. C   3. F   4. C   5. C

Uses of the definite article

1. Carmen le dice a la señora que quiere hablar con <u>la Srta. Domínguez.</u>

2. Cuando la señora llama a Elena, dice « <u>Srta. Elena, teléfono para Ud.</u> »

3. Elena está contenta de hablar con su hermana porque dentro de unos minutos sale <u>para la reunión del comité estudiantil.</u>

4. Carmen está ocupada porque esta tarde debe <u>practicar la flauta.</u>

5. Carmen va a visitar a su hermana durante <u>el fin de semana.</u>

6. Carmen le enseña <u>portugués</u> a una chica.

7. Carmen va a ver a Carmen <u>el jueves.</u>

Comprende

1. Falso   2. Falso   3. Cierto   4. Falso
5. Falso   6. Cierto   7. Falso   8. Cierto

CAPÍTULO TRECE

¡Escuche bien!

Lugar: Parque Luna

Fechas: el jueves, 23 de enero

                el viernes, 24 de enero

Vocabulario

A. A Ema le interesa tomar el sol, broncearse e ir a la playa.

A Luisa le interesa hacer esquí acuático. No le interesa estar en un velero.

A Roberto le interesa navegar en velero.

A Jaime le interesa pescar.

A Miguel le interesa navegar en velero.

A Susana le interesa nadar.

Van a navegar en velero.

B. 1. b   2. a   3. b   4. c

Estructuras

Ordinal numbers

Orden correcto:

1. ir de picnic a la playa con muchos amigos
2. patinar sobre hielo
3. montar en bicicleta
4. hacer esquí acuático
5. manejar una lancha
6. jugar a las cartas
7. pescar
8. tocar un instrumento musical
9. montar a caballo
10. escuchar óperas

Premios:

Primer premio: Un viaje a México / El orden leído

Segundo premio: Una bicicleta / Dos actividades fuera de orden

Tercer premio: Una sombrilla, gafas de sol, un traje de baño, una toalla / Tres actividades fuera de orde.

Cuarto premio: Un juego de ajedrez / Cuatro actividades fuera de orden

Quinto premio: Un juego de cartas / Cinco actividades fuera de orden

Sexto premio: Veinte tarjetas postales / Seis actividades fuera de orden

Séptimo premio: Diez tarjetas postales / Siete actividades fuera de orden

The subjunctive

B.
1. Subjuntivo
2. Indicativo
3. Indicativo
4. Subjuntivo
5. Subjuntivo
6. Indicativo
7. Subjuntivo
8. Subjuntivo

¿Comprende?

A.

Después de _ver_ esa película no tuve más dudas sobre la importancia de _saber_ una lengua extranjera. Elvira _e_ Isabel pensaron lo mismo que yo. Al pobre hombre en la película _le_ pasaron muchas cosas tristes porque no sabía _hablar_ la lengua del país. Pues, era un inmigrante que acababa de _llegar_ . Es una película que tuvo mucho _éxito_ porque presenta una realidad social muy importante. Se basa en una _obra_ de teatro con el mismo título. Les recomiendo que _vean_ una _u_ otra. Las dos son fabulosas.

¿Cierto o falso?

1. F   2. F   3. F   4. C   5. C

B.
1. sábado y domingo, 4 y 5 de febrero / 2:00 y 8:00 P.M. / Club Rivera
2. miércoles, 16 / 9:00 P.M. / Teatro San Martín
3. todos los lunes y jueves / 5:00–7:00 p.m.

CAPÍTULO CATORCE

Vocabulario

A. 1. b 2. e 3. a 4. c 5. f 6. d

B.

Sexo:	hombre	Boca:	pequeña
Edad:	15	Nariz:	pequeña
Cuerpo:	delgado	Espaldas:	anchas
Estatura:	baja	Cadera:	pequeña
Cabello:	corto	Manos:	grandes
Color del cabello:	rubio	Dedos:	largos
Color de los ojos:	verde	Piernas:	largas

Estructuras

Progressive tenses

C. *Conversación 1*

Llamó: la madre

Para: Ada

Razón: El libro que estabas leyendo durante el fin de semana está en casa. Lo olvidaste allá.

Conversación 2

Llamó: su amigo Paco

Para: Carla

Razón: No puede ir a la reunión del club porque está ayudando a Gregorio con su coche.

Conversación 3

Llamó: tu novio

Para: Ada

Razón: Hace dos horas que no te ve y tiene que contarte algo. Está estudiando en su apartamento. Llámalo cuando llegues.

Conversación 4

Llamó: tu hermana

Para: Raquel

Razón: Anoche cuando la llamaste estaba comiendo en la casa de su novio. Quiere saber qué querías tú.

Conversación 5

Llamó: Víctor

Para: Carla

Razón: Hace mucho que no lo llamas. Está escribiendo otra novela y quiere que tú la leas.

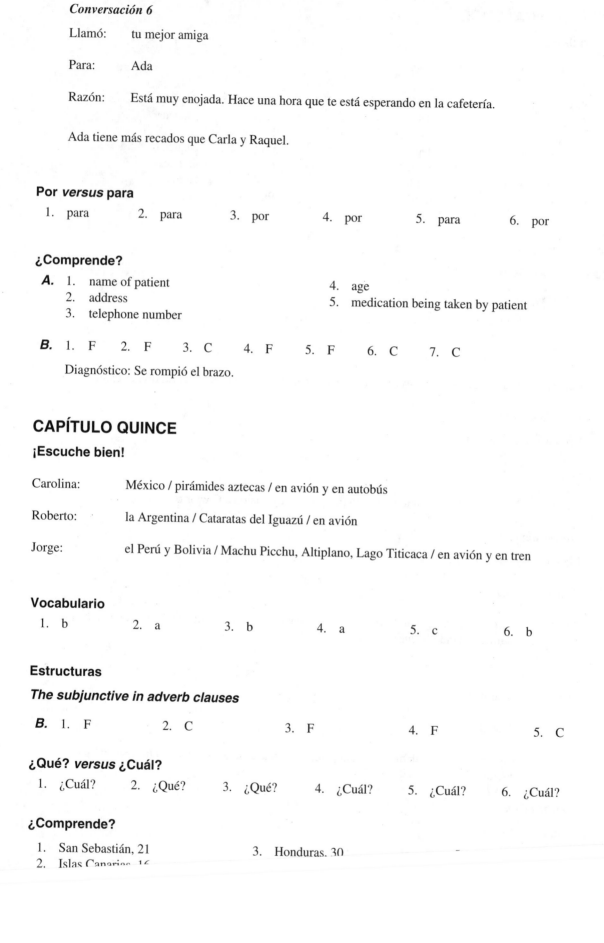

Conversación 6

Llamó: tu mejor amiga

Para: Ada

Razón: Está muy enojada. Hace una hora que te está esperando en la cafetería.

Ada tiene más recados que Carla y Raquel.

Por *versus* para

1. para   2. para   3. por   4. por   5. para   6. por

¿Comprende?

A. 1. name of patient
2. address
3. telephone number

4. age
5. medication being taken by patient

B. 1. F   2. F   3. C   4. F   5. F   6. C   7. C

Diagnóstico: Se rompió el brazo.

CAPÍTULO QUINCE

¡Escuche bien!

Carolina: México / pirámides aztecas / en avión y en autobús

Roberto: la Argentina / Cataratas del Iguazú / en avión

Jorge: el Perú y Bolivia / Machu Picchu, Altiplano, Lago Titicaca / en avión y en tren

Vocabulario

1. b   2. a   3. b   4. a   5. c   6. b

Estructuras

The subjunctive in adverb clauses

B. 1. F   2. C   3. F   4. F   5. C

¿Qué? *versus* ¿Cuál?

1. ¿Cuál?   2. ¿Qué?   3. ¿Qué?   4. ¿Cuál?   5. ¿Cuál?   6. ¿Cuál?

¿Comprende?

1. San Sebastián, 21
2. Islas Canarias, 16

3. Honduras, 30

CAPÍTULO DIECISÉIS

¡Escuche bien!

1. 4   2. 3   3. 1

Vocabulario

A.

Ventajas de la ciudad: el transporte público, los conciertos y los museos, la gente interesante

Desventajas de la ciudad: el tráfico, la contaminación, el ruido, más caro vivir allí

Ventajas del pueblo: el aire puro, puede hacer mucho ejercicio, todos se conocen, forman una comunidad

Desventajas del pueblo: demasiado tranquilo y aburrido, no pasa nada, sólo un cine y un restaurante, no hay ni museos ni conciertos, no hay trabajo para Lola, Lola tendrá que conducir a la ciudad para trabajar

Estructuras

Present and past perfect indicative

C. 1. b   2. b   3. a   4. c   5. c

¿Comprende?

1. Falso   3. Cierto   5. Cierto   7. Cierto
2. Falso   4. Falso   6. Cierto

Vocabulario
inglés–español

A

a, an   *un, una*

A.M.   *de la mañana*

able: be able to   *poder (ue)*

about   *acerca de;*   **about (+ time)**   *a eso de (+ time)*

abroad   *el extranjero*

accept   *aceptar*

accommodate   *acomodar*

account   *la cuenta*
   checking account   *la cuenta corriente*
   savings account   *la cuenta de ahorros*

accountant   *el (la) contador(-a)*

accustomed: become accustomed   *acostumbrarse*

ache   *doler (ue);*
   to have a... ache   *tener dolor de...*

acquaintance   *el (la) conocido(-a)*
   acquainted: be acquainted with   *conocer*

active   *activo*

activity   *la actividad*

address   *la dirección*

adjective   *el adjetivo*

administration: business administration   *la administración de empresas*

adore   *me encanta(-n)*

advance   *el adelanto*

advantage   *la ventaja*

adventure   *(adj) de aventura*

adverb   *el adverbio*

advertisement   *el anuncio*

advisable   *aconsejable*

advise   *aconsejar; avisar*

advisor   *el (la) consejero(-a)*

after   *(prep) después de;* *(conj) después que*

afternoon   *la tarde*
   Good afternoon.   *Buenas tardes.*
   in the afternoon   *por la tarde*

afterwards   *después; luego*

again   *otra vez*

against   *contra*

age   *la edad*

agency   *la agencia*
   employment agency   *la agencia de empleos*

travel agency   *la agencia de viajes*

agent   *el (la) agente*

ago   *hace (+ unit of time with verb in preterite tense)*

agree   *estar de acuerdo*

agreement   *el acuerdo*
   reach an agreement   *llegar a un acuerdo*
   be in agreement   *estar de acuerdo*

air   *el aire*
   air-conditioning   *el aire acondicionado*

airplane   *el avión*

airport   *el aeropuerto*

alarm clock   *el despertador*

all   *todo*
   That's all for now.   *Es todo por ahora.*

allergic   *alérgico*
   be allergic to   *ser alérgico a*

allow   *dejar; permitir*

almost   *casi*

alone   *solo*

already   *ya*

also   *también*

always   *siempre*
   as always   *hasta siempre*

among   *entre*

amusing   *divertido*

and   *y; e (precedes i- or hi-)*

anger   *el enojo*

angry   *enojado*

announce   *anunciar*

another   *otro*

antibiotic   *el antibiótico*

any   *cualquier*

apartment   *el apartamento*

appear   *presentarse*

appetizer   *el entremés; la tapa*

apple   *la manzana*

applicant   *el (la) aspirante*

application form   *la solicitud*

apply   *solicitar*

April   *abril*

arch   *el arco*

architect   *el (la) arquitecto(-a)*

architecture   *la arquitectura*

Argentinian   *argentino*

arm   *el brazo*

armchair   *el sillón*

around   *alrededor de*

arrange   *arreglar*

arrival   *la llegada*

arrive   *llegar*

art *el arte* (f)
   fine arts *las bellas artes*
article *el artículo*
as *como*
as... as (with adjs and advs) *tan ... como;*
   (with nouns) *tanto ... como*
   as soon as *tan pronto como*
   as if *como si*
   as many *tantos(-as)*
   as much *tanto(-a)*
ask *preguntar* (question)
   ask for *pedir (i, i)*
aspirin *la aspirina*
assist *ayudar*
assure *asegurar*
astonish *asombrar*
at *a, en*
athlete *el (la) atleta*
attempt *tratar de*
attend *asistir a*
   attend to *atender (ie)*
attendance *la asistencia*
attract *atraer*
audience *el público*
August *agosto*
aunt *la tía*
auto *el auto*
automobile *el automóvil*
autumn *el otoño*
available *disponible*
avenue *la avenida*
avocado dip *el guacamole* (Mex)
avoid *evitar*
aware *consciente*

B

baby *el bebé*
bachelor *el soltero*
back *la espalda*
backpack *la mochila*
bad (adv) *mal;* (adj) *mal, malo*
ball *la pelota*
banana *la banana*

baptism *el bautismo*
bar *la tasca* (Sp)
bargain (n) *la ganga;* (v) *regatear*
baseball *el béisbol*
basement *el sótano*
basket *la canasta*
basketball *el básquetbol*
Basque *vasco*
bath: to take a bath *bañarse*
bathroom *el baño*
be *estar* (conditions)
   be on a diet *estar a dieta*
   be on vacation *estar de vacaciones*
   be in style *estar de moda*
   be on strike *estar de huelga*
   ser (characteristics)
   tener (with nouns)
   be... years old *tener... años*
beach *la playa*
bean *el frijol*
beautiful *hermoso*
beauty *la belleza*
because *pues; porque*
become *hacerse; llegar a ser; ponerse*
bed *la cama*
   make the bed *hacer la cama*
   go to bed *acostarse (ue)*
bedroom *el cuarto; el dormitorio*
beer *la cerveza*
before (prep) *antes de;* (conj) *antes que*
beg *rogar (ue)*
begin *comenzar (ie); empezar (ie)*
behave *comportarse*
behind *detrás de*
believe *creer*
bellman *el botones*
belt *el cinturón*
benefit *el beneficio*
   fringe benefits *los beneficios sociales*
   unemployment benefits *el seguro de desempleo*
beside *al lado de*
besides

bicycle   *la bicicleta*
   ride a bicycle   *montar en bicicleta*

big   *grande*

biking   *el ciclismo*

bill   *la cuenta*

biology   *la biología*

birthday   *el cumpleaños*

black   *negro*

block   *la cuadra*

blond   *rubio*

blood pressure   *la presión sanguínea*

blouse   *la blusa*

blue   *azul*

boarding house   *la pensión*

boat   *el barco*
   motorboat   *la lancha*

body   *el cuerpo*

bone   *el hueso*

book   *el libro*

bookshelf   *el estante para libros*

bookstore   *la librería*

boot   *la bota*

bored   *aburrido*

born: be born   *nacer*

borrow: borrow money   *pedir dinero prestado*

boss   *el jefe (la jefa)*

bother   *molestar*
   Don't bother.   *No te molestes.*

boutique   *la boutique*

box   *la caja*
   safe deposit box   *la caja de seguridad*

boxing   *el boxeo*

boy   *el chico; el muchacho; el niño*

boyfriend   *el novio*

bread   *el pan*

break   *romper*

break (a bone)   *quebrarse*

breakfast   *el desayuno*
   eat breakfast   *desayunar*

bridge   *el puente*

bring   *traer*

brochure   *el folleto*

broken   *roto (pp romper)*

brother   *el hermano*

brother-in-law   *el cuñado*

brown   *pardo*

brunette   *moreno*

brush   (v) *cepillarse*

building   *el edificio*

bull   *el toro*

bullfight   *la corrida de toros*

bullfighter   *el torero*

bullring   *la plaza de toros*

burn   (v) *quemarse*

bus   *el autobús*

business   *los negocios*
   business administration   *la administración de empresas*
   businessman   *el hombre de negocios*
   businesswoman   *la mujer de negocios*

but   *pero;* (prep) *sino*
   but rather   (conj) *sino que*

buy   *comprar*

by   *por; para*

C

café   *el café*

cake   *el pastel*

calculator   *la calculadora*

calendar   *el calendario*

calm   *calmar*

call   (n) *la llamada;* (v) *llamar*
   long-distance call   *la llamada de larga distancia*
   call oneself, to be named   *llamarse*

calorie   *la caloría*

candy   *los dulces*

capital   *la capital*

car   *el coche* (Sp); *el carro* (Americas)

card   *la tarjeta*
   playing card   *la carta*

care: take care of   *atender (ie)*
   taken care of   *cuidado*

careful: be careful   *tener cuidado; cuidarse*

carefully   *con cuidado*

career   *la carrera*

carpenter   *el (la) carpintero(-a)*

carry   *traer*

case: in case that   *en caso que*

cash   *el efectivo*
   cash a check   *cobrar un cheque*
   cash register   *la caja*

cashier *el (la) cajero(-a)*

cathedral *la catedral*

celebrate *celebrar*

center *el centro*

century *el siglo*

certain *seguro*

chair *la silla*

   armchair *el sillón*

champion *el campeón (la campeona)*

championship *el campeonato*

change (n) *el cambio;* (v) *cambiar*

  change money *cambiar dinero*

chapter *el capítulo*

charge *cobrar*

charm (n) *el encanto;* (v) *encantar*

chat *charlar*

cheap *barato*

check *el cheque*

   checkbook *la chequera*

   cash a check *cobrar un cheque*

   traveler's check *el cheque de viajero*

   check (luggage) *facturar; registrar*

cheese *el queso*

chemist *el (la) químico(-a)*

chemistry *la química*

chess *el ajedrez*

chest *el pecho*

chew *masticar*

chewing gum *el chicle*

chicken *el pollo*

child *el (la) niño(-a)*

children *los (las) niños(-as); los(las) hijos(-as)*

chimney *la chimenea*

chocolate *el chocolate*

   hot chocolate *el chocolate*

chore *el quehacer doméstico*

choose *escoger; elegir (i, i)*

Christmas *la Navidad*

church *la iglesia*

cigarette *el cigarrillo*

city *la ciudad*

   city hall *el ayuntamiento*

class *la clase*

clean (adj) *limpio;* (v) *limpiar*

clear *claro*

   clear up *aclarar*

clerk *el (la) dependiente*

client *el (la) cliente*

cliff *el acantilado*

clinic *la clínica*

clock *el reloj*

   alarm clock *el despertador*

close *cerrar (ie)*

clothes *la ropa*

clothing *la ropa*

coach (n) *el (la) entrenador(-a);* (v) *entrenar*

coat *el abrigo*

coast *la costa*

coffee *el café*

   black coffee *el café solo*

coincide *coincidir*

coincidentally *justo*

coin(s) *la moneda*

cold *el frío*

   it's cold *hace frío*

   be cold *tener frío*

   have a cold *estar resfriado*

college (within a university) *la facultad*

Colombian *colombiano*

color *el color*

comb one's hair *peinarse*

come *venir*

comfort *la comodidad*

comfortable *cómodo*

companion *el (la) compañero(-a)*

company *la compañía*

complain (about) *quejarse (de)*

completely *completamente*

computer *la computadora*

   computer programmer *el (la) programador(-a) de computadoras*

   computer programming *la programación de computadoras*

concert *el concierto*

condition *la condición*

construct *construir*

construction *la construcción*

content *contento*

continue *continuar*

contract *el contrato*

contracted *contratado*

contrary: but on the contrary *sino que*

contribute *contribuir*

cook (n) *el (la) cocinero(-a);* (v) *cocinar*

coolness *el fresco*
  it's cool *hace fresco*

corner *la esquina*

cost *costar (ue)*
  How much does it cost? *¿Cuánto cuesta?*

cotton *el algodón*

cough (n) *la tos;* (v) *toser*

counselor *el (la) consejero(-a)*

count *contar (ue)*

counter *el mostrador*

country *el país* (nation); *el campo* (rural area)

couple *la pareja*

course *el curso* (of study); *el plato* (meal)
  of course *por supuesto; cómo no*

courtesy *la cortesía*

cousin *el (la) primo(-a)*

crazy *loco*

craziness *la locura*

create *crear*

cross *cruzar*

cruise *el crucero*

Cuban *cubano*

cup *la taza*

cure *curar*

currency *la moneda*

current *actual*

custard: baked custard *el flan*

customer *el (la) cliente*

customs *la aduana*

cut *cortar*

D

daily *diario*

dance (n) *el baile;* (v) *bailar*

danger *el peligro*

date *la cita* (appointment); *la fecha* (calendar)

daughter *la hija*

day *el día*
  every day *todos los días*
  per day *al día*

dead *muerto* (pp *morir*)
  dead person *el (la) difunto(-a)*

deal: it's a deal *trato hecho*

dear *querido*

debt *la deuda*

December *diciembre*

decide *decidir*

decorate *adornar*

deep *profundo*

degree *el título*
  having a university degree *licenciado*

delicious *rico; delicioso*

delight *encantar*

delighted *encantado*

deliver *entregar*

delivery (of child) *el parto*

deluxe *de lujo*

demand *la demanda*

demanding *exigente*

demonstration *la manifestación*

dentist *el (la) dentista*

deny *negar (ie)*

departing from *procedente de*

department *el departamento*
  department store *los almacenes*

departure *la salida*

depend (on) *depender (de)*

deposit *depositar*

depressing *deprimente*

desire *desear*

deserve *merecer*

design *diseñar*

desk *el escritorio*
  desk clerk *el (la) recepcionista*
  front desk *la recepción*
  student desk *el pupitre*

dessert *el postre*

destination *el destino*
  with destination to *con destino a*

destroy *destruir*

develop *desarrollar*

development *el desarrollo*

devote   *dedicarse a*

die   *morir (ue)*

died   *muerto* (pp *morir*)

diet   *la dieta*
  be on a diet   *estar a dieta*

different   *diferente; distinto; nuevo* (precedes noun)

difficult   *difícil*

dignity   *la dignidad*

dining room   *el comedor*

dinner   *la comida*

direct   *directo*

dirty   *sucio*

disaster   *el desastre*

discotheque   *la discoteca*

discount   *descontar (ue)*

discover   *descubrir*

discovered   *descubierto* (pp *descubrir*)

discovery   *el descubrimiento*

discuss   *discutir*

dish   *el plato*
  main dish   *la entrada*

divorced   *divorciado*

do   *hacer*

doctor   *el (la) doctor(-a); el (la) médico(-a)*

dog   *el perro*

dollar   *el dólar*

done   *hecho* (pp *hacer*)

door   *la puerta*

dormitory   *la residencia*

dot: on the dot   *en punto*

double   *doble*

doubt   *dudar*

down: go down   *bajar*
  take luggage down   *bajar el equipaje*

downtown   *el centro*

drawer   *el cajón*

drawing   *el dibujo*

dream (about)   *soñar (ue) (con)*

dress   *el vestido*

dressed: get dressed   *vestirse (i,i)*

dresser   *la cómoda*

dressing   *el condimento*

dry   *secarse*
  dry cleaners   *la tintorería*

during   *durante*

dust   (v) *sacudir*

E

each   *cada*

ear   *el oído* (inner); *la oreja* (outer)

early   *temprano*

earn   *ganar*

earring   *el arete*

easily   *fácilmente*

east   *el este*

easy   *fácil*

eat   *comer*

economical   *económico*

economics   *la economía*

education   *las ciencias de la educación* (course of study)

egg   *el huevo*

eight   *ocho*
  eight hundred   *ochocientos*

eighteen   *dieciocho*

eighth   *octavo*

eighty   *ochenta*

either   *tampoco* (negative)
  either... or   *o...o*

electrician   *el (la) electricista*

elegant   *elegante*

elevator   *el ascensor*

eleven   *once*

embassy   *la embajada*

employee   *el (la) empleado(-a)*

enchilada   *la enchilada* (Mex)

enclose   *adjuntar*

encounter   *el encuentro*

encourage   *dar ánimo; fomentar*

end   (n) *el fin;* (v) *terminar*

endorse   *endosar*

engineer   *el (la) ingeniero(-a)*

engineering   *la ingeniería*

English   (adj)

entrance   *la entrada*

entity   *la entidad*

envelope   *el sobre*

environment   *el ambiente*

equal   *igual*

error   *el error*

especially   *sobre todo*

evaluation   *la evaluación*

evening   *la noche*
   Good evening.   *Buenas noches.*
   in the evening   *por la noche*

every   *todo; cada*
   every day   *todos los días*
   everywhere   *todas partes*

evil   *mal, malo*

exactly   *en punto*

examination   *el examen*

examine   *examinar; registrar* (check)

example   *el ejemplo*
   for example   *por ejemplo*

exchange   *el intercambio*

excuse me   *perdón; perdone*

exercise   (n) *el ejercicio;* (v) *hacer ejercicio*

exist   *existir*

expensive   *caro*

explain   *explicar*

expression   *la expresión*

eye   *el ojo*

F

fabulous   *fabuloso*

face   (n) *la cara;* (v) *enfrentarse*

factory   *la fábrica*

fail   *suspender; poder* (neg preterite)

fair   *justo*

fall   (n) *el otoño;* (v) *caer*

false   *falso*

fame   *el renombre*

family   (n) *la familia;* (adj) *familiar*
   family room   *la sala de estar*

famous   *célebre, famoso*

fan   *el (la) aficionado(-a)*

fantastic   *fantástico*

far   (adv) *lejos;* (prep) *lejos de*

fare   *la tarifa*

fascinate   *fascinar*

fat   *gordo*

father   *el padre*

father-in-law   *el suegro*

favorite   *favorito*

February   *febrero*

fed up   *harto*
   be fed up   *estar harto*

feel   *sentirse (ie, i)*
   feel like   *tener ganas de* (+ inf)

festival   *la feria*

fever   *la fiebre*

few   *poco; unos(-as)*

fiancé(e)   *el (la) novio(-a)*

field   *el campo* (rural area); *la cancha* (sport area)

fifteen   *quince*

fifth   *quinto*

fifty   *cincuenta*

file   (v) *archivar*
   file cabinet   *el archivo*

film   *la película*

finally   *finalmente; por fin; por último*

finals   *la final* (championship game)

financier   *el (la) financista*

find   *encontrar (ue)*
   find out   *saber* (preterite)

fine arts   *las bellas artes*

finger   *el dedo*

finish   *acabar; terminar*

fire   *despedir (i, i)*

firefighter   *el (la) bombero(-a)*

fireplace   *la chimenea*

firm   *la empresa*

first   *primer, primero*

fish   (n) *el pescado;* (v) *pescar*

fishing   *la pesca*
   go fishing   *ir de pesca*

five   *cinco*
   five hundred   *quinientos*

fix   *arreglar*

flight   *el vuelo*

float   *flotar*

floor   *el piso*
   ground floor   *la planta baja*

flour   *la harina*

flower   *la flor*

flu   *la gripe*

flute   *la flauta*

folder   *la carpeta*

follow   *seguir (i, i)*

food   *la comida*

foot   *el pie*

football   *el fútbol norteamericano*

for   *para; por*

forbidden   *prohibido*

forget   *olvidar; olvidarse de*

fork   *el tenedor*

former   *antiguo* (precedes noun)

forty   *cuarenta*

fountain   *la fuente*

four   *cuatro*
   four hundred   *cuatrocientos*

fourteen   *catorce*

fourth   *cuarto*

free (of charge)   *gratis*

French   (adj) *francés;* (n) *el francés* (language)
   French fries   *las papas fritas*

frequently   *frecuentemente*

fresh   *fresco*

Friday   *el viernes*

fried   *frito*

friend   *el (la) amigo(-a)*

friendship   *la amistad*

from   *de; desde*

front: in front of   *delante de*

fruit   *la fruta*

full   *completo*

fun   (adj) *divertido*

function   *funcionar*

funny   *cómico; divertido*

furniture   *los muebles*

furthermore   *además*

G

gain   *alcanzar*

game   *el juego* (sport); *el partido* (contest, match)

garage   *el garaje*

garbage   *la basura*

gas (carbonation)   *el gas*

gate   *la puerta*
   boarding gate   *la puerta de embarque*

generally   *generalmente; por lo general*

German   (adj) *alemán;* (n) *el alemán* (language)

get   *conseguir (i, i); sacar*
   get up   *levantarse*

gift   *el regalo*

girl   *la chica; la muchacha; la niña*

girlfriend   *la novia*

give   *dar*
   give birth   *dar a luz*

glass   *el vaso* (drinking)
   glasses   *las gafas*
   sunglasses   *las gafas de sol*

glove   *el guante*

go   *ir*
   be going to   *ir a* (+ inf)
   go away   *irse*
   go in for   *practicar*
   go home   *ir a casa*
   go shopping   *ir de compras*
   go straight   *seguir derecho*

godchild   *el (la) ahijado(-a)*
   godchildren   *los ahijados*
   goddaughter   *la ahijada*
   godson   *el ahijado*

godfather   *el padrino; el compadre*

godmother   *la madrina; la comadre*

gold   *el oro*

golf   *el golf* (sport)

good   *buen, bueno*
   That's good!   *¡Qué bueno!*
   it's a good thing   *menos mal*
   Good afternoon.   *Buenas tardes.*
   Good morning.   *Buenos días.*
   Good evening /night.   *Buenas noches.*

good-bye   *adiós; chau*
   say good-bye   *despedirse (i, i)*

government   *el gobierno*

grandchild   *el (la) nieto(-a)*
   grandchildren   *los nietos*
   granddaughter   *la nieta*
   grandson

grape *la uva*

gray *gris*

great *estupendo; gran* (precedes s noun)

green *verde*

greeting *el saludo*

group *el grupo*
   in a group *en grupo*

guest *el (la) huésped*

guitar *la guitarra*

gymnasium *el gimnasio*

gymnastics *la gimnasia*

H

hair *el pelo*
   comb one's hair *peinarse*

half *la mitad*

ham *el jamón*

hamburger *la hamburguesa*

hand *la mano*
   on the other hand *por otro lado; en cambio*

handsome *guapo*

happen *pasar; ocurrir*

happy *alegre*

hard *duro*

harvest *la cosecha*

hat *el sombrero*

have *tener;* (auxiliary verb) *haber*
   have to (do something) *tener que* (+ inf)
   have a cold *estar resfriado*
   have a good / bad / wonderful time *pasarlo*
   bien/mal/de maravilla
   have a... ache *tener dolor de...*

he (subj pron) *él*

head *la cabeza*

healer *el (la) curandero(-a)*

health *la salud*

healthy *sano*

hear *oír*

heart *el corazón*

heat *el calor*

heavy *pesado*

heel *el tacón*

hello *hola*

help *ayudar*
   May I help you? *¿En qué puedo servirle?*

her (dir obj pron) *la;* **(to, for) her** (indir obj pron) *le;*
   (prep pron) *ella;* (poss adj) *su(-s);*
   (poss adj and pron) *suyo*

herb *la hierba*

here *aquí*

hers (poss adj and pron) *suyo*

herself *se*

high school *la escuela secundaria; el instituto*

hill *la colina*

him (dir obj pron) *lo;* **(to, for) him** (indir obj pron) *le;*
   (prep pron) *él*

himself *se*

hip *la cadera*

his (poss adj) *su(-s);* (poss adj and pron) *suyo*

Hispanic (adj) *hispánico;* (adj and n) *hispano*

history *la historia*

hobby *la diversión*

hockey *el hockey*

home *la casa*
   at home *en casa*
   go home *ir a casa*

homeland *la patria*

homework *la tarea*
   do homework *hacer la tarea*

honeymoon *la luna de miel*

hope *esperar*
   I hope *ojalá (que)*
   it is to be hoped that *ojalá (que)*
   hopefully *ojalá (que)*

horrible *horrible*

horse *el caballo*
   ride horseback *montar a caballo*

hot: it's hot *hace calor*
   be hot *tener calor*
   hot (spicy) *picante*
   hot pepper *el chile*
   hot (in temperature) *caliente*

hotel *el hotel*

house *la casa*

housewife *el ama* (f) *de casa*

housing *la vivienda*

hour *la hora*

how *¿cómo?*
   How are things? *¿Qué tal?*
   how many? *¿cuántos?*
   how much? *¿cuánto?*

hug *el abrazo*

human being   *el ser humano*

hundred   *cien, ciento*

hunger   *el hambre* (f)
   be hungry   *tener hambre*

hurry: be in a hurry   *tener prisa*

hurt   *doler (ue)*

husband   *el esposo*

hustle-bustle   *la algarabía*

I

I   (subj pron) *yo*

ice cream   *el helado*

if   *si*

illness   *la enfermedad*

immediately   *inmediatamente; pronto*

impolite   *descortés*

important   *importante*
   be important   *importar*

impossible   *imposible*

in   *en*
   in order to   *para*

income   *el ingreso*

include   *incluir*

increase   *aumentar*

incredible   *increíble*

indecisive   *indeciso*

inexpensive   *barato*

infection   *la infección*

influence   *influir*

inhabitant   *el (la) habitante*

inlet   *la ría*

inn   *la pensión; el parador nacional* (Spanish national tourist inn)

inquire (about someone)   *preguntar por*

insist (on)   *insistir (en)*

instead of   *en vez de*

interest   (n) *el interés;* (v) *interesar*

intelligent   *inteligente*

international   *internacional*

interview   *la entrevista*

introduce   *presentar*

introduction   *la pre-*

it   (dir obj pron) *la; lo*

Italian   (adj) *italiano;* (n) *el italiano* (language)

J

January   *enero*

Japanese   (adj) *japonés;* (n) *el japonés* (language)

jeans   *los jeans*

jewel   *la joya*

jewelry   *las joyas*

job   *el puesto; el trabajo*

journalism   *el periodismo*

journalist   *el (la) periodista*

juice   *el jugo*

July   *julio*

June   *junio*

just   (adj) *justo*
   have just (done something)   *acabar de* (+ inf)

K

keep   *guardar*
   keep for oneself   *quedarse con*

key   *la llave*

kick   *patear*

kind   *el tipo*

kindergarten   *el jardín de (la) infancia*

kiosk   *el quiosco*

kitchen   *la cocina*

knife   *el cuchillo*

know   *conocer* (be acquainted with); *saber* (know information); **know how to (do something)** *saber* (+ inf)

knowledge   *el conocimiento*

L

laboratory   *el laboratorio*

lack   *faltar*
   be lacking   *faltar*

lady   *doña*

lake   *el lago*

lamp   *la lámpara*

land   (v) *aterrizar*

language   *l-*

late   *tarde*

later   *después; luego*

law   *el derecho* (course of study)

lawyer   *el (la) abogado(-a)*

lazy   *perezoso*

learn   *aprender*

least: at least   *por lo menos*

leather   *el cuero*

leave   *dejar* (allow); *salir (de); irse*

lecture   *la conferencia*
   give a lecture   *dictar una conferencia*

left   *la izquierda*
   on the left   *a la izquierda*
   be left   *quedar*

leg   *la pierna*

lemon   *el limón*

lend   *prestar*

less   *menos*

lesson   *la lección*

let   *dejar* (allow)

let's (do something)   *vamos a* (+ inf)

letter   *la carta*

lettuce   *la lechuga*

level   *el nivel*

Liberal Arts   *Filosofía y Letras*

library   *la biblioteca*

life   *la vida*

light   (adj) *ligero;* (n) *la luz*
   traffic light   *el semáforo*

like   (conj) *como;* (v) *gustar*
   I (you) like   *me (te) gusta(-n)*
   I would like   *quisiera*

line (of people)   *la cola*
   stand in line   *hacer cola*

list   *la lista*
   waiting list   *la lista de espera*

listen (to)   *escuchar*

literacy   *la alfabetización*

little   *pequeño* (in size); *poco* (in amount)
   a little bit   *un poco de*

live   *vivir*

living room   *la sala*

loan   (n) *el préstamo;* (v) *prestar*

lobby   *el vestíbulo*

located: be located   *quedar; encontrarse (ue)*

lodge   (v) *parar*

long   *largo*
   For how long . . . ?   *¿Cuánto tiempo hace que...?*

long-standing   *viejo* (precedes noun)

look at   *mirar*

look for   *buscar*

lose   *perder (ie)*
   lose weight   *bajar de peso*

lot: a lot   (adv) *mucho*

lotion   *la loción*

loud-speaker   *el altavoz*

loving   *cariñoso*

luck   *la suerte*
   good luck   *buena suerte*

lucky: be lucky   *tener suerte*

luggage   *el equipaje*
   take the luggage down   *bajar el equipaje*
   take the luggage up   *subir el equipaje*

lunch   *el almuerzo*
   eat/have lunch   *almorzar (ue)*

M

machine   *la máquina*

mad   *enojado*

made   *hecho* (pp *hacer*)

magazine   *la revista*

mail   *la correspondencia*
   air mail   *el correo aéreo*
   mail carrier   *el (la) cartero(-a)*

mailbox   *el buzón*

maid   *la camarera* (hotel)

main   *mayor*

major   *la especialización*

majority   *la mayoría*

make   *hacer*
   make the bed   *hacer la cama*
   make a stop(-over)   *hacer una escala*
   make up   (n) *el maquillaje*
   to put on make up   (v) *maquillarse*

man   *el hombre*
   best man   *el padrino*

manage   *poder (ue)* (aff preterite)

manager   *el (la) gerente general*

many   (adj) *muchos*
   so many   *tantos(-as)*

March   *marzo*

market   *el mercado*

married   *casado*
   get married   *casarse (con)*

mathematics *las matemáticas*

May *mayo*

maybe *quizás; tal vez*

mayor *el alcalde*

me (dir obj pron) *me;* (**to, for) me** (indir obj pron) *me;* (prep pron) *mí*

meal *la comida*
   main meal *la comida*
   Enjoy your meal. *Buen provecho.*

meaning *el significado*

means *el medio*

meat *la carne*
   grilled meat *la carne asada*

medicine *la medicina* (course of study)

medieval *medieval*

meet *encontrar (ue)* (get together); *conocer* (preterite) (become acquainted); *reunir* (gather together)

meeting *el encuentro* (encounter); *la reunión*

member *el miembro*

mention: Don't even mention it! *¡Ni qué hablar!*

menu *el menú*

merchandise *la mercadería; las mercancías*

merit *merecer*

Mexican (adj) *mexicano*

mid-wife *la partera*

middle *medio*

midnight *la medianoche*

migrant *migratorio*
   migrant worker *el (la) obrero(-a) migratorio(-a)*

milk *la leche*

million *un millón*

mind *la mente*

mine (poss adj and pron) *mío*

miss (n) *la señorita* (abb *Srta.*); (v) *extrañar*

mistake: make a mistake *equivocarse*

mister *el señor* (abb *Sr.*)

misunderstanding *el malentendido*

mix (v) *mezclar*

mixture *la mezcla*

moderate *moderado*

modern *moderno*

molar *la muela*

moment *-*

borrow money *pedir dinero prestado*

month *el mes*

moon *la luna*
   honeymoon *la luna de miel*

morning *la mañana*
   Good morning. *Buenos días.*
   in the morning *por la mañana*

mortgage *la hipoteca*

motel *el motel*

mother (n) *la madre;* (adj) *materna*

mother-in-law *la suegra*

motorcycle *la motocicleta*

mouth *la boca*

move *mudarse; trasladarse*

movement *el movimiento*

movie *la película*
   movie theater *el cine*
   go to the movies *ir al cine*

Mr. *el señor* (abb *Sr.*)

Mrs. *la señora* (abb *Sra.*)

much (adv) *mucho;* (adj) *mucho*
   too much *demasiado*
   so much *tanto*

murder (v) *asesinar*

museum *el museo*

music *la música*
   chamber music *la música de cámara*

my (poss adj) *mi;* (poss adj) *mío*

myself *me*

mystery (adj) *policíaco*

N

name *el nombre*
   last name *el apellido*
   be named *llamarse*
   What is your name? *¿Cómo te llamas?*

napkin *la servilleta*

narrow *angosto*

native *indígena* (m and f)

nauseous: be nauseous *tener náuseas*

near (adj) *cerca;* (prep) *cerca de*

necess *-*

negotiate   *negociar*

neighbor   *el (la) vecino(-a)*

neighborhood   *el barrio*

neither   *tampoco*
   neither... nor   *ni...ni*

nephew   *el sobrino*

never   *nunca*

nevertheless   *sin embargo*

new   *nuevo*
   What's new?   *¿Qué hay de nuevo?*

news   *las noticias*

newspaper   *el periódico*

next   (adj) *próximo*
   next (in line)   *el que sigue*
   next to   *al lado de*

nice   *simpático; lindo; agradable*
   How nice!   *¡Qué bien!*

niece   *la sobrina*

night   *la noche*
   Good night.   *Buenas noches.*
   at night   *por la noche*
   tonight   *esta noche*
   last night   *anoche*

nine   *nueve*
   nine hundred   *novecientos*

nineteen   *diecinueve*

ninety   *noventa*

ninth   *noveno*

no   *no*
   no one   *ningún, ninguno; nadie*

nobody   *nadie*

none   *ningún, ninguno*

noise   *el ruido*

noon   *el mediodía*

north   *el norte*

North American   *norteamericano*

nose   *la nariz*

not   *no*
   not... any   *ningún, ninguno*

notebook   *el cuaderno*

notes   *los apuntes*

nothing   *nada*
   nothing special   *nada en especial*

noun   *el sustantivo*

novel   *la novela*

November   *noviembre*

now   *ahora*

nowadays   *hoy día*

number   *el número*

nurse   *el (la) enfermero(-a)*

O

obtain   *conseguir (i, i)*

occupy   *ocupar*

October   *octubre*

of   *de*
   of the   *del* (precedes *m, s, n*)

offer   *ofrecer*

office   *la oficina*
   business office   *la oficina comercial*
   doctor's or dentist's office   *el consultorio*
   office worker   *el (la) oficinista*

often   *a menudo; muchas veces*

oh!   *¡Uy!*

oil (cooking)   *el aceite*

old   *viejo*

older   *mayor*

oldest   *el (la) mayor*

omelette   *la tortilla* (Sp)

on   *en*
   on top of   *sobre*

one (number)   *uno;* (indef art) *un(-a)*

onion   *la cebolla*

only   *sólo; solamente*

open   *abrir*

opened   *abierto* (pp *abrir*)

or   *o; u* (before *o-* or *ho-*)

orange   *la naranja*

order   (n) *la orden;* (v) *mandar; pedir (i, i)* (request)

organize   *organizar*

other   *otro*

ought to   *deber* + inf

our   (poss adj) *nuestro;* (poss pron) *nuestro*

ours   (poss pron) *nuestro*

ourselves   *nos*

outside   *afuera*

outskirts (of city)   *las afueras*

outstanding   *estupendo*

own (adj)   *propio*

owner   *el (la) dueño(-a)*

P

P.M.   *de la noche; de la tarde*

pack   *hacer las maletas*

package *el paquete*

paella *la paella* (Sp) (seafood and rice casserole)

painting *el cuadro*

pair *el par*

pajamas *el pijama* (m and s)

palace *el palacio*

pants *los pantalones*

paper *el papel*
   sheet of paper *la hoja*
   newspaper *el periódico*

parents *los padres*

park *el parque*

part *la parte*

participate in *participar en*

party *la fiesta*
   coming-out party *la quinceañera* (for 15-year-old girls)

pass (a course, exam) *aprobar (ue)*
   boarding pass *la tarjeta de embarque*

passenger *el (la) pasajero(-a)*

passport *el pasaporte*

pastime *el pasatiempo*

pastry *el pastel*

patient *el (la) paciente*

patio *el patio*

patriotic *patrio*

pay *pagar; abonar*

peace *la paz*

pedestrian *el peatón (la peatona)*

perhaps *quizás; tal vez*

pen: ballpoint pen *el bolígrafo*

pencil *el lápiz*

people *la gente*

pepper *la pimienta*

percentage *el porcentaje*

perfect *perfecto*

performance *la función*

permit *permitir*

person *la persona*

personnel *el personal*

peseta *la peseta* (monetary unit of Spain)

peso *el peso* (monetary unit of Mexi...

pharm...

photo *la foto*

photograph *la fotografía*

physical (adj) *físico*

physics *la física*

piano *el piano*

picnic *el picnic*

piece *el pedazo*

pilot *el (la) piloto(-a)*

pill *la pastilla*

place (n) *el lugar;* (v) *poner*
   place setting *el cubierto*

placed *puesto* (pp *poner*)

plan (n) *el plan;* (v) *planear*
   plan to do something *pensar (ie) (+ inf)*

plate *el plato*

play *jugar (ue)* (sports, games); *tocar* (musical instrument)

player *el (la) jugador(-a)*

plaza *la plaza*

please *por favor; se ruega (+ inf)*

pleasure *el gusto; el agrado*
   The pleasure is mine. *El gusto es mío.* (used for introductions)
   to take pleasure *complacerse*

plumber *el (la) plomero(-a)*

point (n) *punto*
   point out (v) *señalar*

police force *la policía*

policeman *el policía*

political science *las ciencias políticas* (pl)

pollution *la contaminación*
   air pollution *la contaminación del aire*

poor *pobre*

pop, soda pop *el refresco*

popular *popular*

population *la población*

position *el puesto*

possible *posible*

postcard *la (tarjeta) postal*

post office *el correo*

postage *el franqueo*

practice   *practicar*

pray   *rezar*

prayer   *la oración*

prefer   *preferir (ie, i)*

pregnant   *embarazada*

prepare   *preparar*

prescribe   *recetar*

prescription   *la receta*

present, present time   *la actualidad*

pressure   *la presión*
   blood pressure   *la presión sanguínea*

pretty   *bonito; lindo*

price   *el precio*
   fixed price   *el precio fijo*

pride   *el orgullo*

private   *privado*

problem   *el problema*

proceedings   *los trámites*

product   *el producto*

profession   *la profesión*

professional   *profesional*

professor   *el (la) profesor(-a)*

progress   *el progreso*

prohibit   *prohibir*
   it is prohibited   *se prohíbe*

prohibited   *prohibido*
   it's prohibited   *se prohíbe (+ inf)*

promise   *prometer*

property   *la propiedad*

propose   *proponer*

provided that   *con tal que*

psychologist   *el (la) sicólogo(-a)*

psychology   *la sicología*

public   *el público*

Puerto Rican   *puertorriqueño*

pulse   *el pulso*

purchase   (v) *hacer compras*

purse   *la bolsa*

put   *poner;* (pp) *puesto*
   put on   *ponerse*

pyramid   *la pirámide*

Q

qualification   *la cualificación*

qualify   *clasificarse*

quarter   *el cuarto*

It's a quarter past two.   *Son las dos y cuarto.*

question: ask a question   *preguntar; hacer preguntas*

quiet   *tranquilo*

R

racket   *la raqueta*

radio   *la radio*
   turn on the radio   *poner la radio*

rain   (v) *llover (ue)*
   it's raining   *llueve*

raise   *el aumento*

rapidly   *rápidamente*

rare   *raro*

rather   (adv) *bastante*

read   *leer*

reading   *la lectura*

ready   *listo; dispuesto* (willing); *ya está*
   get ready   *arreglarse*

realize   *darse cuenta de*

really   *de veras*

reason   *la razón*
   for that reason   *por eso*

receive   *recibir*

receptionist   *el (la) recepcionista*

recommend   *recomendar (ie)*

record   *el disco*

recreation   *la diversión*
   recreation room   *la sala de recreo*

red   *rojo*

refrigerator   *el refrigerador*

refuse   *querer* (neg preterite)

regard: with regard to   *en cuanto a*

register   *inscribirse; matricularse*

registration   *la inscripción*

regret   *sentir (ie, i)*

reject   *rechazar*

relative   *el (la) pariente*

remain   *quedarse*

remainder   *el resto*

remedy   *el remedio*

remember   *recordar (ue)*

rent   *alquilar*

repair   *arreglar*

repeat   *repetir (i, i)*

reply   *la respuesta*

report   *el informe*

Vocabulario inglés–español

reporter   el (la) periodista
request   pedir (i, i)
require   requerir (ie, i)
reserve   reservar
reservation   la reservación
resign   renunciar
resolve   resolver (ue)
resolved   resuelto (pp resolver)
responsibility   la responsabilidad
rest   (n) el resto; (v) descansar
restaurant   el restaurante
result   el resultado
return (to a place)   regresar; volver (ue)
   return (objects)   devolver (ue)
returned   vuelto (pp volver)
rice   el arroz
rich   rico
ride: a bicycle   montar en bicicleta
   ride horseback   montar a caballo
riddle   la adivinanza
ridiculous   ridículo
right (hand)   la derecha
   on the right   a la derecha
   right?   ¿verdad?
   to be right   tener razón
   all right (health)   regular
ring   (n) el anillo; (v) sonar (ue)
river   el río
roast(-ed)   asado
robe   la bata
role   el papel
romantic   romántico
roof   el techo
room   el cuarto; la habitación (hotel); el espacio (space)
   bathroom   el baño
   bedroom   el dormitorio; el cuarto
   family room   la sala de estar
   dining room   el comedor
   living room   la sala
   recreation room   la sala de recreo
   waiting room   la sala de espera
roommate   el (la) compañero(-a) de cuarto
root   la raíz
route   la ruta

run   correr; funcionar (function)
   run out   acabar
rural area   el campo
rural person   el (la) campesino(-a)
Russian   (adj) ruso; (n) el ruso (language)

S

sad   triste
said   dicho (pp decir)
sail   navegar
sailboat   el velero
salad   la ensalada
salary   el sueldo
sale   la oferta; la venta
   on sale   de oferta
salesperson   el (la) dependiente; el (la) vendedor(-a)
salt   la sal
same: the same thing   lo mismo
sand   la arena
sandal   la sandalia
sandwich   el sandwich
sangria   la sangría (Sp)
Saturday   el sábado
sauce   la salsa
saucer   el platillo
sausage   el chorizo
save   guardar
savings   los ahorros
   savings account   la cuenta de ahorros
say   decir
scarf   la bufanda
schedule   el horario
scholarship   la beca
school   la escuela
   boarding school   el colegio
   high school   el colegio; la escuela secundaria; el instituto
   elementary school   el colegio
   school (within a university)   la facultad
science   la ciencia
   natural sciences   las ciencias exactas
   political science   las ci———

secure (v) *asegurar*

see *ver*
   let's see *a ver*

seem *parecer*

seen *visto (pp ver)*

sell *vender*

semester *el semestre*

send *enviar; mandar*

sender *el (la) remitente*

separated *separado*

September *septiembre, setiembre*

serious *grave*

serve *servir (i, i)*

service *el servicio*
   at your service *a sus órdenes*

seven *siete*
   seven hundred *setecientos*

seventeen *diecisiete*

seventh *séptimo*

seventy *setenta*

several *unos(-as); varios(-as)*

shame: What a shame! *¡Qué pena!*

shampoo *el champú*

share *compartir*

shave *afeitarse*

she (subj pron) *ella*

shelf *el estante*

sherry *el jerez*

ship *el barco*

shirt *la camisa*

shoe *el zapato*
   shoe store *la zapatería*
   tennis shoe *el zapato de tenis*

shop *la tienda;* (v) *hacer compras*
   gift shop *la tienda de regalos*

shopping: go shopping *ir de compras*
   shopping center *el centro comercial*

short *bajo* (in height); *corto* (in length)
   short story *el cuento*

shout *gritar*

show (n) *el espectáculo;* (v) *mostrar (ue)*

shower (n) *la ducha*
   take a shower *ducharse*

sick *enfermo; mal*
   be sick *tener náuseas*
   get sick *enfermarse*

sign *firmar*

silk *la seda*

simple *sencillo*

since *como; desde*

sing *cantar*

single (adj) *soltero*
   person *el (la) soltero(-a)*

sink *el lavabo*

sir *don*

sister *la hermana*

sister-in-law *la cuñada*

sit down *sentarse (ie)*

six *seis*
   six hundred *seiscientos*

sixteen *dieciséis*

sixth *sexto*

sixty *sesenta*

size (of gloves and shoes) *el número;*
   (of clothing) *la talla*

skate (v) *patinar*
   ice-skating *el patinaje sobre hielo*

ski (v) *esquiar*

skiing *el esquí*
   waterskiing *el esquí acuático*

skirt *la falda*

skyscraper *el rascacielos*

sleep (n) *el sueño;* (v) *dormir (ue, u)*
   be sleepy *tener sueño*
   go to sleep *dormirse (ue, u)*

slipper *la pantufla*

slogan *el lema*

small *pequeño; chico*

smoke *fumar*

snack *el bocadillo*

snow (n) *la nieve;* (v) *nevar (ie)*
   it's snowing *nieva*

so many *tantos(-as)*

so much *tanto(-a)*

so that (conj) *para que*

soccer *el fútbol*

social gathering *la tertulia*

social security *el seguro social*

social services *los servicios sociales*

social worker *el (la) asistente social*

sociologist *el (la) sociólogo(-a)*

sociology *la sociología*

socks *los calcetines*

soda, soda pop *el refresco*

sofa *el sofá*

solve *resolver (ue)*

solved *resuelto (pp resolver)*

some *unos(-as); algún, alguno*

someone *alguien*

something *algo*

   something else *algo más*

sometimes *a veces; algunas veces*

son *el hijo*

soon *pronto*

   as soon as *tan pronto como*

sorry: feel sorry *sentir (ie, i)*

   I'm sorry. *Lo siento.*

sound *el sonido*

soup *la sopa*

   chilled vegetable soup *el gazpacho (Sp)*

   soup spoon *la cuchara*

south *el sur*

space *el lugar*

Spanish *(adj) español; (n) el español (language)*

speak *hablar*

speaking about *hablando de*

speciality *la especialidad*

spend (money) *gastar;* (time) *pasar*

spicy *picante*

spite: in spite of *a pesar de*

sponsored *patrocinado*

spoon *la cuchara(-ita)*

sport *(n) el deporte; (adj) deportivo*

spring *la primavera*

square *la plaza*

stadium *el estadio*

stairway *la escalera*

stamp *la estampilla (Americas); el sello (Sp)*

stand out *destacar*

state *(adj) estatal; (n) el estado*

station *la estación*

statue *la estatua*

stay *(n) la estadía; (v) quedarse; (lodge) alojarse; parar*

steak *el bistec*

stereo

still *todavía*

stock: share of stock *la acción*

   stock market *la bolsa*

stockings *las medias*

stomach *el estómago*

stone *la piedra*

stop(-over) *la escala*

   make a stop *hacer una escala*

store *la tienda*

   shoe store *la zapatería*

story (of building) *el piso*

   short story *el cuento*

stove *la cocina*

straight: go straight *seguir derecho*

strange *raro*

   How strange! *¡Qué raro!*

straw: last straw *el colmo*

strawberry *la fresa*

street *la calle*

strike *la huelga*

   be on strike *estar de huelga*

stroll *el paseo*

strong *fuerte*

structure *la estructura*

student *(n) el (la) alumno(-a); el (la) estudiante; (adj) estudiantil*

   student center *el centro estudiantil*

study *(n) el estudio; (v) estudiar*

style *la moda*

   be in style *estar de moda*

subject *la materia*

subway *el metro*

success *el éxito*

sugar *el azúcar*

suit *el traje*

   bathing suit *el traje de baño*

suitcase *la maleta*

summer *el verano*

sun *el sol*

   sunbathe *tomar el sol*

   suntan *el bronceado*

   sunglasses *las*

sure *seguro*

surprise (n) *la sorpresa;* (v) *sorprenderse*

sweater *el suéter*

sweep *barrer*

sweet (adj) *dulce*
    sweet shop *la confitería*

swim *nadar*

swimming *la natación*
    swimming pool *la piscina*

symptom *el síntoma*

syrup *el jarabe*

system *el sistema*

T

table *la mesa*
    set the table *poner la mesa*

taco *el taco* (Mex)

take *tomar*
    take a walk *pasearse*
    take off *quitarse*
    take out *sacar*
    take out the trash *sacar la basura*

talk *hablar*

tall *alto*

taste *probar (ue)*
    taste good / bad *saber bien/mal*

taxi *el taxi*

tea *el té*

teach *enseñar*

teacher *el (la) maestro(-a)*

team *el equipo*

teaspoon *la cucharita*

tee-shirt *la camiseta*

telephone *el teléfono*
    by (tele)phone *por teléfono*

television *la televisión*
    turn on the television *poner la televisión*
    television set *el televisor*

tell *decir*

teller *el (la) cajero(-a)*

temperature *la temperatura*

ten *diez*

tendency: have a tendency *tender (ie) a* (+ inf)

tennis *el tenis*
    tennis player *el (la) tenista*
    tennis shoes *los zapatos de tenis*

tenth *décimo*

terrible *terrible*

thank *agradecer*
    thank you *gracias*

that (near person spoken to) (adj) *ese, esa;* (pron) *ése, ésa;* (neuter pron) *eso;* (distant) (adj) *aquel, aquella;* (pron) *aquél, aquélla;* (neuter pron) *aquello;* (rel pron) *que*
    that's all *es todo*
    that's all for now *es todo por ahora*
    that which *lo que*

the (definite art m, s) *el;* (f, s) *la;* (m, pl) *los;* (f, pl) *las;* (neuter) *lo*

theater *el teatro*
    movie theater *el cine*

their (poss adj) *su;* (poss adj and pron) *suyo*

theirs (poss pron) *suyo*

them (dir obj pron) *los, las;* (to, for) them (indir obj pron) *les;* (prep pron) *ellos(-as)*

theme *el tema* (m)

themselves *se*

then *entonces; luego*

there (near person spoken to) *ahí;* (distant) *allí*
    there is, are *hay*
    there was, were *había; hubo*

therefore *así que*

these (adj) *estos(-as);* (pron) *éstos(-as)*

they (subj pron) *ellos(-as)*

thin *delgado*

thing *la cosa*

think *pensar (ie)*
    I think so. *Creo que sí.*
    I don't think so. *Creo que no.*

thirst *la sed*
    be thirsty *tener sed*

third *tercer, tercero*

thirteen *trece*

thirty *treinta*

this (adj) *este, esta;* (pron) *éste, ésta;* (neuter pron) *esto*

thus *así*

those (near person spoken to) (adj) *esos(-as);* (pron) *ésos(-as);* (distant) (adj) *aquellos(-as);* (pron) *aquéllos(-as)*

thousand *mil*

three *tres*
    three hundred *trescientos*

throat *la garganta*

through (prep) *por*

throw *tirar*

Thursday   *el jueves*

ticket   *el boleto; la entrada*
    round-trip ticket   *el boleto de ida y vuelta*
    ticket office   *la boletería*

tidy up   *arreglar*

tie   *atar*

tight   *angosto*

time   *la hora; el tiempo; la vez* (occasion)
    (At) what time…?   *¿A qué hora…?*
    at… time   *a la hora de…*
    free time   *los ratos libres*
    on time   *a tiempo*
    for the first time   *por primera vez*
    from time to time   *de vez en cuando*
    at times   *a veces*
    sometimes   *a veces*
    have a good time   *divertirse (i, i); pasarlo bien*

tip   *la propina*

tired   *cansado*

to   *a;* **to the** (precedes m, s, n) *al*

today   *hoy*

together   *junto*

toilet   *el inodoro*

tomato   *el tomate*

tomorrow   *mañana*

tonight   *esta noche*

too   *también*
    too bad   *lástima*
    That's too bad!   *¡Qué lástima!*
    too much   *demasiado*

tooth   *el diente*
    have a toothache   *tener dolor de muelas*
    toothpaste   *la pasta dentífrica*

torn   *roto* (pp *romper*)

tortilla   *la tortilla* (Mex)

tour   *la excursión*

tourist   (n) *el (la) turista;* (adj) *turístico*
    tourist guidebook   *la guía turística*

towel   *la toalla*

town   *el pueblo*

traffic   *el tráfico*

tragic   *trágico*

train   *el tren*

trained   *entrenado*

tranquil   *tranquil*

trash   *la basura*
    take out the trash   *sacar la basura*

travel   *viajar*
    travel agency   *la agencia de viajes*

traveler   *el (la) viajero(-a)*

treatment   *el tratamiento*

tree   *el árbol*

tribe   *la tribu*

trip   *el viaje*
    take a trip   *hacer un viaje*
    Have a good trip!   *¡Buen viaje!*

truck   *el camión*

true   *cierto; verdad*

truth   *la verdad*

try   *probar (ue); querer* (aff preterite); *tratar de*
    try on   *probarse (ue)*

Tuesday   *el martes*

turn   *doblar*
    turn on the radio   *poner la radio*
    turn on the television   *poner la televisión*
    turn out   *salir*

twelve   *doce*

twenty   *veinte*
    twenty-one   *veintiún, veintiuno*
    twenty-two   *veintidós*
    twenty-three   *veintitrés*
    twenty-four   *veinticuatro*
    twenty-five   *veinticinco*
    twenty-six   *veintiséis*
    twenty-seven   *veintisiete*
    twenty-eight   *veintiocho*
    twenty-nine   *veintinueve*

two   *dos*
    two hundred   *doscientos*

type   (n) *el tipo;* (v) *escribir a máquina*
    typewriter   *la máquina de escribir*

typical   *típico*

U

ugly   *feo*

umbrella: beach umbrella   *la sombrilla*

uncle   *el tío*

understand   *compr*

U.S. resident (n) *estadounidense*

university *la universidad*

unknown *desconocido*

unless *a menos que*

unrest *el malestar*

untie *desatar*

until (prep) *hasta;* (conj) *hasta que*

up: go up *subir*

urgent *urgente*

us (dir obj pron) *nos;* **(to, for) us** (indir obj pron) *nos;* (prep pron) *nosotros(-as)*

use (n) *el uso;* (v) *usar*

usual: as usual *como siempre*

V

vacant *desocupado*

vacate *desocupar*

vacation *las vacaciones* (pl)
   be on vacation *estar de vacaciones*

value (n) *el valor;* (v) *valorar*

various *varios(-as)* (pl)

veal *la ternera*

vegetable *el vegetale*

vendor: street vendor *el (la) vendedor(-a) ambulante*

Venezuelan *venezolano*

verb *el verbo*

very *muy;* (suffix) *-ísimo*

view *la vista*

vinegar *el vinagre*

visa *la visa*

visit *visitar*

vitamin *la vitamina*

vocabulary *el vocabulario*

volleyball *el vólibol*

vote *votar*

W

wages *el salario*

wait *esperar*
   waiting room *la sala de espera*

waiter *el camarero; el mesero*

waitress *la camarera; la mesera*

wake up *despertarse (ie)*

walk (n) *el paseo;* (v) *caminar*
   take a walk *pasearse*

wall *la pared*

want *desear; querer (ie)*

war *la guerra*

wash *lavar*
   wash oneself *lavarse*

wastebasket *la papelera*

watch (n) *el reloj;* (v) *mirar*

water *el agua* (f)
   bottled water *el agua mineral*
   mineral water *el agua mineral*
   waterfall *la catarata*

wave *la ola*

way: it's not that way *no es así*

we (subj pron) *nosotros(-as)*

weak *débil*

wear *llevar*

weather *el tiempo*
   What's the weather like? *¿Qué tiempo hace?*
   it's good/bad weather *hace buen/mal tiempo*

wedding *la boda*

Wednesday *el miércoles*

week *la semana*
   per week *a la semana*
   weekend *el fin de semana*

weigh *pesar*

weight: lose weight *bajar de peso*

welcome: You're welcome. *De nada.*

well *bien; pues*

west *el oeste*

what *¿qué?; lo que* (that which)
   What's wrong? *¿Qué le pasa?*
   what if *qué tal si*

wheel *la rueda*

when *¿cuándo?*

where *¿dónde?; ¿adónde?* (with verbs of motion)

which *¿qué?;* (rel pron) *que*
   which one(-s) *¿cuál(-es)?*

while *mientras;* (n) *el rato*

white *blanco*

who (rel pron) *que;* (interr pron) *¿quién(-es)?;* (rel pron) *quien(-es)*

whom (rel pron) *quien(-es)*

whose *¿de quién(-es)?*

why *¿por qué?*

wide *ancho*

wife *la esposa*

willing *dispuesto*

win *ganar*

wind *el viento*
   it's windy *hace viento*

window *la ventana*
   display window *el escaparate*
   teller's window *la ventanilla*

winter *el invierno*

wine *el vino*
   red wine *el vino tinto*
   white wine *el vino blanco*
   wine punch *la sangría*

wish *querer (ie); desear*

witch *la bruja*

with *con*
   with me *conmigo*
   with you (fam, s) *contigo*

withdraw *sacar*

within *dentro de*

without (prep) *sin;* (conj) *sin que*

wool *la lana*

woman *la mujer*

wonderful *magnífico*

word *la palabra*

work (n) *el trabajo; la obra* (work of art, music, literature); (v) *trabajar; funcionar*

workbook *el cuaderno*

worker *el (la) obrero(-a)*
   migrant worker *el (la) obrero(-a) migratorio(-a)*
   office worker *el (la) oficinista*

world (n) *el mundo;* (adj) *mundial*

worried *preocupado*

worry *preocuparse (por)*

worse *peor*

worst *el (la) peor*
   the worst thing *lo peor*

worth: be worth *valer*

wound *la herida*

wounded *herido*

wrap *envolver (ue)*

wrapped *envuelto* (pp *envolver*)

wrinkled *arrugado*

write *escribir*

written *escrito* (pp *escribir*)

Y

yard *el jardín*

year *el año*
   be... years old *tener... años*

yellow *amarillo*

yes *sí*

yesterday *ayer*
   day before yesterday *anteayer*

yet *ya; todavía*
   not yet *todavía no*

you (subj pron) *tú; usted (Ud.); vosotros(-as); ustedes (Uds.);* (dir obj pron) *te; lo, la; os; los, las;* (indir obj pron) *te; le; os; les;* (prep pron) *ti; usted (Ud.); vosotros(-as); ustedes (Uds.)*

young *joven*

younger *menor*

youngest *el (la) menor*

your (poss adj) (fam s) *tu;* (form s) *su;* (fam pl) *vuestro;* (form pl) *su;* (poss adj and pron fam s) *tuyo;* (form s) *suyo;* (fam pl) *vuestro;* (form pl) *suyo*

yourself (fam s) *te;* (form pl) *se*

yourselves (fam pl) *os;* (form pl) *se*

Z

zero *cero*

Realia Credits